»Ich bin da«

»Ich bin da«

Beobachtungen und Gedanken
auf dem Jakobsweg

Von Johannes Werner

Verlag U. Nink

Verlag U. Nink, Lützowstr. 245, D-42653 Solingen

E-mail: ursula.nink@t-online.de

Lektorat: Heinrich Wipper, M. A.

Layout: wort- und tat-büro | essen, Hubert Röser

ISBN 978-3-934159-32-7

Erstes Buch

26. März 2010

Der Thalys, den wir in Köln besteigen, macht schon vom Äußeren her einen etwas betagten Eindruck. Die in Rot und Braun gehaltene Innenausstattung variiert in den Sitzbezügen von einem frischen pinknahen Rot über ein Vollton-Karminrot bis zu einem etwas verblassten Bordeauxton. Offenbar haben wir es mit mehreren Generationen unterschiedlicher Fahrzeugsitze zu tun, die hier zufällig zusammentreffen. Auf dem ansonsten in einem etwas verschlissenen mit einem Violettton unterlegten Dunkelbraun von Boden und Sitzseiten wirkt das ganze wie der Glanz der Eisenbahngeschichte längst vergangener Jahre. Dennoch, die Sitze sind äußerst bequem und offenbar bereit, unsere Abenteuer suchenden und keineswegs ruhebedürftigen Körper aufzunehmen. Die Reise wird etwa 3¼ Stunden dauern, bevor wir uns in Paris um eine weitere Fortbewegungsmöglichkeit in Richtung Süden kümmern müssen.

Wir sind aufgebrochen, um uns auf die ersten 13 Wanderetappen des Jakobsweges zu machen. Bereits Ostern 2009 haben wir einen kleinen Probelauf von Santiago nach Muxía gemacht und genießen zunächst die Behaglichkeit des Komfortzuges, die wohl nach dem Hörensagen außer uns und unseren Mitreisenden nur noch Gott in Frankreich für sich beanspruchen kann. Wir, das sind unsere Töchter Marie und

Joëlle, ferner das Elternpaar Ineke und Johannes. Wir sind äußerst gespannt auf die vor uns liegenden nächsten zwei Wochen, die sicherlich noch manche harte Belastung bringen werden.

Im Schutz der behaglichen Sitze bauen wir zunächst die Nervosität des Aufbruchs ein wenig ab, bevor wir uns weiter in unserem Zugabteil umsehen und uns langsam an den Zustand des »Unterwegs-Seins« gewöhnen. Der Zug setzt sich fast unmerklich in Bewegung, die Halle des Kölner Hauptbahnhofs gleitet erst langsam und dann immer schneller werdend geräuschlos an unserem Fenster vorbei. Wir reisen in einem 8-Personenabteil, das mit vier Zweiersitzbänken bestückt von den ansonsten als Großraumwagen belassenen Waggon 27 des Zuges abgetrennt ist.

Wir werfen einen ersten Blick auf unsere Mitreisenden. Wir erkennen den älteren Herrn, der unsere Töchter durch die Jakobsmuschel auf ihren Rucksäcken angeregt bereits auf dem Bahnsteig angesprochen hat. Er war vor einigen Jahren selbst einen Teil des Weges in Frankreich gegangen und wünschte ihnen für ihr Vorhaben einen guten Erfolg. Der erste »buen camino«-Gruß, den wir noch in Köln in fließendem Deutsch entgegen nehmen können. Der Herr wird uns bis Brüssel begleiten. Ein junger Mann, der mit uns in Köln in unser Abteil gestiegen ist, reist ebenfalls in die belgische Hauptstadt. Eine Mutter mit ihrer etwa zehnjährigen Tochter wird für den ersten Teil unserer Reise Begleiterin unseres Weges bis Paris Nord sein.

Wie auf Reisen im allgemeinen üblich, stellt sich nach Abflauen der Aufbruchsnervosität bei uns sehr bald ein solides Hungergefühl ein. Marie und Joelle haben unsere Reise perfekt vorbereitet: Nicht nur das Reise- und Wanderprogramm ist von ihnen akribisch vorbereitet, sondern auch das Vorbereiten und Einfetten der Schuhe (mit Einbacken in Mutters Backofen) und das Packen der Rucksäcke ist von ihnen als den Jakobsweg-Routiniers der Gruppe unter strengem Ausschluss sonstiger Teilnehmer und Gaffer bearbeitet worden. Nun packen sie saftige, belegte Baguettebrötchen aus und als Überraschung gibt es für jeden ein Piccolofläschchen Sekt. Na, dann *buen camino*!

Die Landschaft des Niederrheins mit Horrem, Düren, Stolberg und Aachen fliegt an uns vorbei. Von Zeit zu Zeit ächzt und knackt das Fahrwerk des Waggons unter unseren Füßen. Offenbar ist die Strecke von Köln nach Aachen und weiter über Lüttich nach Brüssel noch nicht für Hochgeschwindigkeitszüge voll nutzbar, denn unsere Reisezeit ist gemessen an der Distanz, die wir bis Brüssel zurücklegen, recht lang. Von etwa der Hälfte der Gesamtstrecke nach Paris werden wir nämlich in Brüssel bei 3½ Stunden Gesamtfahrzeit bereits mehr als zwei Stunden in unserem bequemen Abteil verbracht haben.

Dafür ist jedoch unterwegs einiges zu erleben. Zwar fällt die Sicht aus unserem Zug auf die belgische heckenumwehrte Hügel- und Wiesenlandschaft – durch Schallschutzwände eingeengt – nicht so beeindruckend wie erwartet aus, jedoch entschädigt zumindest mich als den Architekten in der Gruppe der neue Bahnhof von Liège-Guillemins.

Zunächst gleiten wir bei der Einfahrt in den Bahnhof an filigranen Bahnsteigüberdachungen aus weißem Sichtbeton vorbei, die sich aus einem mächtigen Betonfundament mit einer Mittelstützenreihe lösen. Weite Kragungen, die wie die ausschwingenden Flügel eines Vogels die Stützenreihe hinter sich lassen. Hinter dem letzten, recht massiven Pfeiler der Stützenreihe schwingt sich plötzlich eine gewaltige Gewölbekonstruktion über dem Mittelteil des Bahnhofs empor. Filigrane Rippen in weißem Sichtbeton, die eine Fläche von etwa 100x100 m überspannen und deren Füllung aus einer Vielzahl von Glasflächen besteht. Ein raffiniertes aufgewölbtes Betonfachwerk, das sich hier als Tonne über dem gesamten Mittelteil des Bahnhofs erhebt. Dabei verläuft der Scheitel der Tonne, anders als bei den großen Bahnhofshallen des 19. Jahrhunderts, nicht parallel, sondern quer zum Verlauf der Bahnsteige. Das Gewölbe erhält so die Chance, an seinen beiden Enden harmonisch in eine niedriger dimensionierte Bahnsteigüberdachung überzugehen, ohne dass der Fluss der Gesamtkonstruktion / Komposition unterbrochen wird. Wir denken beim Betrachten an den TGV-Bahnhof des Flughafens von Lyon, den der in Valencia gebürtige spanische Architekt Santiago Calatrava errichtet hat. Seine architektonische Handschrift, die bereits in Lyon mit ihren äußerst filigranen Betontragwerken auffällt, ist auch hier deutlich abzulesen.

Als wir nach zwei Stunden Fahrt in Bruxelles-Midi einfahren, hat die Dunkelheit bereits eingesetzt. Auf dem Bahnhof ist es entsprechend der fortgeschrittenen Tageszeit fast menschenleer. In Belgien wird wohl um diese Zeit ausgiebig zu abend gegessen. Durch die gut isolierten Fenster des Waggons hören wir nicht einmal eine Lautsprecheransage. Die europäische Hauptstadt hat sich offenbar zur Ruhe begeben. Unser Zug setzt deshalb nach sehr kurzem Aufenthalt seinen Weg nach Paris fort. Nach dem Erlebnis des ausgestorbenen Bahnhofs wird er nun, wo wir uns Frankreich nähern, beeindruckend lebendig.

Als wir ohne weiteren Stopp in Paris-Nord fast planmäßig eintreffen, sind seit Brüssel nur etwas mehr als 60 Minuten vergangen. In Paris angekommen bietet sich direkt auf unserem Bahnsteig der Abstieg in die Pariser Metro-Unterwelt in Form einer neuerrichteten Treppe an. Wir haben die Linie 5 Bobigny – Place d'Italie zu nehmen. Durch ein Gewirr von unterirdischen Einkaufspassagen folgen wir den entsprechenden Hinweisschildern. Ohne von Paris und seinen uns bestens vertrauten Straßen irgendetwas zu sehen, kommen wir nach kurzer Metrofahrt am Gare d'Austerlitz an.

Wir haben natürlich hier im Bahnhofsumfeld Leben und intensiven Reiseverkehr erwartet, Boutiquen und Cafés, die rund um die Uhr auf Reisende und ihre prall gefüllten Reisekassen warten, aber unsere Enttäuschung ist groß! Der Parkplatz vor dem Bahnhof ist fast menschenleer und ausgestorben! Boutiquen und Läden – selbst die mit den kitschigsten Reiseandenken – sind geschlossen und vergittert. Lediglich im zentralen Wartebereich des Bahnhofs hat noch ein Café geöffnet. Hier sind natürlich alle Plätze besetzt und wir beschließen, den unwirtlichen Ort zu verlassen und unser Glück bei einem Getränk im Bahnhofsumfeld, also in der sozusagen rund um die Uhr geöffneten Stadt zu suchen. Nach einiger Suche gelingt es uns – eine Brasserie ist zu unserem Erstaunen bereits dabei zu schließen – eine Bar zu finden, die bereit ist, uns zu dieser Stunde noch ein Glas zu servieren. Man macht jedoch zur Bedingung, dass es bei einem Glas bleibt und dass dieses bis 22:15 Uhr getrunken und bezahlt sein muss. Der Arbeitstag der Kellner ist vorbei. Man ist in der Gewerkschaft! (*On est syndicaliste!*) Wir müssen feststellen, dass wir in einem äußerst ruhebedürftigen Stadtteil der Metropole Paris gelandet sind, leeren unser Glas, und schultern unsere Rucksäcke. Wir beschließen, die restliche Zeit in irgendeiner vernünftigen Weise auf dem Bahnhof zu verbringen. Unser Zug wird um 23:10 Uhr Paris verlassen.

Wir schlendern langsam durch das stille menschenleere Bahnhofsviertel zurück und stellen erfreut fest, dass der Schlafwagenzug (*train couchette*) der Eisenbahngesellschaft »Corail lunea« bei unserer Rückkehr bereits zum Einsteigen bereitsteht.

Vor dem Einsteigen haben wir uns noch in die lange Schlange der eincheckenden Reisenden einzureihen, dann können wir endlich den langen Zug abschreiten und unser Liegewagenabteil in Wagon 27 aufsuchen. Der Rest der Zeit vergeht sehr schnell, denn das Einsteigen und in Besitznehmen eines Liegewagenabteils ist mit Gepäck und weiteren orientierungslosen Reisenden durchaus nicht einfach.

In unserem Abteil sind sechs Liegen, 2x3 Liegen übereinander gestapelt. Wir belegen die unteren vier, darüber liegen zwei einzelreisende Damen. Kaum haben wir unsere Rucksäcke an den Fußenden der Liegen verstaut und uns in eine bequeme horizontale Position gebracht, verlässt der Zug den Bahnhof. Das nächtliche Paris gleitet an uns vorbei. Das gleichmäßige rhythmische Geräusch des Zuges, das beim Überrollen der Schienenstöße entsteht, verstärkt durch die auf Bahnübergängen und Wechseln des Gleisunterbaus modulierenden Rollgeräusche der Räder, lässt uns schnell in einen leichten Schlummer sinken. Kein Zwischenhalt an Bahnhöfen oder Signalanlagen unterbricht auf dieser Fahrt den angenehmen Zustand völliger Entspanntheit. Erst um 4:50 Uhr werden wir beim ersten Halt nach etwa 500 km Eisenbahnfahrt in Bordeaux von quietschenden Bremsen und den ruckelnden Wagonkupplungen des Zuges wieder aufgeweckt. Ein vielfaches Lob und alle Verdienstorden der zivilisierten Welt für den Mann, der diese im wahrsten Sinne des Wortes »traumhafte« Art, im *train couchette* zu reisen, erfunden hat. Wir sind hellwach und voller Neugier auf den kommenden Tag. Dax und Bayonne sind die nächsten Stationen. In Bayonne ist es leicht regnerisch, als wir den Zug verlassen. Wir beschließen, erst einmal ordentlich zu frühstücken, und treten vor das Bahnhofsgebäude, um uns zu orientieren.

27. März 2010

Eine kleine, noch im Schlaf liegende französische Provinzstadt präsentiert sich uns auf dem Bahnhofsvorplatz. Ab und an fährt ein Frühaufsteher mit seinem Auto vorbei, sonst ist es ruhig. Es beginnt, stärker zu regnen. Wir entscheiden uns, für das Frühstück dem Bahnhofscafé treu zu bleiben, denn eine Hoffnung auf weitere geöffnete Gastronomiebetriebe hat uns der erste Eindruck der Stadt bereits gründlich genommen. Zuvor kaufen wir noch unsere Tickets für den Bus nach Saint-Jean-Pied-de-Port.

Während des Frühstücks lesen wir kurz in dem kleinen Büchlein, das Anett, die St.-Jakobsfreundin von Joëlle und Marie, den Zwillingen vor unserer Abreise zusammengestellt und geschenkt hat. Wie erfahren, dass der Name unseres nächsten Zielortes mit der Schreibweise Saint-Jean-Pied-de-Port keineswegs auf einen orthographischen Fehler früherer Zeiten zurückgeht. Er stammt nämlich entgegen unserer spontanen, ersten Vermutung nicht vom Schweinefuß (franz. *pied de porc*), sondern vom Fuß des Passes (*port* aus span. *puerto* = Pass) ab. Diese quasi wissenschaftliche Erklärung nimmt uns alle Zweifel und Skrupel bei der künftig wohl häufigeren Nennung des Ortsnamens.

Die Reise nach Saint-Jean-Pied-de-Port ist eine recht schnelle Angelegenheit. Für Reisende, die bereits 15 Stunden unterwegs sind, sind die folgenden 1 1/2 Stunden Busfahrt keine aufregende Unternehmung. Eine grün-grau-braune Vorfrühlingslandschaft mit ersten schüchternen Baumblüten breitet sich vor dem Busfenster aus. Der Regen hat aufgehört, die Sonne lässt sich von Zeit zu Zeit blicken. Es ist jedoch kalt und windig.

In Saint-Jean-Pied-de-Port steigen wir am Bahnhof aus, der etwas außerhalb der Stadt liegt. Wir schultern unsere Rucksäcke und marschieren durch die Vorstadt hinauf zur Altstadt des Ortes. Dort befindet sich hinter der vollständig erhaltenen Stadtmauer das Büro der »Amis du Chemin de Saint Jacques«, das für die Ausstellung unseres Pilgerpasses, des »Credencial del peregrino« zuständig ist. Zwei sehr freundliche und beflissene Damen nehmen unsere Wünsche entgegen und in kürzester Zeit halten wir unsere Credencials mit den ersten Stempeln in den Händen. Während der Bearbeitung reden die Damen sehr eindringlich auf uns ein, nicht über den hohen Lepoeder-Pass (1430 m) der Route Napoléon zu gehen. Es ist in den Bergen offenbar sehr stürmisch und für den Nachmittag ist ein weiterer Temperatursturz mit Gewittern angesagt. Es gibt zu dieser rauen Vorfrühlingszeit dort oben weder Schafherden noch Hirten. Das Gebirge ist menschenleer und im Notfall besteht keinerlei Aussicht auf schnelle Hilfe. Unsere Entscheidung, für die Überquerung der Pyrenäen die niedrigere Passstraße (mit Nebenwegen für Fußgänger) auf die Ibañeta-Höhe (1056 m) zu wählen, fällt nach dieser doch deutlichen Warnung sehr schnell und wir machen uns voll Optimismus auf die erste kleine Etappe nach Valcarlos, einem kleinen Städtchen auf halbem Weg nach Roncesvalles. Zuvor decken wir uns mit dem Nötigen für unser Mittagspicknick ein, essen in einer Bar ein Brötchen mit Bayonneschinken und werfen einen Blick auf die Altstadt des Ortes.

Saint-Jean-Pied-de-Port erlangte erst im 16. Jahrhundert geschichtliche Bedeutung, als es zu einer Grenzfestung zwischen Frankreich und Spanien ausgebaut wurde. Es ist fast vollständig aus rötlichem Naturstein erbaut und von einem geschlossenen Mauerring umgeben. Drei mächtige Tore führen in das Innere des Mauergürtels. Heute zählt die Stadt zum Weltkulturerbe der Unesco. Im Laufe ihrer wechselhaften Geschichte haben sich einige sehenswerte Kuriositäten entwickelt. So ist zum Beispiel der Torturm, der sich vor der imposanten Brücke über die Nive erhebt, gleichzeitig der Glockenturm der Stadtkirche Notre-Dame du Bout du Pont (Unsere Liebe Frau vom Brückenkopf) aus dem 13./14. Jahrhundert. Heute in unserer auf Rationalität bedachten, aufgeklärten Gesellschaft nennt man diese Art des Bauens wohl Nutzung von Synergien.

Die von uns gewählte Passstraßen-Variante hinauf zur Ibañeta-Höhe folgt im wesentlichen dem Flüsschen Luzaide, das aus den Pyrenäen in das französische Gebirgsvorland fließt. Der Weg nach Valcarlos ist zunächst nicht sonderlich beschwerlich. Meist asphaltiert, führt er als ca. 4 m breites Landsträßchen durch das Tal des Pyrenäenbaches, annähernd parallel zur Passstraße von Saint-Jean-Pied-de-Port nach Pamplona. Wir laufen durch ein Gebiet, dessen Wasserreichtum am Fuß des Gebirges auffällig ist und dessen Landwirtschaft auf dem fruchtbaren Schwemmlandboden des Tals eine gesunde Grundlage hat. Wir durchqueren einige kleinere Dörfer, mal auf der spanischen, mal auf der französischen Seite der irgendwo durch das Tal verlaufenden Grenze. Unterwegs beginnt es wieder zu regnen und wir sind gezwungen, unsere Pelerinen auszupacken. In Arnéguy, dem endgültigen Grenzort nach Spanien machen wir eine ausführliche Rast in einem riesigen Supermarkt / Café / Restaurant. Der Ort ist offenbar, als das Vor-Schengen-Europa noch nationale Grenzen und Grenzkontrollen kannte, zu einem Handelszentrum für Gold- und Silberwaren, Leder und Spirituosen gewachsen. Selbst ein großes Hotel ist hier in der Vorpyrenäenlandschaft entstanden. Natürlich wird der Ort auch heute noch von einer Vielzahl von Reisebussen angefahren, bevor sie sich auf das Serpentinenabenteuer der Passstraße über die Pyrenäen begeben.

Wir bestellen für Ineke einen heißen Pfefferminztee (*menthe*), für mich einen *ballon de rouge* oder besser, um Verwechselungen auf spanischem Boden zu vermeiden, einen *vino tinto*. Marie und Joelle gehen weniger bedacht vor, denn zur Erfrischung bestellen sie sich zwei Cola light. Sie verkennen dabei, dass weder in Frankreich noch in Spanien die Weltmarke Coca Cola als »Cola« wiedergegeben wird und dass man sich im Bedarfsfall eine »coca« (mit Betonung auf der Endsilbe) zu bestellen hat. Das Ergebnis ist für die zwei enttäuschend und für uns vier erheiternd zugleich, denn statt des erfrischenden, coffeinhaltigen Kaltgetränks serviert der Kellner nach einer wahren Ewigkeit der Vorbereitung zwei Portionen *moules à l'ail* (Miesmuscheln in Knoblauch). Nach kurzem Schock genießen wir gemeinsam die unerwartete exotische Stärkung und setzen danach unseren vor 8 km begonnenen Pilgerweg fort.

Der Weg wird nun etwas schwieriger, denn trotz weiterhin guten Ausbaus haben wir inzwischen die eine oder andere Steigung zu meistern. Wenn der Weg steiler ansteigt, als normalerweise mit PKW befahrbar, wird er in Beton befestigt und an seiner Oberfläche mit flachen Stufen und Graten strukturiert. Dies ist natürlich für den gepäckbeladenen Wanderer kein besonderes Geherlebnis. Den ersten Härtetest, was Steigungen betrifft, erleben wir in Valcarlos. Wir müssen das Tal der Luzaide zunächst durchqueren, um auf der anderen Flussseite einen äußerst steilen und mit Schuppen und Graten bewehrten Weg hochzusteigen. Zum ersten Mal geraten wir gleichzeitig zu viert außer Atem.

Valcarlos ist ein kleines Städtchen auf halbem Weg zum Ibañetapass. In der Sommersaison gibt es hier offenbar regen Tourismus. Einige Hotels und Hostals, von denen die meisten jedoch bei unserer Ankunft noch im Winterschlaf liegen, bieten sich hier Wanderern und Urlaubsgästen an. Mittelpunkt des Ortes ist die Pfarrkirche, die – für uns ungewohnt – aus einer überdachten / überbauten Fußgängerpassage über das Hauptportal erschlossen wird. Unser Versuch einer Besichtigung scheitert jedoch an den massiven, verschlossenen Eichenportalen.

Wir beschließen, den Rest des Nachmittags bummelnd, Vorräte für den Folgetag kaufend und schließlich wartend in Cafés zu verbringen.

Wir haben im Hostal Mercelino zwei Doppelzimmer reserviert. Das Haus liegt noch in träger Nachmittagsruhe als wir ankommen. Ein Tor, verbunden mit einer zweiteiligen Tür zum Empfang, ist zur Hälfte geöffnet. Zu sehen ist niemand, die nebenanliegende Gaststätte ist geschlossen.

Später stellen wir fest, dass wir die einzigen Übernachtungsgäste im Hause sind. Dies ist offenbar noch nicht die Hochsaison des Fremdenverkehrs in den Pyrenäen. Dennoch, wir genießen ein geschmackvolles gekochtes Abendessen mit

Kichererbsenpüree, Schweinebraten und einem großen Eis des in Europa allpräsenten Langnese-Motta-Danone-Konzerns.

28. März 2010

Den Weg über Valcarlos haben wir gewählt, weil er leichter zu gehen ist als die Strecke über den wesentlich höher liegenden Lepoeder-Pass, den man über die Route Napoléon, die ehemalige Einmarschstrecke der napoleonischen Truppen nach Spanien, erreicht. Die restliche Strecke, die uns nach Roncesvalles führen soll, nehmen wir nicht mehr so recht ernst und genießen am Sonntagmorgen zunächst unser Frühstück mit dem ersten *café con leche* (Milchkaffee) im Hotel. Als wir um 8:30 Uhr aufbrechen, ist der Morgen ruhig, kühl, aber durchaus sonnig. Die Sonnenstrahlen wärmen unsere Gesichter, während wir immer leicht bergauf der Landstraße folgen. Wir haben vor dem Start auf einer großformatigen Wanderkarte der Gegend unsere Tagesroute genau studiert. Wir wissen, dass das Verfolgen der Straße nicht von Dauer sein wird und freuen uns auf die Abkürzungen, die uns abseits der Serpentinen der Passstraße erwarten.

Die Landschaft wird immer gebirgiger, das Flusstal immer enger. Wir sind eingeschlossen von mächtigen Bergmassiven, die bis 1400 m aufragen. Von den Höhen führen großformatige Rohre Wassermassen ins Tal. Dort werden mit der Energie der herabstürzenden Wassermassen die Turbinen kleiner Elektrizitätswerke, die über den Fluss gebaut sind, angetrieben. Mehrfach verlässt der gut ausgeschilderte Pilgerweg die Straße und führt uns durch die wilde Natur des Flusstals. Wir genießen den Ausblick auf die beeindruckende und zeitweise von keinerlei Verkehrsgeräusch gestörte Natur. Der Anstieg zum Ibañetapass wird immer steiler. Wir beginnen auf dem zum Trampelpfad reduzierten Weg langsam zu klettern. Unsere Gruppe löst sich zum ersten Mal auseinander. Marie und Joëlle laufen unbeirrt und sportlich vorne weg. Dahinter, schon in einigem Abstand Johannes, schließlich gerade noch in Sichtweite Ineke, die beschließt, die Steigung ganz bewusst langsam und mit flachem, gleichmäßigem Atem zu gehen, wie sie es vor einigen Jahren von einem Wanderführer auf Madeira gelernt hat. Der Anstieg erstreckt sich über mindestens 3 km, die von hoher Schwierigkeit sind. Bei einer Zwischenrast auf etwa $^{2}/_{3}$ der Strecke begegnen wir einem französischen Wanderer aus Cassis bei Marseille, der zu dem Schluss kommt, dass dieser Weg sich nicht *pour les vieux* (für die Alten) eignet, und der für das letzte Drittel die leichter zu begehende Straße wählt. Wir begegnen ihm erst auf der Passhöhe wieder, als wir im frischen Wind den Schweiß von der Stirn trocknen lassen.

Wie bereits erwähnt, ist der Ibañetapass (1054 m) trotz aller soeben geschilderter Qualen und Leiden gegenüber dem Lepoeder-Pass mit seinen 1430 m die bequemere Lösung, die Pyrenäen zu überqueren. Er wird seit dem Mittelalter auf dem Weg nach Pamplona regelmäßig genutzt. Bereits Karl der Große benutzte ihn im 8. Jahrhundert auf seinem Feldzug gegen die Mauren, die Saragossa besetzt hatten. Historisch belegt ist ferner, dass 778 das zurückkehrende Heer des großen Kaisers und Einers Europas in den Pyrenäen in einen baskischen Hinterhalt geriet. Die Basken hatten dem Heer des Kaisers aufgelauert, um die Besetzung und Zerstörung Pamplonas zu rächen. Roland und zahlreiche hohe Ritter aus dem Umfeld des Kaisers wurden dabei getötet. Aus der Begebenheit entstand im 12. Jahrhundert das Rolandslied, das die großen Taten des Ritters rühmt und das dazu verhalf, den politisch motivierten Feldzug gegen die Mauren zu einer Heldentat mit dem Ziel der Christianisierung Europas hochzustilisieren.

Auf der Passhöhe angekommen, machen wir unser Mittagspicknick im Schutz der Bruchsteinmauer, die dort die auf der Passhöhe stehende Capilla del Salvador umgibt. Der Blick geht weit über die Berge nach Südwesten. Roncesvalles ist nur noch etwa 3 km entfernt. Der weitere Weg ist gemessen am Aufstieg nur noch ein Katzensprung durch einen schönen Laubwald, der seine ersten Knospen entwickelt. Da unsere Tagesetappe heute recht kurz ist, erreichen wir nach schnellem Abstieg durch den Wald unser Ziel bereits um 13 Uhr. Wir haben noch Gelegenheit vor der mehrstündigen Mittagspause in der Herberge einzuchecken und genießen anschließend den Nachmittag in der Sonne auf einer Bank vor dem kleinen Hotel, in dem wir abends unser erstes Pilgermenu einnehmen werden. Wir besichtigen die alte Stiftskirche aus dem 13. Jahrhundert und die Heilig-Geist-Kapelle, auch »Silo de Carlomagno« (Silo Karls des Großen) genannt, in deren Krypta sich die Gebeine verstorbener Pilger befinden. Die Zeit vergeht schnell bei Träumen in der Sonne und Freihandzeichnen.

Als die Herberge um 16 Uhr wieder öffnet, sind wir unter den ersten, die sich zur Belegung der Betten anmelden. Wir betreten einen riesigen kirchenähnlichen Raum aus mittelalterlicher Zeit, von dem angenommen wird, dass er früher als Hospital diente und der heute als Übernachtungssaal für etwa 120 Pilgerwanderer ausgebaut ist. Durch hochliegende kleine Lanzettfenster fällt etwas Tageslicht in den Saal, vom gotischen Kreuzrippengewölbe hängen mehrere große Leuchter mit modernem Halogenlicht.

Im Untergeschoss des Schlafsaals befinden sich die sanitären Anlagen sowie eine sehr große Gemeinschaftsküche. Wir profitieren von den noch unbenutzten sauberen Duschen, spülen den Schweiß des Tages ab und beschließen nach einem nochmaligen kurzen Cafébesuch, die Pilgermesse zu besuchen, die am Abend um 18 Uhr beginnt. Diese wird als Festhochamt zum Palmsonntag von vier Patres gehalten, die uns als Belegung des riesigen Klosters doch etwas nicht angemessen erscheinen.

Das Kloster in Roncesvalles wurde bereits um 1130 zum Schutze der Pilger und Reisenden gegründet. Noch heute leben darin Kanoniker nach der Regel des hl. Augustinus. Es besteht aus mehreren sehr großen mehrgeschossigen Gebäuden, die sich um zwei bis drei Innenhöfe legen. Mitten in der Gebäudeanlage befindet sich die Colegiata de Santa María aus dem 13. Jahrhundert, eine gotische dreischiffige Kirche, mit klassischem dreigeschossigem Wandaufbau, angedeutetem Querschiff und einer Chorkonche. Die Kirche wirkt sehr einheitlich in ihrer Gestaltung der Wandflächen, fast so als sei sie erst vor kurzem restauriert. Vielleicht ist jedoch dieser Eindruck auch auf die Verwendung eines sehr harten örtlichen Steinmaterials der Pyrenäen zurückzuführen. Im Chor überrascht uns ein großer Baldachin, unter dem die Patronin Nuestra Señora de Roncesvalles ausgeführt in hochglänzendem Silber die Eintretenden anblickt. Wir bleiben bis etwa 18:45 Uhr in der Kirche und verlassen den Gottesdienst, um das für 19:00 Uhr angesetzte Pilgermenu einzunehmen.

Es gibt eine vor allem aus Frankreich gut bekannte *potage de légumes* (Gemüsesuppe) und eine wirklich köstliche Forelle mit Fritten als Hauptgang. Ein Joghurt aus dem Haus Danone schließt das bescheidene Mal ab. Rotwein *à volonté* (nach Belieben) begleitet das Essen. An unserem Tisch sitzen noch weitere sechs Personen in schöner Runde, vier Spanier, die recht gut Englisch sprechen, und ein dänisches Paar. Alle haben einen anstrengenden Wandertag hinter sich, die Gespräche schleppen sich und man beschließt beizeiten, sich für die Nachtruhe vorzubereiten. Um 20:45 Uhr liegen wir in unseren Etagenbetten der Herberge, Marie und Joëlle oben, Johannes und Ineke unten im kompakten »Werner-Block«. Wir lesen noch ein paar Seiten über den Weg des Folgetages, der uns nach Zubiri über den Alto de Erro führen wird. Langsam kehrt Ruhe in dem großen Saal ein. Schade nur, dass das Pärchen unmittelbar neben unserem Werner-Block die Finger nicht voneinander lassen kann. Sie sind bis ca. 12 Uhr höchst aktiv mit nächtlichen Spielen. Endlich ziehen sie sich nach Mitternacht in die sanitären Anlagen im Untergeschoss zurück.

29. März 2010

Bereits nach 5 Uhr am Morgen ist aus allen Ecken des Schlafsaals geheimnisvolles Rascheln zu hören. Von Zeit zu Zeit huscht der Strahl einer Taschenlampe über die Wände und das Gewölbe unserer Herberge. Die ersten Pilger sind dabei, ihre bescheidene Ausrüstung einzupacken, um sich noch, bevor das Signal zum allgemeinen Aufstehen hörbar wird, vor der Morgendämmerung auf die nächste Etappe zu machen. Da unsere Tagesetappen nicht allzu ehrgeizig gewählt sind, lassen wir uns noch etwas Zeit bis die Frühaufsteher das Quartier verlassen haben. Um 6 Uhr ertönt dann leise Musik. Sie sagt uns an, dass die Nachtruhe nun für alle vorbei ist. Mozart steht heute auf dem Programm. Wortlos und mit sicherem Griff nach unseren Waschutensilien klettern wir aus unseren Betten. Die Morgentoilette ist kurz. Sie beschränkt sich auf einige Spritzer Wasser in das vom Schlaf verquollene Gesicht und ein gründliches Zähneputzen. Bereits um 6:30 Uhr stehen wir in der Dunkelheit auf der Straße. Die Cafés des Ortes sind natürlich um diese Zeit noch geschlossen. So beschließen wir, die ersten Kilometer unseres heutigen Weges ohne Frühstück anzupacken.

Auf dem stockdunklen Waldweg legen unsere Töchter ein rasantes Tempo vor. Es ist kalt und die Bewegung tut uns gut und wärmt zunächst Körper und Muskeln. Unser Nahziel ist das übernächste Dorf Espinal (baskisch Aurizberri), dort soll es ein kleines Hotel und eine Bar geben. Ein steinernes Pilgerkreuz aus dem Mittelalter bleibt in Kälte und Dunkelheit unbeachtet zurück. In der frühen Dämmerung durchlaufen wir im fahlen ersten Tageslicht das Dorf Auriz/Burguete, das noch in tiefem Schlaf liegt. Nur ein Gehöft außerhalb der dörflichen Bebauung ist bereits beleuchtet. Das Vieh muss versorgt und die Kühe müssen gemolken werden. Als wir nach acht hungrigen Kilometern Aurizberri erreichen, müssen wir leider feststellen, dass unsere Hoffnung auf ein großes Frühstück enttäuscht wird! Das Hotel hat noch Winterpause und das Café neben dem Rathaus des Dorfes ist noch geschlossen. Gestapelte Stühle und Tische vor dem Eingang verwehren uns den Zutritt. Spanien beginnt leider erst ab 9 Uhr den Tag.

Ratlosigkeit in der Morgendämmerung! Ein uns fremder Jakobspilger zeigt uns mit seiner Reaktion sehr überzeugend, wie man einer derart misslichen Situation auf dem Jakobsweg zu begegnen hat: Er startet nach kurzem Zögern einfach durch. Nachdem die Bedürftigen unserer Gruppe die Enttäuschung – versüßt mit einem Müsliriegel – heruntergeschluckt haben, beschließen wir, es ihm gleichzutun und machen uns auf den Weg über den Alto de Meskiritz nach Bizkarreta. Wir werden auf dem Weg sicher noch einen Ort für das inzwischen hochverdiente Frühstück finden. In Bizkarreta gibt es dann zu unserer Freude ein Café, das bereits geöffnet hat. Warmes duftendes Brot wird angeliefert, als wir einen *café con leche* bestellen. Ich beeile mich, meiner Cafébestellung noch ein *bocadillo con jamón* (mit Schinken belegtes Brötchen) hinzuzufügen, als Joëlle mich unterbricht: »Im Ort ist noch ein *supermercado*, dort werden wir alles Nötige für das Frühstück bekommen.« Ich füge mich nach einem kurzen wortlosen Blick in die Runde der Gruppendisziplin und habe es eilig, zu dem erhofften Frühstück im *supermercado* zu kommen. Zu meiner Enttäuschung hat der Supermarkt alles an fester Nahrung, was wir für ein Frühstück brauchen, jedoch ist der Kaffeeautomat defekt, ebenso fehlen die Stühle, die man nach 12 km Hungermarsch zur Entlastung der Füße erwarten darf. Ich bin enttäuscht. Selbst auf dem Jakobsweg muss nach meiner Meinung die Beschränkung nicht so weit gehen, dass man auf regelmäßige Sitzpausen verzichten muss. Das Frühstück nehmen wir im Stehen auf dem Parkplatz des Supermarktes ein. Wir bewegen uns dabei von Sonnenstrahl zu Sonnenstrahl, denn der Morgen ist immer noch kühl und die Schatten sind lang.

Nach dem improvisierten Frühstück setzen wir unseren Weg zum Alto de Erro fort, der der höchste Punkt unserer heutigen Etappe ist. Auf dem Weg kommen wir im Wald an den sog. Rolandsteinen vorbei, möglicherweise ein Rastplatz des tapferen Recken Roland, als er hier im Dienste von Carlomagno kriegführend tätig war. Vom Alto de Erro führt der Weg nach Zubiri ständig bergab. Wir legen auf wenigen Kilo-

metern fast 300 Höhenmeter zurück. Das belastet die Gelenke noch mehr als das Bergaufgehen und wir kommen ziemlich erschöpft gegen 13 Uhr am Ortseingang des Städtchens an.

Puente de la Rabia heißt die Sehenswürdigkeit des Ortes, die Tollwutbrücke. Die Sage erzählt, dass man Vieh und Menschen dreimal um den Mittelpfeiler der mittelalterlichen Zweibogenbrücke treiben muss, um sie nachhaltig von der gefürchteten Krankheit zu befreien. Wie lesen die Erklärung aus unserem Reiseführer mit einem Schmunzeln und stellen fest, dass uns im Augenblick nichts außer einem Mittagspicknick fehlt und lassen uns auf einer Holzbank vor einem offenbar verlassenen Bauernhaus, in dem unzählige verwilderte Katzen zu leben scheinen, zur Brotzeit nieder.

Zubiri ist ein kleiner Ort, der seine wirtschaftliche Existenzgrundlage aus einem Magnesit-Tagebau zieht. Alle Versorgungseinrichtungen des Ortes liegen nah beisammen. Eine saubere private Herberge befindet sich direkt hinter der Brücke am Ortseingang. Wir beziehen ein 8-Bett-Zimmer. Bekannte aus Roncesvalles treffen nach und nach ein, so eine Frau, die wir wegen ihres rosafarbenen Schlafanzuges »pink panter« getauft haben. Glücklicherweise cremt sie ihre ermüdeten Gliedmaßen heute nicht so intensiv und betörend duftend ein, wie es in Roncesvalles der Fall war. So dulden wir mit Gleichmut ihre Gesellschaft. Abendessen gibt es, nachdem die Brücke gezeichnet ist und die erste große Waschaktion stattgefunden hat, in einem Restaurant gleich um die Ecke. Es wird heute wieder ein preiswertes, aber gutes Pilgermenu, zu dem wir wieder nach Belieben *vino tinto* angeboten bekommen. In dem im Lauf des Abends gut besuchten Lokal verbringen wir mit Getränken gut versorgt einen vergnügten Abend, mit Gesprächen in unserem dürftigen Spanisch mit dem einen oder anderen Gast.

30. März 2010

Wir sind voller Optimismus für den nächsten Tag! Wie am Vortag brechen wir schon am frühen Morgen in der Dunkelheit auf. Das Restaurant, in dem wir den gestrigen Abend so unterhaltsam verbracht haben, öffnet entsprechend der Vorankündigung der Öffnungszeiten neben der Tür bereits um 6 Uhr. Da gibt es natürlich gute Gründe, den Tag mit einem guten Frühstück zu beginnen. Als wir um 6:30 Uhr unsere Herberge verlassen und um die Straßenecke biegen, die uns von dem Restaurant trennt, stellen wir fest, dass der Wirt seine Nachtruhe offenbar noch nicht beendet hat, die Rollläden vor den Fenstern sind noch verschlossen. Das Frühstück fällt aus! Es beginnt zu regnen. In einem Arkadengang packen wir unsere Pelerinen aus und beschließen, unseren ersten Wegabschnitt bis zum Nachbarort Larrasoaña zu beginnen. Dort kennen Marie und Joëlle ein Café, in das regelmäßig Pilger einkehren und in dem wir das verpasste Frühstück nachholen können.

Der Weg führt uns in der Dunkelheit bei inzwischen strömendem Dauerregen an dem Magnesit-Tagebau vorbei. In der Dunkelheit hat man bei dem fahlen, langsam aufdämmernden Tageslicht den Eindruck, dass das zerfurchte Gelände dem Boden eines ausgetrockneten Sees ähnelt. Aus der unwirtlichen zerstörten Landschaft ragt ein gewaltiger Drehbrennofen, der in der Silhouette der Form unseren Zementfabriken ähnlich sieht. Auch Industrie kann schön und ästhetisch sein! Das Bild in Grau- und Blautönen, das sich in der Dämmerung abzeichnet, hat durchaus seinen Reiz. Man übersieht bei den schwachen Lichtkontrasten, wie zerstört und zerfurcht die Landschaft ist. Zu dem Grau und Blau gesellt sich langsam ein zartes Violett, das den heraufkommenden Tag ankündigt.

In Larrasoaña begegnen wir beim Eintreffen im ersehnten Frühstückscafé einer großen Zahl von Pilgern, die in der Pilgerherberge des Ortes übernachtet haben. Darunter auch unsere Dänen aus Roncesvalles und ein Trio aus Deutschland, dem wir später noch regelmäßig begegnen werden. Sebastian aus Berlin, Gebhardt aus Fulda und Martin aus Köln-Bickendorf. Alle drei sind Einzelwanderer, die sich zum Ziel gesetzt haben, in wechselnder Gesellschaft Anfang Mai Santiago zu erreichen. Als wir das Café verlassen, hat sich der Weg auf rätselhafte Weise belebt. Es gibt vielfache kleine Fußgruppen, die sich alle mit dem gemeinsamen Tagesziel Pamplona durch den Regen kämpfen. Waldwege, Landstraßen, Brückenunterführungen, ein vermatschter Trampelpfad, den wir bergauf steigen müssen, um einen Erdrutsch zu umgehen. Gegen Mittag erreichen wir über eine sehr schöne mittelalterliche Bogenbrücke Trinidad de Arre und verschnaufen vom Regen leicht genervt in einem Torbau, der sich am Ende der Brücke in unseren Weg stellt. Von Trinidad de Arre bis Pamplona ist der Weg mit 4,5 km nicht mehr weit. Allerdings führt er mit Ausnahme einer kurzen Landstraßenstrecke fast ausschließlich durch dicht bebautes Stadtgebiet.

Um 12:30 Uhr erreichen wir unser Tagesziel, die Casa Paderborn am Fuß der Altstadt von Pamplona. Die Sonne lässt sich seit unserer Rast unter dem Torbogen in Trinidad de Arre inzwischen häufiger blicken. Während wir noch in unseren nassen Kleidern den Hinweis, dass die Herberge erst um 13 Uhr öffnet, wie die sprichwörtlichen begossenen Pudel zur Kenntnis nehmen, öffnet sich plötzlich die Tür und wie eine Erscheinung aus einer anderen Welt steht plötzlich Sidonia, die *hospitalera* (Pilgerbetreuerin) des Hauses vor uns. Sie hat Erbarmen mit uns durchnässten, in freudlose schwarze Pelerinen gehüllte Gestalten und bittet uns ins Haus. Wir erleben einen ganz ungewöhnlichen, herzlichen Empfang! Zur Begrüßung erhalten wir zunächst eine Tasse warmen Tee. Dann lernen wir Karin, die zweite *hospitalera* des Hauses kennen. Sidonia und Karin sind Mitglieder des »Freundeskreises der Jakobspilger« von Paderborn und verbringen drei Wochen ihres Jahresurlaubs als ehrenamtliche Leiterinnen der Herberge in Pamplona.

Nach dem Wechseln der nassen Kleidung ist der Nachmittag wie üblich den Sehenswürdigkeiten der Stadt gewidmet. Die überaus reiche und wechselhafte Geschichte von Pamplona wird in ihrer Stadtstruktur und in ihren Bauwerken ablesbar. Wir orientieren uns zunächst an der großen Stierkampfarena aus dem 19. Jahrhundert, die an unserem Weg in die historische Altstadt liegt, sehen im Stadtplan eine ausgedehnte Zitadelle und suchen zunächst die Kathedrale als wesentlichen und baulich herausragenden Orientierungspunkt auf. Diese präsentiert sich uns völlig mit Gerüsten und Planen verschleiert etwas abseits der Plaza Mayor. Sie ist bis 16 Uhr siesta-

bedingt geschlossen. Marie und Joëlle, die sowieso dem Gebäudetourismus des Vaters eher skeptisch gegenüberstehen, ziehen es vor, an der Plaza Mayor in einem Café die geschundenen Füße hochzulegen und das Nichtstun in der inzwischen warm scheinenden Sonne zu genießen. Ich warte vor dem Zugang zur Kathedrale mit etwa vier weitern kunstbeflissenen Touristen, bis das angeschlossene Museum, das gleichzeitig den Zugang zur Kirche und dem angegliederten Kloster bildet, für den gebührenpflichtigen Eintritt wieder öffnet. Das Warten lohnt sich, denn ich sehe anschließend einen hochgotischen Kreuzgang, mit reichem, filigranem Maßwerk in den Wandöffnungen, der sich über zwei Ebenen aufbaut. Das fordert zu einer ersten Skizze im Zeichenblock heraus.

Aus dem Kreuzgang führt ein mit reichem Figurenschmuck verziertes Seitenportal in die Kathedrale, die sich als schlichter gotischer Raum mit zweigeschossigem Wandaufbau präsentiert. Die Wand des Hauptschiffs ist anders als in der französischen Hochgotik nicht in mehrere diaphan gehaltene Geschosse mit Säulengang, Triforium und Obergaden gegliedert, sondern besteht schlicht aus einem kräftigen Bogengang mit einer geschlossen darüberliegenden Wand, die hoch oben im Bereich der Gewölbeansätze durch kleine Lanzettfenster unterbrochen ist. Die Stifter der Kathedrale, Carlos III und Leonora de Trastamara, liegen in einem Alabastersarkophag unterhalb der Vierung und blicken so dem Gedankengut der Gotik treu in das himmelsähnlich sich nach oben entwickelnde Gewölbe. Beim Verlassen des Kreuzgangs neben der Kathedrale lohnt sich noch ein kurzer Besuch des Museo Diocesano, das im alten Refektorium des Klosters eingerichtet ist. Die tiefe Religiosität, die die Spanier über die Jahrhunderte entwickelten, zeigt sich hier in einer Fülle von Skulpturen und Reliefs, die überwiegend Maria mit dem Kind oder die schmerzreiche Mutter mit ihrem toten Sohn auf den Knien zeigt. Beeindruckend sind immer die Gesichtszüge der dargestellten Personen, denen man häufig die Herkunft der Exponate ablesen kann. Viele stammen offensichtlich aus ländlichen Gegenden und zeigen Gesichter in einer einfachen, naiven, menschlich anrührenden Form.

Auf unseren Wegen durch die Altstadt streifen wir natürlich auch die Kirche San Cernín, die leider geschlossen ist. Gleich um die Ecke werden wir dann überrascht von der mit Fahnen geschmückten Fassade des barocken Rathauses. »Pamplona muss glanzvolle Zeiten im Laufe seiner Geschichte gesehen haben«, schießt es einem beim Betrachten dieser überwältigenden Darstellung von Bürgerstolz durch den Kopf.

Als ursprünglich römische Gründung aus dem 1. Jahrhundert n. Chr. hat die Stadt eine sehr wechselvolle Geschichte von Eroberungen und Blütezeiten, aber auch von kulturellen und wirtschaftlichen Rückschlägen erlebt. Im 5. Jahrhundert kommen die Westgoten und besetzen den Ort, der zunächst den Namen Irunea (= Stadt) erhält. Heute besteht dieses Wort noch im baskischen Sprachgebrauch wie zum Beispiel im Stadtnamen Irún an der Nordküste Spaniens. Später kommen die Franken und schließlich 732 die Araber, die damals fast die gesamte iberische Halbinsel beherrschen. Die Basken schaffen nach kurzer arabischer Besetzung bereits 755 wieder Klarheit im Machtgerangel, bis Karl der Große 778 die Festung schleift, um seinen maurischen Verfolgern nach dem missglückten Saragossa-Feldzug die Verfolgung zu erschweren. Später wird Pamplona die Hauptstadt des Königreichs Navarra (9. Jh.). Mit dem Pilgerstrom des Mittelalters wird Pamplona ein wichtiges kulturelles und politisches Zentrum der Gegend, das dann jedoch einen erneuten Niedergang erleben muss, als die politisch starken Nachbarn Kastilien und Aragonien sich das kleinere Navarra einverleiben. Heute ist Pamplona die Hauptstadt der autonomen Provinz Navarra, durch den Hemingway-Roman »Fiesta« und durch seine berühmten Stierkampfveranstaltungen annähernd weltweit bekannt.

31. März 2010

Morgens um 7 Uhr brechen wir zu unserer nächsten Etappe in Pamplona auf. In der Herberge wurde sogar von den tüchtigen Damen Sidonia und Karin ein Frühstück in dem kleinen Gemeinschaftsraum serviert, der am Vortag als Büro für die Anmeldung dienen musste. Wir werden die hingebungsvolle Art, mit der wir in diesem Haus als Pilger aufgenommen und betreut wurden, dankbar in Erinnerung halten ... und natürlich an andere Pilger auf unserem Weg bei Bedarf weitergeben. Wir hasten durch das noch im Schlaf liegende

Stadtzentrum und suchen den Einstieg in den Camino, den wir unmittelbar neben dem Rathaus am Vortag ausgespäht hatten. Marie und Joëlle machen noch schnell ein Foto von der imponierenden Rathausfassade, die natürlich aufwendig illuminiert ist und in ihrer Farben- und Formenpracht vor dem dunklen Nachthimmel besonders beeindruckend ist. Die Vorstädte ziehen sich, aber auch sie bieten dem wachen Auge Stimmungen und Erlebnisse, die sich irgendwie als unvergesslich in die Erinnerung einprägen. Ein riesiger Vollmond steht über dem Universitätsviertel, das wir durchwandern. Er wirft sein fahles Licht auf eine Gruppe von Zypressen, die sich gegen den zaghaft heraufdämmernden Tag abzeichnen. Man fühlt sich in dieser unwirklich und schemenhaft sich abzeichnenden Landschaft an die Maler des fantastischen Realismus, an Giorgio de Chirico oder auch an die Malerei von Max Ernst, erinnert, in der der Mond oder auch das Dämmer- und Zwielicht eine gewisse Rolle spielen.

Die Stadt bleibt schließlich hinter uns. Es geht ständig leicht bergauf. Unterwegs gesellt sich Evelyn aus Vorarlberg zu und wandert eine Weile mit. Nach etwa 6 bis 7 km warten unsere Töchter in einem kleinen Dorf vor dem inzwischen besonnten gotischen Portal der Dorfkirche auf uns. Es gibt Bananen zur Stärkung, denn danach geht es stramm und konsequent bergauf. Nach der kurzen Rast beginnen wir den Ansturm auf den Alto del Perdón, eine Anhöhe in der ansonsten noch recht flachen Ebene. Der Weg, den wir für die nächsten etwa 3 km gehen werden, entpuppt sich jedoch schnell zum ersten echten Härtetest unseres Jakobsweges. Aufgrund des Regens des Vortages ist der Anstieg, dessen Untergrund aus zähem und klebrigem Lehm besteht, völlig aufgeweicht. Bei jedem Schritt, den wir machen, sinken wir zunächst fast bis an die Knöchel in den Schlamm ein, um dann den versunkenen Fuß wieder mit einem schmatzenden Geräusch dem weichen Boden zu entreißen. Es bleibt dann immer noch soviel Lehm an den Schuhen hängen, dass die Füße immer schwerer und jeder Schritt immer schwieriger wird. Zu dem Schmatzen der im Schlamm steckenden Schuhe kommt dann noch gelegentlich das Seufzen vieler Pilgerkehlen, denn selbst hier ist man nicht allein. Auf dem inzwischen schmalen Weg schleppt sich eine nicht enden wollende Karawane im Gänsemarsch den Hang hoch. Wenn man den noch nicht aufgeweichten schmalen Randstreifen des Weges benutzen will, um den Kraftaufwand, den jeder Schritt erfordert, in Grenzen zu halten, gerät man unweigerlich in den hüfthohen Stechginster, der den Weg säumt. Und wenn man dort ausrutscht und das Gleichgewicht verliert ... na, dann darf man abends Stechginsterdornen aus Handteller und Fingern ziehen und natürlich mehrere Tage die vielen kleinen Dornenwunden pflegen, die sich alle schmerzhaft entzünden. Alto del Perdón – Anhöhe der Vergebung! Man kann gar nicht soviel sündigen, dass man ausgerechnet hier sich Vergebung erwandern muss.

Als wir oben ankommen, haben wir den Eindruck, genug Buße getan zu haben, und freuen uns über den frischen Wind, der den Schweiß von der Stirn trocknet und über die herrliche Aussicht über die tief unter uns liegende weite Ebene. In der Ferne können wir sogar unser heutiges Etappenziel Puente la Reina vage im Dunst ausmachen! Das gibt Ansporn und frischen Mut für die restlichen 12 km. Zum Glück ist der Abstieg nicht mehr so extrem schwierig, wie der hinter uns liegende Weg. Offenbar ist hier der Boden wasserdurchlässiger und damit trockener. Dafür ist der Weg jedoch weitgehend mit losem faustgroßem Geröll bedeckt und so steigen wir langsam und vorsichtig bergab. Unterwegs überholt uns Susi aus Süddeutschland, die lautstark freie Bahn für ihren stürmischen Marsch talwärts fordert. »Vorsicht, ich kann nicht langsam, ich muss vorbei!« Wir sehen nur ihre Rückfront und die breitausgebeulten Seitentaschen ihrer Treckinghose, Alles wird von einem unförmigen Bundeswehr-Rucksack in Tarnfleck beherrscht. Wir werden sie sicher noch wiedersehen, denn schnelle Gäule laufen nicht lange.

In der Ebene unter uns liegt Obanos, ein Ort, der durch seine Freiluft-Mysterienspiele bekannt ist. Unter der Teilnahme von fast allen ca. 800 Dorfbewohnern wurde früher hier alljährlich die Legende von Felicia und Guillermo, den Kindern des Herzogs von Aquitanien, nachgespielt. Nach einer Wallfahrt nach Santiago entsagt Felicia allen irdischen Titeln und Reichtümern und geht ins Kloster. Guillermo tötet sie im Zorn über ihren Verzicht auf irdische Privilegien und Reichtümer. Als Eremit auf dem Berg Arnotegui, der in der Nähe liegt, tut er dann für den Rest seines Lebens Buße für sein schreckliches Verbrechen.

Nach einem kurzen Weg durch die Ebene, die Obanos von unserem Tagesziel trennt, kommen wir in Puente la Reina an. Wir checken in der Herberge neben dem Priesterseminar ein und lernen Paul, einen jungen Lehrer aus Bonn, kennen, der mit uns ein Sechserzimmer teilt.

Der Name Puenta la Reina, den die kleine Stadt führt, nimmt Bezug auf die gleichnamige Brücke, die sich als fünfbögige Brücke über den Fluss Arga spannt. Der Überlieferung nach wurde die Brücke bereits im 11./12. Jahrhundert zur Erleichterung der Flussüberquerung von der Gattin des Königs Sancho Garcia III veranlasst. Die Legende hat natürlich die Entstehungsgeschichte dahingehend bereichert, dass die Brücke für die Jakobspilger zur Erleichterung des Weges nach Santiago gebaut worden sein soll. Man darf wohl davon ausgehen, dass die wirtschaftliche Nutzung des Jakobsweges keine Entdeckung der Neuzeit ist und dass die Errichtung der Brücke ausschließlich dem Ausbau eines klassischen großen Handelsweges galt, der sich an dieser Stelle eher zufällig mit dem Jakobsweg deckt. So ist nun mal die Politik ehemals und heute.

Durch den Bau der Brücke wurden dann auch fast planmäßig die Entstehung und die Entwicklung eines neuen, reichen

Puente la reina 31 3 2010

Puente la Reina

Handelsplatzes in Gang gebracht. Die Stadt präsentiert sich heute als dicht bebaute charmante spanische Provinzstadt mit selbstverständlich herausragenden Kirchenbauten. Für uns Neulinge in diesem Teil Spaniens ist sie eine spannende bereichernde Entdeckung, deren Besuch absolut lohnend ist.

Ein Kleinod romanischer Architektur ist die Iglesia del Crucifijo (Kirche des Gekreuzigten), die in unmittelbarer Nachbarschaft unserer Herberge steht. Von außen eher unscheinbar, springt sie jedoch durch ihren achteckigen Turmaufsatz, den die Renaissance dem quadratischen Turmsockel verpasst hat, ins Auge. Innen erleben wir zwei parallel geführte, mit Tonnengewölben überdeckte Kirchenschiffe, die ein wunderbares klares Beispiel früher Romanik darstellen. Gurtbögen, die die

Gewölbe gliedern, lagern auf vortretenden Konsolen der Säulen auf, ein schönes Bild plastisch-konstruktiv verstandener und auf Zweckmäßigkeit orientierter Architektur. Wir erleben zum ersten Mal in unserem Leben den Reiz von Alabasterfenstern, die den Raum in ein stilles mystisches Licht hüllen. In der Chorkonche des vom Eingang gesehenen zweiten Kirchenschiffes entdecken wir ein sehr schönes, mittelalterliches hölzernes Kruzifix in Y-Form, das der Überlieferung nach ein Geschenk von Pilgern aus dem Rheinland sein soll.

Ein zweiter die Stadt mit einem hohen achteckigen Glockenturm dominierender Anlaufpunkt ist die Stadtkirche des Heiligen Jakobus (Santiago). Wir entdecken hier einen für uns neuen, introvertierten gotischen Baustil, der, wie wir noch feststellen werden, in vielen nordspanischen Städten als Hallenkirchentypus recht regelmäßig auftritt.

Hohe, schlanke Säulen tragen ein kompliziertes Netzgewölbe. Der klassische diaphane dreigeschossige Aufbau der Längswand des Kirchenschiffes ist hier überwunden. Es gibt in der mehrschiffigen Kirche lediglich die extreme Vertikalisierung der Bauform, die mit schlichten, weitgehend geschlossenen Außenwänden umhüllt ist. Darüber schwebt eine Gewölbelandschaft, die in einem hellen Stahlblau bemalt ist. Die Schlusssteine der Knotenpunkte des spätgotischen Netzgewölbes sind mit Gold bemalt und wirken auf dem blauen Untergrund wie die Sterne des Himmels. In ihrer Einfachheit ist diese gotische Kirche für uns eine konsequente Fortsetzung des Grundgedankens der nordeuropäischen gotischen Bauidee. Durch extreme Schlankheit der Stützen wird die Baumasse weitgehend entmaterialisiert und himmelwärts entwickelt. Man erlebt spontan assoziativ einen Blick in das Himmelsgewölbe.

Kontrastierend mit dem grauen Werkstein von Säulen und Wänden ist der über und über vergoldete Hochaltar, der aus der späten Renaissance stammt, und der vom ehemaligen

Wohlstand der Stadt und des Landes kündet, wie er zur Zeit der großen Entdeckungen spanischer Seefahrer zustande kam. Wie der Iglesia del Crucifijo hat man in der Renaissance auch der Stadtkirche Santiago einen mächtigen achteckigen Turm angefügt. Dieser ist in seiner Höhe und seinen Proportionen so beeindruckend, dass er die ganze Stadt als Mittelpunkt beherrscht. Das seitlich die Kirche erschließende kleine Portal ist nach Tradition der Gotik mit reichem in mehreren Stufen gestaffeltem Figurenschmuck plastisch gegliedert. Einen charmanten Akzent erhält es durch die Gliederung des inneren Bogens mit kleinen rhythmisch eingeschnittenen Hufeisenbögen, die auf die Vermischung christlicher Tradition mit maurischen Elementen schließen lassen.

Abends gibt es im großen Gemeinschaftsraum ein von der Familie gemeinsam gekochtes Menü, begleitet von einem hervorragenden Rioja. Bereits um 21 Uhr liegen wir in unserem 6-Personenzimmer in unseren Betten und löschen das Licht. Stefan aus Bonn hat dagegen nichts einzuwenden und so verbringen wir eine geruhsame lange Nacht. Mein Handrücken, in dem ich eine Stechginsterdorne als Andenken an den Alto del Perdón nach einem Sturz mit mir herumtrage, schmerzt und beginnt anzuschwellen.

1. April 2010

Die Besichtigung von Puente la Reina findet am nächsten Morgen in aller Frühe statt. Marie und Joëlle befürchten für die erste Steigung des Tages eine ähnliche Schlammpartie wie die am Alto del Perdón und haben deshalb beschlossen, einen ausführlichen Bummel durch die Stadt, mit Einkäufen für ein Mittagspicknick und Sightseeing in der Frühe zu machen. Der Start erfolgt später, wenn der Weg – hoffentlich – ein wenig abgetrocknet ist. Schließlich überqueren wir den Arga im vollen Tageslicht über die berühmte Brücke und nutzen die besonders guten Lichtverhältnisse, um und unter Einbeziehung fantastischer Spiegelbilder das Wunderwerk der pilgerfreundlichen Königin zu fotografieren.

Wir kommen wider Erwarten gut voran. Die gefürchteten Schlammwege wurden offenbar im Jahr zuvor zu bequemen, breiten kiesbefestigten Wanderwegen ausgebaut. Wir freuen uns auf unser bevorstehendes Frühstück im Café des nächsten Dorfes Mañeru, das wir ja aufgrund des unerwartet guten Weges recht schnell erreichen werden. Den Caféautomaten in der Herberge haben wir in Abstimmung mit Stefan, der heute zunächst mit uns wandert, unbeachtet zurückgelassen, weil wir der Qualität seines Erzeugnisses nicht trauten und lieber einen echten auf der Strecke genießen wollten. Hochmut wird jedoch schneller als einem lieb ist bestraft, auch auf dem Jakobsweg, denn als wir unser Frühstücksdorf erreichen, sind dort noch alle Häuser und natürlich auch das Café verrammelt, als erwarte man eine neue Invasion der Mauren. Wir legen also auf die geleisteten sechs noch drei weitere Kilometer drauf und erreichen nach insgesamt 9 km Cirauqui, ein auf einem Hügel liegendes Dorf mit beeindruckender Silhouette vor dem heute makellosen blauen Himmel. In Cirauqui gibt es eine Bäckerei mit einem Caféautomaten! Na, wenn schon nicht der in der Herberge, dann eben hier in der Versorgungsdiaspora! Wie war das noch mit dem Hochmut?

Natürlich lacht uns der Automat vor der Bäckerei schon von weitem an! Er ist umgeben von einer Traube von Mitpilgern. Er bietet ihnen seinen heißen, belebenden Inhalt im Tausch gegen ihr Münzgeld gern an. Allerdings ist der Automat, was die Münzqualität und den Münzwert betrifft, sonderbar wählerisch, er nimmt nur 50-Cent-Stücke an. Die Bäckersfrau – man hat in Köln schon vielfach von der Neugier und Bosheit der Bäckersfrauen gehört, als es dort noch Heinzelmännchen gab – weigert sich jedoch, größere Münzen in das passende Kleingeld zu wechseln, ohne dass die geldwechselnde Person dazu bei ihr auch die zum Frühstück gehörende feste Nahrung einkauft. Diese unnachgiebige, hartherzige Haltung empört uns und unsere Mitpilger zu Recht und wir werfen unsere wenigen passenden Münzen, ohne im Laden weitere Einkäufe zu tätigen, in den hungrigen Automaten und teilen das Ergebnis, das dort in Pappbechern freigegeben wird, möglichst gerecht untereinander auf. Vor einem Tordurchgang haben wir die Möglichkeit, kostenlos einen *sello*, einen Stempel, in unser Credencial zu drücken. Hier zumindest haben wir Grund, unseren Glauben an die Gastlichkeit des Ortes wieder etwas zu festigen.

Im nächsten Ort werden uns von Mitpilgern mehrere Herbergen und mindestens zwei Cafés in Aussicht gestellt. Na, dann los nach Lorca! Wir erreichen den Ort nach weiteren 75 Minuten. Die Sonne wärmt inzwischen angenehm und tatsächlich spuckt die Espressomaschine des Cafés vier *cafés con leche* für uns und etliche andere Pilger aus. Wir treffen Stefan aus Bonn wieder und wir genießen die Sonne gemeinsam auf einer Bank.

Der weitere Weg des Tages über Villatuerta nach Estella ist danach nicht mehr lang. Wir erreichen unser Tagesziel bereits um 13:30 Uhr und checken in der sehr großen städtischen Herberge ein. Unsere Bleibe ist ein 30-Personen-Schlafsaal, in dem wir einen Viererblock Betten unmittelbar neben dem Toilettenraum belegen dürfen. Zunächst wird wie jeden Tag nach der Ankunft geduscht. Für den Nachmittag steht dann für die Damen unserer Gruppe ein Gang durch die Stadt mit Einkaufen für das Abendessen auf dem Programm. Ich werde von ihnen wie üblich von derlei Alltagspflichten befreit und zum Freihandzeichnen irgendwo in der Stadt entlassen. Nach einigem Herumirren finde ich einen sehr geeigneten Ort für eine Freihandskizze der beeindruckenden Stadtsilhouette am Rande einer Schnellstraße oberhalb des Flusses Ega. Von hier hat man einen wunderbaren Blick auf die Oberstadt mit der

Kirche San Miguel und die dorthin führende Fußgängerbrücke über den Fluss. Nach dem Zeichnen ist natürlich die Neugier groß, was sich alles an sehenswerten Details in der kleinen Skizze verbergen mag. Ich mache mich auf den Weg über die Brücke, steige die Treppe zur Oberstadt hinauf und betrete die gotische Hallenkirche durch ein mit Figurenschmuck reich verziertes Portal von einem kleinen Vorplatz aus.

Szenen aus dem Leben Christi, vor allem aus seiner Leidensgeschichte verzieren als Reliefs die Portalwände und den Tympanon. Dort thront der gekreuzigte Christus als Pantokrator. Im Inneren der Kirche treffe ich auf eine ähnliche Raumkonzeption, wie ich sie bereits in Puente la Reina beschrieben habe: Ich trete in eine Hallenkirche mit schlanken, nach oben strebenden Säulen. Darüber ist wieder das Himmelsgewölbe in blau als Netzgewölbe errichtet. Die Schlusssteine des Gewölbes sind als Sterne golden beschichtet. Der vergoldete Hochaltar steht wieder in einem beeindruckenden Kontrast zur Schlichtheit der Wandoberflächen aus grauem Naturwerkstein. In einer Seitenkapelle stoße ich auf eine mit Silber und Gold beschichtete Statue der Maria mit dem Jesuskind auf einer ca. 1,5 m hohen versilberten Säule. Es handelt sich um eine Darstellung der Virgen del Pilar. Nach der Legende erschien die Jungfrau Maria dem Apostel Jakobus in Saragossa auf einer Säule, um ihn zur Fortsetzung seiner bislang wenig erfolgreichen Missionstätigkeit in Spanien zu ermuntern.

Auf dem Weg um die Kirche herum entdecke ich noch ein weiteres Gebäude, das offenbar zum Kirchenensemble zu rechnen ist, vielleicht eine kleine Andachtshalle oder ein früheres Ossuarium. Darin steht in Lebensgröße das Abbild des Heiligen Michael, des Namenspatrons der Kirche. Er kämpft mit dem Drachen, während sich sein Pferd aufbäumt. Mit der Lanze sticht er auf das auf dem Rücken liegende Untier ein und stellt mit dem Schaft der Waffe eine wichtige Abstützung in der Statik der Figurengruppe dar.

Estella ist eine Stadt mit vielen malerischen Ecken am Fluss Ega und auf den Hügeln beidseits seiner Ufer. Leider hat die Kirche San Sepulcro zur Zeit meines Gangs durch die Stadt geschlossen. Sie ist nur sonntags zur Zeit der Gottesdienste geöffnet. Ebenso ist die Kirche San Pedro de la Rúa wegen Bauarbeiten gesperrt. Die städtebauliche Situation am Platz des Ayuntamiento (Rathaus) in unmittelbarer Nachbarschaft von San Pedro ist jedoch trotz geschlossener Kirche besichtigens- und erlebenswert, ebenfalls der Weg zurück über den hier reißenden, breiten Fluss Ega in die Innenstadt.

Bei meiner Rückkehr in die Herberge habe ich noch ein langes Gespräch mit Hansjörg, einem Schweizer, der bereits seit Pamplona irgendwie immer auf gleicher Höhe mit uns wandert.

Er reist allein, weil seine Frau infolge eines Unfalls nicht mehr so strapazenreiche Reisen wie den Jakobsweg unternehmen kann. Irgendwie begegnet man auf dem Camino immer wieder interessanten Menschen, die alle ihre eigene Geschichte mit sich tragen, man hört zu, plaudert miteinander, verliert sich aus den Augen und begegnet sich dann irgendwann auf dem langen Weg nach Santiago wieder.

Die Küche unter der Leitung von Marie und Joelle hat für heute eine wahrhaft sensationelle Kreation geschaffen: Spaghetti mit Shrimps, schwarzen Oliven, Chorizo in Sahnesauce. Ein Highlight der internationalen Küche!

Inzwischen ist noch eine Horde von lauten spanischen Radwanderern in der Herberge eingetroffen. Es ist inzwischen Gründonnerstag und viele Spanier machen einen Kurzurlaub auf dem Camino, bevor sie die Ostertage in ihren Familien verbringen. Diese Gruppe ist zu groß, um in der Gemeinschaft der Einzelwanderer aufzugehen. Unglücklicherweise sind sie in unserem Schlafsaal einquartiert und stören die Nachtruhe anhaltend durch laute Gespräche, Neckereien und Zurufe. Mit einer feierlichen Prozession zu den Toiletten, die an unseren Betten vorbeiführt, beenden sie zu später Stunde schließlich ihren Abend und wir fallen erleichtert in Schlaf.

2. April 2010

Der Morgen im Schlafsaal beginnt um 5:45 Uhr mit den gleichen lauten Kommunikationsübungen unserer spanischen Mitbewohner, die schon am Abend die Szene beherrscht haben. Wir lassen sie erst einmal abrücken und stehen um 6:30 Uhr auf.

Heute führt uns der Weg über eine relativ leichte Etappe am Weinbrunnen von Irache vorbei nach Los Arcos. Gegen 7 Uhr brechen wir in der Dämmerung auf, durchqueren die noch schlafende Stadt und ihre neuerbauten, noch völlig unbewohnten Vorstädte und steigen nach Irache bergan.

Der Weg ist heute – es ist Karfreitag – sehr belebt. Er wird von vielen Menschen, Pilgern, Sportlern, Urlaubern und sonstigen Wanderern genutzt, die alle in die gleiche Richtung nach Westen laufen. Große Gruppen von Spaniern, die singend und sich fröhlich unterhaltend unterwegs sind, sind zu beobachten. Es herrscht die Stimmung eines Wandertages, vergleichbar mit der Atmosphäre auf dem Rotweinwanderweg im Ahrtal. Das gibt für den Rotweinbrunnen, an dem man bekanntlich kostenlos seinen Weindurst in einem freisprudelnden Strahl stillen kann, eine ungute Vorahnung. Und tatsächlich! Im umzäunten Hof der Bodega wartet bereits eine Schlange von mindestens 30 Menschen auf den kostenlosen Schluck Wein. Außerdem hat der Brunnen wegen der frühen Morgenstunde seine Schleusen noch gar nicht geöffnet. Da lassen wir die Gruppe der wartenden Rabattjäger schnell hinter uns und setzen unseren Weg einfach fort.

Marie und Joëlle laufen ihren Frust über den trockenen Weinbrunnen, den sie bereits zum zweiten Mal erfolglos verlassen mussten, locker mit einer Tempozugabe ab. Sie sind bald für uns Normalwanderer außer Sichtweite. Unser Weg soll über Villamayor de Monjardín um einen Gebirgsausläufer des Montejurra herumführen. Etwa 2 km hinter der Bodega Irache haben wir uns zu entscheiden, ob wir nach Los Arcos direkt (17,5 km) oder nach Azqueta (4 km) abbiegen wollen. Da von Villamayor keine Rede ist und wir mit der Ortsbezeichnung Azqueta nichts anfangen können, entscheiden wir uns für den direkten Weg nach Los Arcos. Wir durchqueren eine stille und malerische Hügellandschaft. Es ist ruhig geworden auf unserem Weg. In der Freude, dass wir das Heer von lauten Mitwanderern hinter uns gelassen haben, denken wir über weitere Ursachen der plötzlichen Ruhe überhaupt nicht nach. Wir freuen uns über die Landschaft, die von niedrigwüchsigen

Kieferbüschen, Ginster und unterschiedlichsten Grüntönen bestimmt wird. Der Blick über das sich vor uns ausbreitende Hügelland geht sehr weit. In der Ferne sehen wir einen markanten Berg mit einer Burgruine. Ist das etwa Villamayor, unser Mittagsziel? Langsam wandern wir an der Ruine, die sich etwa in 4 km Entfernung befindet, vorbei, ohne ihr näher zu kommen. Unser Weg führt offenbar nicht direkt dorthin. Vielleicht liegt Villamayor doch noch vor uns hinter dem nächsten Hügel?

Marie und Joëlle rufen uns per Handy an und erkundigen sich besorgt nach unserem Bleiben. Sie warten in Villamayor bereits eine halbe Stunde auf uns.

»Wir sind auf dem Weg und etwa in einer halben Stunde am Brunnen in Villamayor«, antworten wir etwas leichtfertig, denn irgendwann meinen wir, müssen wir ja den vereinbarten Treffpunkt erreichen. Unser Weg führt immer weiter bergauf. Auf der Passhöhe angekommen sehen wir vor uns unten im Tal ein Dorf. Unsere Schritte werden länger, wir beeilen uns, zu Marie und Joëlle aufzuschließen. Das Dorf hat ein Café. Wir haben es geschafft. Endlich ist Frühstückszeit! Im Café angekommen, können wir unsere Töchter nicht entdecken. Wir stellen erneut Handykontakt her und erfahren, dass wir Villamayor, wo sie noch immer auf uns warten, verfehlt haben. Wir haben uns verlaufen. Das Dorf, in dem wir uns befinden heißt Luquín. Es liegt abseits des großen Pilgerweges. So wird uns jetzt auch die Ruhe der letzten zwei Wegestunden erklärlich. Wir beenden unser Frühstück in Eile, holen uns ein *sello* für unser Pilgercredencial und machen uns wieder auf den Weg nach Los Arcos, wo wir, so hoffen wir, unsere Töchter irgendwo wiederfinden. Der Weg führt durch Dornen und Hohlwege, bis sie schließlich nach weiteren 4 km neben dem Weg beim Mittagspicknick sichtbar werden. Da wir soeben erst unser verspätetes Frühstück eingenommen haben, beschließen wir, als Vorhut ohne weitere Pause den Weg fortzusetzen. Sie werden uns schon einholen.

Sta Maria
de los Arcos

Unterwegs treffen wir Gebhard und Martin wieder. Gebhard hat am linken Mittelfuß eine heftige Schwellung, offenbar eine Reaktion auf die ungewohnte Wanderbelastung. Ein Arztbesuch, bei dem man ihm einen fachgerechten Druckverband anlegte, hat ihn wieder begrenzt belastbar gemacht, so dass er seinen Pilgerweg in der für ihn inzwischen gewohnten Gesellschaft von Martin fortsetzen kann. Da jedoch sein linker Fuß infolge der Verletzung und des Verbandes in keinen Wanderschuh passt, läuft er rechts in normalem Schuhwerk und links in einer weiten Wandersandale. »Karfreitag ist der Tag des Leidens«, meint er locker, »da wäre es sicher nicht richtig, wegen eines verletzten Fußes vorzeitig aufzugeben.«

Wir kommen beizeiten in Los Arcos an und richten uns in der Casa Austria ein. Sie liegt direkt an der Hauptstraße und ist deshalb als Übernachtungsangebot kaum zu übersehen. Es dauert noch eine ganze Weile, bis Joelle und Marie eintreffen. Nach ihrer Ankunft läuft das inzwischen zur regelmäßigen Übung gewordene Nachmittagsprogramm ab. Treffpunkt ist nach dem Duschen und Ruhen der große Platz vor der Kirche. Dort treffen wir sie alle wieder: Gebhard, Martin, Sebastian. Langsam bildet sich eine kleine Pilgergemeinschaft, die übertags unabhängig voneinander wandert und abends oder nachmittags nach den Wegestunden wieder zusammen findet. Dorothea aus München und ein spanisches Paar, das mit zwei hübschen jungen Töchtern auf dem Weg ist, kommen dazu.

Gegen Abend nach viel Palaver und ein paar erfrischenden Bieren besuchen wir die Kirche und den dahinterliegenden Klosterkreuzgang. Anschließend besuchen wir die Karfreitagsliturgie, zu der sich offenbar die gesamte Stadt einfindet. Wir stellen fest, dass in der barock ausgestatteten Hallenkirche, die über und über vergoldet ist, eine großartige Prozession zum Karfreitag in Vorbereitung ist.

Die einzelnen Wagen mit Szenen aus dem Leben Jesu, die für die Prozession vorbereitet sind, haben wir im Kreuzgang bereits gesehen. Die figürlichen, fast lebensgroßen Darstellungen auf den Wagen beginnen beim Judaskuss im Garten Getsemane und enden bei den Szenen des Kreuzweges. Das große Holzkreuz mit dem toten Christus steht dagegen als Mittelpunkt der Karfreitagszeremonie im Chorraum der Kirche, etwa 3 m hoch, gewaltig, naturalistisch.

Nach der Karfreitagsliturgie zieht eine Gruppe von älteren Männern in grün-schwarzen Talaren in die Kirche ein. Sie führen einen gläsernen Sarkophag auf Rollen mit. Zwei Männer auf Leitern lösen den Körper des Gekreuzigten vom Kreuz, klappen seine ausgebreiteten Arme auf dem Körper zusammen und legen ihn feierlich in den Sarkophag.

Damit sind die letzten Vorbereitungen für die große Prozession erst einmal abgeschlossen. Wir erfahren, dass diese erst um 21:30 Uhr bei Dunkelheit stattfinden wird. Wir haben also noch reichlich Zeit, um unser Abendessen, Spaghetti mit Ratatouille einzunehmen. Wieder kochen unsere unermüdlichen Töchter.

Nach dem Essen werden die Köpfe aufgrund des ereignisreichen Tages schwer und wir beschließen, die Prozession aus unserem *refugio*, einem Vierbettzimmer, das sich zur Straße hin öffnet, zu erleben. Da wir nicht als voyeuristische Gaffer gelten wollen, schalten wir das Licht aus. Marie und Joelle hüllen sich in ihre Schlafsäcke und stehen wie zwei Mumien am offenen Fenster.

Klappern und Musikkapellen ziehen auf der Straße unter uns vorbei. Die üblichen Büßergestalten mit ihren spitzen Hutmasken bilden zwischen den Festwagen große Fußgruppen. Der Zug dauert eine ganze Weile, offenbar nimmt ein sehr großer Teil der Bevölkerung teil. Ich bin auf meinem Bett inzwischen leicht eingenickt. Als Marie schließlich zu Joelle sagt: »Da kommt jetzt der Abgehängte«, registriere ich in meinem schläfrigen Bewusstsein, dass die Prozession sich ihrem Ende nähert. Ich schlafe endgültig ein.

Wir haben eine ähnliche Szenerie bereits im Vorjahr in Santiago gesehen, als große Gruppen der dortigen einzelnen Bruderschaften mit ihren spitzen Masken barfüßig in langen Prozessionen in der Nacht des Karfreitag durch die Altstadt zogen. Beeindruckend ist für uns die Frömmigkeit, die die Menschen bei ihren alljährlichen Riten in der Karwoche zeigen, die Hingabe bei der Pflege der überlieferten religiösen Bilder und der österlichen Buß- und Sühnerituale.

Es sind große dreidimensionale Bilder und Figurengruppen aus der biblischen Überlieferung, die im Brauchtum fest verankert bei diesen österlichen Umzügen eine besonders intensive Pflege erfahren. Die zentrale Botschaft des Christentums, nach der Gott der Vater seinen Sohn zur Rettung der Menschen am Kreuz opfert, wird hier dreidimensional und monumental Gestalt und aufs neue Realität. Mit Hilfe der Bilder streben die Menschen einen neuen Rettungspakt mit ihrem Gott an, ein Bündnis, das sie aus der Mühsal und Gefangenheit ihres Alltags befreit. Sie tun Buße, um der Rettung würdig zu sein.

Über allem schwebt das Bild des allmächtigen Vaters, der uns liebt, der aber auch enttäuscht, ja zornig und strafend auf unser Verhalten auf dieser Erde reagieren kann.

Es ist ein sehr menschlicher Vater, an den sich die Menschen wenden. Es ist ein Vater, der Emotionen kennt, ein Vater, der aus enttäuschter Liebe zu seinen Kindern zornig sein kann und der Strafen verhängt. Es ist ein Vater, der im Gegenzug Hingabe und Kindesliebe mit besonderem Wohlwollen belohnt.

Die Furcht vor Schicksalsschlägen und irdischen Enttäuschungen soll hier offenbar gebannt werden. Man flüchtet aus den Niederungen des irdischen Alltags und sucht Glück und Geborgenheit in den liebenden Armen des Vaters. Ein mächtiges Bild über den konkreten figürlichen Darstellungen des Umzugs wird hier deutlich. Ein Bild göttlichen Schutzes, der Geborgenheit, der Sicherheit vor Nöten und Gefahren.

»Warum tut Gott mir das an?«

»Warum ich? Ich habe doch immer mein Bestes gegeben!«

Wie oft hören wir diese verzweifelten Fragen, wenn uns oder einen Menschen in unserer Nähe ein Schicksalsschlag, eine Krankheit, oder irgendein sonstiges Unglück trifft.

»Womit habe ich das verdient?«

Leider bleiben unsere Priester und Religionsgelehrten hier regelmäßig eine plausible Antwort schuldig. »Es ist göttlicher, für uns nicht nachvollziehbarer unergründlicher Ratschluss«, pflegen sie auf derartige Fragen zu antworten. Leider wird mit dieser sehr gebräuchlichen Antwort der Kern des Problems nicht gelöst, stattdessen tun sich neue Fragen auf:

»Liebt Gott mich nicht mehr?«

»Warum ist meine Beziehung zu Gott so eng mit Leid und enttäuschten Hoffnungen verbunden?«

Kinder in jungem Alter, bei denen von Schuld und Strafe keine Rede sein kann, leiden und sterben ohne jemals in ihrem jungen unschuldigen Leben überhaupt eine Gelegenheit zu gehabt zu haben, schuldhaft gedacht oder gehandelt zu haben.

Ein junger Mensch, noch vor der Blüte seines Lebens, fällt in unserem näheren Umfeld einer entsetzlichen Gewalttat zum Opfer.

»Warum«, fragen wir, »warum dieser unsinnige, gewaltsame und unverdiente, aber gleichwohl leidvolle Tod?« Die Fragen richten sich immer an unseren gütigen und allmächtigen Vater im Himmel.

»Es fällt kein Sperling vom Dach, ohne dass der himmlische Vater dieses nicht will«, schießt es uns durch den Kopf.

»Gott leidet mit, wenn es uns besonders schlecht geht«, hört man ab und an als Erklärung für diese im Grunde unerklärlichen Ereignisse

Unerklärlich bleiben die schrecklichen Ereignisse, sind Leid und Unglück in unserer Welt vor dem für uns verbindlichen großen Bild des liebenden Vaters dennoch. Dieser Vater, der in der Vorstellung der Menschen stets für sie sorgt und der selbst dem Sperling, einem kleinen, unbedeutenden Geschöpf, Schutz gewährt.

Ist das Bild, das wir uns von unserem Gott im Laufe der Jahrhunderte gemacht haben, ein zu menschliches Bild?

»Gott schuf den Menschen nach seinem Bild«, lehrt uns die Bibel im alten Testament.

Haben die Menschen etwa, um ihren Glauben an einem glaubhaften, vorstellbaren Bild festzumachen, nicht eher umgekehrt gehandelt und sich ihren Gott nach ihrem menschlichen Bild geschaffen?

In den 70er Jahren des 20. Jahrhunderts wurde man zeitweilig mit der Theorie konfrontiert, dass angesichts des Elends dieser Welt, des Schreckens von Kriegen und Leiden, davon ausgegangen werden dürfe, dass Gott die Welt sich selbst überlassen habe und möglicherweise »tot« sei.

Gott und tot ? Wie soll das möglich sein? Der allmächtige Herr über das Leben, der Schöpfer des Lebens in dieser Welt soll selbst sein Leben verloren haben? So kleingläubig und zweifelnd wie das Unverständnis über die Schicksalsschläge, die wir immer wieder hinzunehmen haben, ist zuweilen unsere mangelhafte Erklärung dieser Ereignisse bis hin zur völligen Absurdität und Widersprüchlichkeit.

So werden immer wieder Bilder aus dem menschlichen Erfahrungsbereich herangezogen, um Eigenschaften Gottes zu erklären. Zwangsläufig fallen alle Charakterisierungen des allmächtigen Schöpfers dann auch sehr menschlich aus. Sie werden dem allmächtigen, allgegenwärtigen Wesen, dem Ursprung dieser Welt bei weitem nicht gerecht.

Schon das Wort »Gott«, dieu, dio, dios, god ist als menschliche Wortschöpfung zu schwach und unzureichend, um das unendliche Geheimnis des Ursprungs des Universums und auch unseres eigenen Ursprungs auch nur annähernd begreifbar zu machen. Wen wundert es, wenn sämtliche Erklärungen und Darstellungen des Göttlichen, alle Mühen und alle Genialität von Gottesdarstellungen der Kunstgeschichte das Wesen, das sie zu beschreiben oder darzustellen versuchen, bei weitem verfehlen? Alles, was über den allmächtigen allgegenwärtigen und dennoch unsichtbaren Schöpfer des Universums geschrieben, gedichtet, gemalt oder sonstwie künstlerisch formuliert wird, muss unvollkommen, ja unzutreffend und falsch sein, weil es der begrenzten Kreativität von Geschöpfen entspringt, die den unendlichen Möglichkeiten des Schöpfers weit unterlegen ist.

Nach der Darstellung des alten Testaments wird Moses, die große mythische Führergestalt der Israeliten, von Gott persönlich für diese Rolle bestimmt. (Exodus 3) Die Aussendungsvision des Moses vollzieht sich folgendermaßen: Moses erblickt am Berg Horeb einen Dornbusch, der in hellen Flammen steht, der aber dennoch nicht verbrennt. Das Feuer des Dornbuschs spricht zu ihm und gibt sich als der »Gott Abrahams, Isaaks und Jakobs«, also der Stammväter der Israeliten aus. Moses erhält den Auftrag, das leidende Volk Israel aus der Knechtschaft in Ägypten herauszuführen, in »ein Land, das von Milch und Honig fließt«. Als Moses seinen persönlich nicht sichtbaren Gesprächspartner fragt, was er seinem zögernden und zweifelnden Volk auf die Frage nach dem Namen seines Auftraggebers sagen solle, antwortet ihm der in Flammen stehende Dornbusch: »So sollst du zu den Israeliten sagen: »Der Ich-bin-da hat mich zu Euch gesandt, Jahwe, der Gott eurer Väter hat mich zu euch gesandt. Das ist mein Name für immer. So wird man mich nennen in allen Generationen.«

Wer jemals einen Brand mit seinem, brüllenden unheimlichen Geräusch, seinem aufsteigenden Rauch und den darunter lodernden Flammen erlebt hat, dem ist schnell klar, in welcher Angst und Kleinheit Moses den Dornbusch erlebt haben muss. Spontan begreift man das visionäre sehr subjektive Erlebnis des Moses. Man begreift seine Angst vor dem Unbegreiflichen, mit menschlichen Sinnen in seinem Kern Unfassbaren. Man kann nachvollziehen, dass das Abstrakte seiner Vision in Moses Verstand zu einer konkreten Botschaft wird. Er nimmt den Auftrag in der Folge an, geht zu seinem Volk und erklärt ihm, niemand anderes als Jahwe, der Ich-bin-da, habe ihn gesandt.

Gott entzieht sich nicht nur den Erklärungsversuchen des Moses, sondern auch den Darstellungsversuchen aller Kulturen und Zeiten, gleichgültig vor welchem Aufklärungshintergrund und vor welchem Weltbild die Erklärung durch Menschengeist gesucht wird.

Interessanterweise ist bis in unsere Tage im Islam die bildnerische Darstellung Gottes, die sich in der christlichen Welt zu hoher künstlerischer Blüte entwickelt hat, unbekannt, ja verboten. Dennoch pflegen wir das konkrete Bild der Offenbarungen Gottes, wie es uns in den Schriften überliefert wird, in vielfältigen Darstellungen: Der Gott der Israeliten, der als ein persönlicher Beschützer gesehen wird, der »sein« Volk durch die Mühsal der Geschichte geführt hat und der es schließlich im »Gelobten Land«, das er ihnen versprochen hat, nach jahrzehntelangem Zug durch Wüste und Elend heimisch werden lässt.

Der Gott des neuen Testaments, der auf die Erde hinabsteigt, um die Menschen, seine bevorzugten Geschöpfe, aus schuldhafter Verstrickung und Sünde zu befreien, der seinen Sohn opfert, um die Menschen wieder seiner würdig werden zu lassen, der seit dem Konzil von Nicäa 325 n. Chr. sogar in drei Personen dargestellt und verehrt wird.

Es sind immer sehr menschliche Bilder, die wir in unserer Erklärungsnot von unserem Gott zeichnen, Bilder, die mit unseren fünf Sinnen und unserem bescheidenen dreidimensionalen Verständnis der Welt wahrnehmbar sind.

Je mehr wir über unsere Welt wissen, je mehr wir an Details der Welt erforschen, umso größer wird die Diskrepanz zwischen unserem Gottesbild und dem Bild, das unsere Wissenschaft von seiner Schöpfung zeichnet. Wissenschaft führt, je weiter sie vorangetrieben wird, fast zwangsläufig zu Widersprüchen zu unserem überlieferten Gottesbild. Sie treibt uns von der liebgewonnenen Vorstellung eines liebenden Vaters weg. Dabei beobachten wir immer wieder eine Polarität, in der sich die Person Gottes auf der einen und die schutzbedürftige Menschheit (oder Schöpfung) auf der anderen Seite einordnen lassen. Diese Polarität wird in Riten und kultischen Handlungen immer wieder – wie übrigens über Jahrtausende der Menschheitsgeschichte – in Opferriten herausgestellt und bis in unsere Zeit hinein gepflegt.

Unsere Erde ist ein kleiner Planet, der mit acht anderen Himmelskörpern um ein Zentralgestirn kreist. Dieses unser Sonnensystem ist nicht mehr als eines von Milliarden gleichgearteter Systeme in einer mit universellem Vergleichsmaßstab gemessenen kleinen Galaxis, der sog. Milchstraße. Diese Milchstraße ist wiederum nur eine von Milliarden Galaxien.

Wenn es einen Schöpfer und Lenker dieses unvorstellbaren Universums (und möglicherweise anderer, für uns nur theoretisch erahnbarer weiterer Universen) gibt, ist er dann nicht eher als absolut abstrakte, nicht weiter konkretisierbare Größe denkbar, als schöpferische Urgewalt, von der es weder die Möglichkeit noch gar die moralische Legitimation für eine bildnerische Konkretisierung gibt? Wie finden wir mit unserem kleinen Verstand und unseren begrenzten Sinnen Anzeichen seines Wirkens in dieser Welt, die mit den Augen des Glaubens gesehen Spuren seiner Existenz freigeben?

3. April 2010

Irgendwie ist unser Kopf voller ungeordneter Eindrücke von dieser kleinen Stadt, als wir am Morgen des Karsamstags in der Dämmerung unseren Weg wieder aufnehmen. Gefrühstückt haben wir mit einem sehr guten Kaffee noch in der Herberge. Wir verlassen Los Arcos und wandern durch eine sehr liebliche, hügelige Landschaft, die von Ackerbau und Weinbau geprägt ist. Von Zeit zu Zeit sieht man neben unserem Weg eine Hütte aus geschichtetem Bruchstein, die in der Vergangenheit wohl Hirten oder Feldarbeitern als Unterstand oder auch als Unterkunft gedient haben mag. Da die Landschaft sehr offen ist, laufen unsere Töchter weit voraus. Der Weg ist sehr belebt, denn die Osterfeiertage locken viele Spanier zu einer Pilgerfreizeit.

Unser Weg führt uns heute nach Viana, einer kleinen Stadt etwa 10 km vor Logroño, der Hauptstadt des Rioja. Wir laufen durch malerische Dörfer: Sansol, das weit in die Landschaft mit seiner Silhouette grüßend auf einem Hügel liegt, und natürlich Torres del Río, ein Ort, der sich plötzlich, nachdem wir den Hügel von Sansol umrundet haben, dahinter verbirgt. In Torres del Río stellen wir in einer kleinen Gasse unsere Rucksäcke vor einem Café ab und kehren ein, um einen *café con leche* zu uns zu nehmen.

Als wir das Café verlassen, finden wir unsere Rucksäcke durchnässt von den ersten schweren Regentropfen einer unbemerkt heraufgezogenen Niederschlagsfront wieder. Die berühmte achteckige romanische Kirche des Ortes, San Sepulcro, ist in diesem Einheitsgrau des Regens fast nicht sichtbar. Wir werfen einen schnellen Blick in den mit einer kunstvollen Kuppel überwölbten Zentralraum: Jede zweite Grundrissecke wird mit einer bogenförmig geführten Rippe mit der übernächsten Ecke verbunden. Acht Ecken = acht Bögen, die in der Mitte ein achtzackiges Feld lassen. Eine sehr beeindru-

ckende Geometrie. Die Wände sind weitgehend geschlossen. Die kleinen Fenster sind mit Alabasterscheiben gefüllt. Wir nehmen die Erinnerung an diesen stillen, kunstvoll gestalteten Raum mit auf unseren Weg durch den inzwischen dicht und gleichmäßig fallenden Regen.

Hinter Torres del Río schlängelt sich unser Weg durch hügeliges Gelände, mehr oder weniger parallel zur Landstraße nach Viana. Langsam klart der Himmel wieder auf. Irgendwann kommt dann die Sonne mit einem neugierigen ersten Strahl hervor und die Stimmung auf dem Weg wird fröhlicher. Die letzten 5 km vor Viana folgt dann der Weg streng der Landstraße und führt stetig leicht bergab. Der Ort, den wir ansteuern, ist nicht sehr groß und wird von der Silhouette der zentralen Kirche Santa María beherrscht. Das sympathische Bild eines spanischen Städtchens, das in felderbedeckte Hügel eingebettet vor uns liegt, wird leider empfindlich durch überproportionale Neubaugebiete aus langen Zeilen von Reihenhäusern gestört, die man in der jüngsten Zeit hier errichtet hat. Offenbar handelt es sich um neue Wohnquartiere, die für Berufspendler, die im nahen Logroño arbeiten, errichtet wurden. Zu unserer Verwunderung ist jedoch zwischen den brandneuen Mauern keinerlei Leben zu entdecken. Die Häuser sind weitgehend unbewohnt, das Ergebnis einer falschen Investitions- und Wachstumspolitik, über die in unserem Medien ja inzwischen mit zunehmender Intensität berichtet wird.

Der alte Kern von Viana ist dagegen eine mehr oder weniger gewachsene spanische Provinzstadt mit relativ reicher historischer Bausubstanz. Unmittelbar neben der Kirche warten unsere Töchter auf uns. Sie haben bereits ein *bocadillo* als Mittagessen vor sich und wir leisten ihnen gerne, bevor wir in der Herberge einchecken, dabei Gesellschaft.

Nachmittags lockt natürlich die den Ort beherrschende Kirche Santa María. Sie ist ein im Wesentlichen gotisches Bauwerk, das im 16. Jahrhundert im Stile der Renaissance umgebaut wurde. Da Karsamstag ist, erwarten wir, dass die Kirche geöffnet ist. Zumindest bei unserer Ankunft sind auf dem Platz zwischen dem Hauptportal und dem gegenüberliegenden Ayuntamiento viele Menschen, die dort in Gruppen zusammenstehen. Möglicherweise ist der Menschenauflauf auf das Ende des Karsamstagsgottesdienstes zurückzuführen. Als wir zu dieser Nachmittagsstunde die Kirche besichtigen wollen, ist lediglich der Windfang des Hauptportals geöffnet und wir haben nur die Möglichkeit, den Kirchenraum durch eine Klappe von ca. 30x20 cm zu sehen.

Es bietet sich uns das typische Bild einer dreischiffigen gotischen Kirche, die hier nicht als Halle, sondern mit niedrigeren Seitenschiffen errichtet ist. Beeindruckend ist auch hier das stahlblau bemalte Netzgewölbe des Hauptschiffes, in dem die Schluss- und Knotensteine der Gewölberippen als Sterne des Himmels vergoldet sind. Besonders beeindruckt mich das Renaissance-Südportal der Kirche, das unter einem mächtigen, loggienförmigen Dach ausgebildet ist. In der unteren Zone des Portals sind Szenen aus Lebens- und Leidensgeschichte Jesu im Zeitraffer dargestellt, aber nicht in chronologischer Reihenfolge, sondern in ihrer Bedeutung auf den Kircheneingang zentriert. Man sieht in der Mitte über der Tür die Jungfrau Maria mit dem Jesuskind, in den seitlichen Schrägen Verkündigung und Geburt Jesu und außen zu beiden Seiten Jesus auf dem Ölberg und die Kreuztragung.

Die bildnerischen Darstellungen des Portals stehen für mich in einem merkwürdigen Kontrast zur Portalplastik des Mittelalters. Man bemerkt deutlich kompositorisches Kalkül. Die abgebildeten Szenen sind wie Gemälde konzipiert, mit einer Rahmung und mit deutlich bildnerischer Absicht. Die großen Figuren Maria und Josef bilden beispielsweise bei der Darstellung von Christi Geburt das Hauptgerüst, Hirten rahmen es ein und Ochs und Esel werden zwischen den menschlichen Figuren als Köpfe über der zentralen Krippe mit dem Jesuskind sichtbar. Das Ganze ist als Relief mit maßvoller Plastizität angelegt. Es fehlt die fromme Innigkeit, mit der das Mittelalter seinen Glauben in Stein darstellte.

Ich denke an die Schlosskapelle von Amboise, wo im Tympanon über dem Portal ein Hirsch abgebildet ist, wo also eine Jagderinnerung, eine Darstellung konkreter Alltagserlebnisse, im Zentrum der Gestaltung einer Kirchen- oder hier besser gesagt Kapellenfassade Raum findet.

Die Renaissance hat eben nach dem Mittelalter den Blick auf die Welt geöffnet. Die Wissenschaften blühen, Universitäten werden gegründet. Wir leben in einer ersten Phase von Aufklärung, in der zwangsläufig die Suche nach dem Transzendenten in den Hintergrund tritt. Die Naturwissenschaften dominieren. Leonardo da Vinci, das Universalgenie, der übrigens sein Alter in Amboise verbrachte und auch dort starb, zeichnet Ergebnisse von seinen Forschungen auf. Er geht mit seinen Gedanken soweit, dass er sogar einen Flugapparat entwirft. Vorbei ist die Zeit der religiösen Verinnerlichung, der Vertiefung in die Vesperbilder, der Andacht. Man erobert die Welt oder das, was man damals in der bescheidenen Forscher- und Entdeckerperspektive für die Welt hält. Die Kirche verweltlicht, Mächtige der Politik greifen nach kirchlichen Würden und Ämtern. Machtkalkül ersetzt die mystische Versenkung in die Religion.

In Viana ist Cesare Borgia begraben, einer der prominenten Vertreter skrupelloser Machtpolitik der damaligen Zeit. Er kam in einer Schlacht im Jahr 1527 32-jährig bei Viana ums Leben. Sein Vater ging als Papst Alexander VI. in die Kirchengeschichte ein. Wo starke Machtstrukturen entstehen, da sind die politischen Nutznießer nicht mehr fern. Adé frommes, gottergebenes Mittelalter! Die Welt gehört ab sofort den Mächtigen, den Gierigen. Die Aufklärung der Renaissance ebnet diesen Weg der Komplizenschaft zwischen Kirche und weltlicher Macht. Der Glaube wird hier sichtbar als Basis der politischen Machterweiterung missbraucht.

Mit der zunehmenden Aufklärung und dem Erlebnis der Verbindung von Machtkalkül und Glaubensverkündigung wächst natürlich bei den Menschen die Bereitschaft, die Inhalte des Glaubens und die Bilder, die diesen Glauben für unsere Sinne erfahrbar machen sollen, zu relativieren. Die Menschen prüfen die Deckungsgleichheit – in der Politik nennt man das zuweilen Schnittmenge –, die der Glaube, der ihnen verkündet wird, mit dem sich ändernden Weltbild aufweist.

Dagegen erfolgte die Überlieferung des Alten wie des Neuen Testaments der Bibel mit absoluter Deckungsgleichheit zwischen den religiösen Inhalten und dem vorherrschenden Weltbild. Dieses sah die Erde als Zentrum der sichtbaren Welt ganz selbstverständlich als gegeben an. Die

Erde war demnach eine Scheibe, auf der die Schöpfung nach göttlichem Willen geordnet, wohlorganisiert und gestaltet war. Der göttliche Schöpferplan funktionierte offensichtlich. Störungen in der irdischen Harmonie gingen immer auf konkrete Eingriffe ihres göttlichen Schöpfers zurück. Egal ob die Menschen Schaden nahmen oder glückliche Zeiten verbrachten, immer war dieses Schicksal ihnen von ihrem göttlichen Schöpfer zugedacht.

Über der perfekt organisierten Erdscheibe wölbt sich seit frühester Erinnerung der Menschheit das Himmelsgewölbe. Bereits in der Antike und in vorantiker Zeit ist das Himmelsgewölbe der Sitz der Götter bzw. im Monotheismus des einen Gottes.

Die Menschen hatten gute Gründe, dieses Bild der Welt genau zu erforschen und zu beobachten, denn auf der Suche nach Erklärungen ihrer kleinen Welt entdeckten sie, dass am Himmel Bewegung herrscht. Die geheimnisvollen Lichtpunkte, die am Himmel, der sich schützend über die Erde wölbte, zu beobachten waren, die Sterne, bewegten sich. Bewegung bedeutet Leben. Da das beobachtete »Leben« geordnet verlief und, wie man durch Studieren der Gestirne feststellen konnte, zyklisch in seinen einzelnen Gestirnskonstellationen wiederkehrte, war die Erklärung recht einfach:

Die Erde ist das Tal der täglichen Nöte und Leiden und der Himmel ist der Ort des Transzendenten, des Göttlichen, weil er sich auf mysteriöse Weise bewegt, aber nicht weiter erklärt werden kann. So ergibt sich in dieser Zeit automatisch ein einfaches, dreidimensionales Weltbild. Die Erde erstreckt sich als zweidimensionale Scheibe, darüber räumlich in der dritten Dimension zugeordnet der Himmel, die Heimat des Göttlichen. Der in Körper und Seele zweigeteilte Mensch, Höhepunkt und Krönung der Schöpfung, lebt in dieser dreidimensionalen Welt. Am Ende seines Lebens verlässt die Seele den menschlichen Körper, um sich mit dem Göttlichen in der Höhe zu vereinen. Der Körper folgt ihr nach dem mächtigen Weltgericht zur Aufnahme in die ewigen himmlischen Freuden, um sich dort der Seele folgend der Gemeinschaft mit dem Göttlichen anzuschließen.

Heute im 21. Jahrhundert, 700 Jahre nach dem gläubigen Mittelalter blicken wir zurück auf einen langen Weg, den Wissenschaft und Aufklärung auf der einen und Religion auf der anderen Seite unabhängig voneinander im Studium und Erklärung der Welt zurückgelegt haben. Die Ergebnisse der Wissenschaft, d. h. des gesicherten Wissens der Menschheit, haben sich mit großer und schließlich stets zunehmender Geschwindigkeit erweitert. Besonders die zweite Hälfte des 20. Jahrhunderts mit rasanten Fortschritten in Forschung und Wissenschaft hat eine zunehmende Distanz zur Religion entstehen lassen.

Bereits zu Beginn des 20. Jahrhunderts entwickelte Einstein seine allgemeine Relativitätstheorie. Das dreidimensionale Weltbild, das seit Jahrtausenden Bestand hatte, wurde revolutioniert durch die Entdeckung einer neuen, vierten Dimension. Die Menschen lernten die Raumzeitkurve als Grundlage einer neuen universellen Geometrie kennen, und lernten alles, was sie in Jahrhunderten in Mathematik und Geometrie erforscht hatten, in diese neue revolutionäre Lehre einzuordnen.

Mathematiker und Physiker, unter ihnen in den USA Frank J. Tipler; haben in der 2. Hälfte des 20. Jahrhunderts mit Gleichungen mit mehr als 20 Unbekannten errechnet, dass der Kosmos, in dem unsere Erde die Bedeutung eines Sandkorns hat, aus mehr als 20 Dimensionen bestehen muss. Der Amerikaner Michio Kaku und wohl auch zahlreiche andere Wissenschaftler sind aufgrund von Entdeckungen in der Teilchenphysik der festen Überzeugung, dass davon etwa 10 Dimensionen wesentlich für das Funktionieren dieser Welt sind. Wir haben noch viel zu tun, bis wir dies alles begreifen.

In den Naturwissenschaften trug Darwin mit seiner Evolutionstheorie, die heute von keinem vernünftigen Menschen angezweifelt wird, dazu bei, dass das Bild der gottgewollten und gottgesteuerten Schöpfung immer mehr verblasste. Dieser Entwicklung der Weltsicht setzen in unseren Tagen atheistische Denker, wie der Brite Dawkins, die Krone auf, wenn sie behaupten, ein Schöpfer von Raum und Zeit sei angesichts der Perfektion der Evolution entbehrlich. Die Kluft, die sich sichtbar und mit großer Geschwindigkeit zwischen Religion und Wissenschaft vergrößert, wächst mit jeder Nachricht über Neuentdeckungen, die uns die Medien melden.

Die Menschen entschlüsseln die genetischen Codes von lebenden Gattungen in der Schöpfung. Man ist inzwischen in der Lage, aufgrund des aktuellen Forschungsstandes in der Genetik Menschen nach bestimmten

Vorbildern in ihren Charaktermerkmalen und Begabungen oder auch in ihrer physischen Konstitution zu verändern, d. h. genetisch zu manipulieren.

In voraufklärerischer Zeit war es relativ einfach, an die Stelle unerklärlicher Phänomene in Schöpfung und Umwelt das Wirken von Geistern, Göttern oder des einen, allmächtigen Gottes zu sehen. In dem kleinen, dreidimensionalen Weltbild früherer Zeiten ging alles Unerklärliche mit großer Selbstverständlichkeit auf göttliches Wirken zurück. Die Zeit, in der sich die Welt so leicht und unabhängig von Wissenschaft und Forschung erklären ließ, liegt im 21. Jahrhundert leider weit hinter uns.

Im Jahr 2008 forderte der Theologe Hans Küng in einem Vortrag in der Karl-Rahner-Akademie in Köln, man müsse, um den Glauben zu retten, Philosophie und Religion parallel und unabhängig zu den sich schnell entwickelnden Wissenschaften pflegen. Es gehe nicht um Feststellung der Deckungsgleichheit biblischer Bilder mit den wissenschaftlichen Kenntnissen unserer Zeit, sondern allein um deren gläubige Interpretation. Er vertrat damit den in Gottvertrauen abgekapselten, von der Welt sorgfältig getrennten Glauben, der letztlich im Widerspruch zu unserem aufgeklärten Weltbild und damit eher dem Glauben vergangener, voraufklärerischer Zeiten entspricht. Dieser Weg entwickelt sich immer mehr zu dem sprichwörtlichen dornigen Pfad, den der Volksmund gemeinhin der weltentsagenden Tugend zuschreibt. Er führt am Ende in die Sackgasse, in die völlige Aufgabe von Religion und Glauben.

Deshalb wird es höchste Zeit, dass wir unter Einarbeit des Wissensstandes unserer Zeit ein neues plausibles Gottes- und Weltbild entwickeln. Unser Glaube muss einfach zukunftsfähig werden, das heißt, er muss so gestaltet sein, dass er sich ständig dem Dialog mit der Wissenschaft stellen kann. Das kann bedeuten, dass er stärker auf Erklärung der Welt setzt als auf Dogmen und unumstößliche wissenschaftlich und logisch nicht nachvollziehbare Grundsätze. Das bedeutet auch, dass der Glaube angesichts des sich ständig erweiternden Wissens über unsere Welt offen ist für Veränderungen, bereit bleibt, die in Schriften überlieferten Bilder mit neuen Akzenten oder gar vom Grund her neu zu interpretieren. Für den Christen bedeutet das, dass die wunderbaren Bilder des alten Testaments, die Weissagungen und Visionen der Propheten, ebenso wie die Berichte der Evangelien über das Leben Jesu immer im offenen Abgleich mit unserem wissenschaftlich gesicherten Weltbild verkündet und aufgenommen werden müssen.

4. April 2010

Unsere Reiseplanung sieht für jeden Tag eine Etappe von 20 bis 30 km vor, auch für Sonn- und Feiertage. Deshalb brechen wir am Ostersonntag wie gewohnt in der Dämmerung, d. h. um 7:30 Uhr auf, um über Logroño, der Hauptstadt des Weinanbaugebietes Rioja, nach Navarrete zu laufen. Die Etappe sieht eine längere Pause in Logroño, d. h. nach etwa 10 km vor. Wir werden dort einen Blick auf die Kathedrale und die Altstadt werfen und natürlich ein österliches Frühstück einnehmen.

Auf dem Weg dorthin haben wir die Vororte von Viana auf kleinen Pfaden, die durch Kleingärten führen, zu durchqueren. In der Nacht ist reichlich Regen gefallen und von Zeit zu Zeit gleiten wir auf den aufgeweichten Wegen aus. Es riecht nach fauligem Kohl.

Später folgt der Weg der Landstraße und führt dann durch ein Freizeit- und Vogelschutzgebiet, bevor der Wanderer in ein wenig zur Stimmungsbelebung geeignetes Gewerbegebiet geführt wird. Die Etappe ist wie alle städtischen oder stadtnahen Gelände für uns wenig reizvoll. Wir langweilen uns und legen an Tempo zu. Nachdem wir einen riesigen mehrgeschossigen Verkehrsknoten unter-, über- und umlaufen haben, erreichen wir nach einem kurzen Anstieg eine Anhöhe vor der Stadt, auf der uns Doña Felisa in einem kleinen Haus am Straßenrand mit einem *sello* für unser Credencial erwartet. Der Pilgerstempel von Doña Felisa ist Tradition und für jeden, der den Camino geht, ein Muss. Er wird normalerweise begleitet mit der Einnahme eines Getränks, oder aber, wenn man in Eile ist, erhält man ihn auch einfach gegen eine kleine Spende.

Danach geht es in großen Schritten nach Logroño hinein. An der Brücke über den Ebro, der die Stadt durchfließt, hat ein städtisches Informationsbüro schon zu dieser frühen Stunde des Ostersonntags geöffnet. Wir bekommen dort unseren zweiten *sello* sowie einen Stadtplan im handlichen A3-Format, wie er, so haben wir inzwischen erkannt, in den touristischen Hochburgen in Spanien gebräuchlich ist und in dicken Abreißblöcken zur Selbstbedienung zur Verfügung steht. Die Stadt ist noch wie ausgestorben. Es ist etwa 10 Uhr am Morgen. Wir gehen auf direktem Weg zur Kathedrale, in der man im Osterhochamt gerade beim Credo angekommen ist. Wir sind enttäuscht über den spärlichen Besuch der Messe, denn nach den überwältigenden Veranstaltungen in Los Arcos haben wir hier mehr gläubige Teilnahme erwartet. Wir zählen etwa zwölf bis 16 Personen, die an der Messe, die von mehreren Priestern zelebriert wird, teilnehmen. Scheinbar sind das Gedenken des Leidens Christi und die Sühne für Fehler im Alltag in der spanischen Kirche bedeutsamer als die Freude über die österliche Auferstehung.

Der Innenraum der Kathedrale ist wie in Estella, Puente la Reina und Los Arcos ausgeführt: ein wunderbar himmelwärts strebender Raum mit schlanken, eleganten Säulen, deren Dienste und Lisenen in der Höhe kunstvoll zu einem Netzgewölbe verflochten werden. Wieder sind die Gewölbeflächen in Stahlblau einheitlich gefärbt, die Rippen des Netzgewölbes setzen sich davon in Naturwerkstein ab, Knoten und Schlusssteine sind, wie schon oft staunend betrachtet, vergoldet. Über uns wölbt sich wieder in 20 m Höhe der gestaltete Himmel der Gotik.

Dabei sind die Wände der Seitenschiffe weitgehend geschlossen, wohl eine Besonderheit der spanischen Gotik, in der offenbar die schwerelose, diaphane Wand der zentraleuropäischen Gotik dem praktischen Gedanken des Schutzes vor der Sonne untergeordnet wird. Möglicherweise verzichtet man auch auf einen kunstvolleren Wandaufbau, weil die Wand als solides Auflager für das komplizierte Gewölbe unentbehrlich ist.

Die Außenseiten der Portale finden wir, wie bereits in Viana, mit sorgfältig geordneten Reliefs verziert, die jeweils szenisch konzipierte, ablesbare Einzelbilder darstellen. Der aufklärerische Geist der Renaissance hat auch hier seine exakt kalkulierten Spuren in Stein gemeißelt hinterlassen. »Plateresk« nennt die Kunstgeschichte diese Verflachung der mittelalterlichen Plastizität. Immerhin stehen wir staunend vor einem neuerlichen Zeugnis des sich damals wandelnden Zeitgeistes, das in Stein gehauen für die Ewigkeit Gültigkeit zu bekommen scheint.

Wir denken an die Gesetzestafeln des Moses, die uns in den Berichten des alten Testaments möglicherweise aus dem gleichen Grunde als in Stein gemeißelt überliefert sind. Nur so haben sie zumindest auf immer und ewig ihre Bedeutung für die Menschheit. Ein kleiner Ausflug in die Religionsgeschichte lehrt uns übrigens beispielhaft anhand der Gesetzestafeln des Moses, was Glaube bedeuten kann und gleichzeitig, wie schwierig es manchmal mit dem Glauben zugehen kann.

Nach den Berichten des Alten Testaments wurden die Gesetzestafeln des Moses in der Bundeslade niedergelegt und von keinem Menschen je auf ihren Inhalt oder gar auf ihr Vorhandensein geprüft. Die Forschung nach ihnen war streng verboten. Zwei Söhne des Aaron, die heimlich das Zelt mit der Bundeslade besichtigen wollten, mussten für ihre Neugier mit dem Leben bezahlen, denn sie wurden von unsichtbarer Hand beim heimlichen Betreten des Zeltes niedergestreckt. Heute soll die Bundeslade mit den Gesetzestafeln im Besitz koptischer Christen in Äthiopien aufbewahrt werden. Sie wird dort als großes Heiligtum verehrt, ohne dass jemals die Echtheit, geschweige denn der Inhalt geprüft wurde.

Glaube heißt eben zuerst »Vertrauen«, Verzicht auf Beweise. Glaube bedeutet jedoch niemals, Wissen zu leugnen, Wissenschaft infrage zu stellen.

Nach dem Besuch der Kathedrale gelingt es uns, in einem bereits geöffneten Café unser ersehntes und zu dieser Tageszeit wohl auch verdientes Osterfrühstück einzunehmen.

Der Weg von Logroño nach Navarrete führt zunächst durch das Stadtzentrum der Neustadt. Moderne Architektur, große Boulevards! Spanien lebt offenbar noch immer in einer Phase gesicherten Wohlstands. Es zählt, wie wir wissen, zu den Empfängerländern der EU und so hat es sich auch außerhalb der Betonburgen der Fremdenverkehrsindustrie in den vergangenen Jahrzehnten enorm entwickelt.

Modern und für deutschen Städtebau absolut beispielhaft ist auch die Verzahnung der Stadt über kilometerlange Park- und Freizeitpromenaden mit der gewachsenen Natur in den Randbereichen. Während wir von Viana kommend noch über Industrie und Gewerbe klagten (immerhin auch dort noch in Nachbarschaft zu einem Natur und Vogelschutzgebiet), dehnt sich hier eine vielfingrige Freizeitlandschaft mit Wander- und Spazierwegen, die kilometerweit aus der Stadt herausführen, aus.

Konrad Adenauer würde im Grab einen Freudensprung machen, wenn er angesichts des traurigen Zustandes seiner Grüngürtelidee in Köln diesen visionären Verzahnungsansatz von Stadt- und Landschaftsplanung sehen könnte. Es geht also doch! Leider fehlt unserer Politik zur Zeit jedes visionär begabte, charismatische Talent.

Pinienwälder, Seen, Picknick- und Grillplätze wechseln sich ab. Trotz des kühlen Vorfrühlingswetters ist die Parklandschaft sehr belebt. Man macht am Ostersonntag ein großes Barbecue im Grünen. Wir umrunden auf unserem Weg das Ufer eines Sees von mehreren Kilometern Durchmesser, dahinter steigt das Gelände zu einer Hügelkette an, die sich kahl und ohne weitere Vegetation gegen den tiefblauen Himmel abzeichnet.

Vor dem Verlassen dieses weitläufigen Paradieses treffen wir noch auf die Hütte eines Eremiten, der hier gelegentlich die vorbeiziehenden Jakobspilger begrüßt. Der Meister ist lei-

der abwesend und so setzen wir unseren Weg ohne seinen Segen einfach fort.

Bei der Annäherung an Navarrete fallen uns zum ersten Mal die tief verschneiten Berge des iberischen Hochlandes auf. Wir schätzen, dass uns ca. 30 km davon trennen. Für Jakobspilger ein Katzensprung von einem Tag. Wir freuen uns über den landschaftlichen Kontrast und die unerwartete Wiederbegegnung mit dem glücklicherweise auf Distanz bleibenden Winter.

In Navarrete öffnet die Pilgerherberge, die mitten in der Stadt an einem Arkadengang liegt, nach der Winterpause erst am ersten Ostertag. Bei unserer Ankunft gegen 13 Uhr ist sie noch geschlossen. Wir beschließen, die Mittagszeit in der Sonne der Terrasse eines benachbarten Restaurants bei einem Ostersonntags-Pilgermenu zu verbringen. Die Stimmung ist gut und mit vollem Magen und einer Flasche gutem Rioja ist eine Steigerung nicht ausgeschlossen. Als nach 14 Uhr die Herberge ihre Tore öffnet, sehen wir von allen Seiten bekannte Gesichter, die sich dem Gebäude nähern. Am Ende sind sie alle wieder unter einem Dach zusammen, man läuft eben durchschnittlich die gleichen Tagesetappen, mal kürzer, mal länger und das gleicht sich dann irgendwann an einer Zwischenstation, die sich durch besondere Sehenswürdigkeiten oder eine empfehlenswerte Herberge auszeichnet, wieder aus.

Abends gibt es einen Zwischenfall: Ineke vertritt sich auf dem äußerst groben Kieselpflaster in der Arkade. Sie fällt rückwärts gegen die Glastür der Herberge. Dem Himmel sei Dank, dass dieser Zwischenfall keine bösen Verletzungskonsequenzen hatte. Unsere Töchter sind entsetzt und führen den Sturz auf die allgemeine Schwächung durch die Wanderung zurück. Zum ersten Mal ist die Rede von Aufhören. Wir beschließen, das weitere Vorgehen am nächsten Morgen in ausgeruhterer Verfassung zu bereden und gehen erstmal zu Bett.

5. April 2010

Der Morgen des Ostermontags ist strahlend klar und man fühlt trotz der Kühle des Morgens, dass es ein Tag mit viel Sonne sein wird. Wir brechen erholt und guten Mutes in der Frühe auf. Angesichts des strahlenden Morgens verfliegen die Sorgen über die Ereignisse des Vorabends. Unser Optimismus ist zurückgekehrt. Azofra heißt unser heutiges Tagesziel, ein Ort im Irgendwo Nordspaniens, allerdings mit jahrhundertealter Jakobspilgertradition.

Doña Isabella de Azofra heißt die Dame, der der Ort sein Überleben im Kreise der besonderen Orte auf dem Jakobsweg verdankt. Bereits im Jahr 1188 gründete sie ein Hospital für kranke Pilger unmittelbar neben der Kirche des Ortes. Die Tradition der Gastfreundschaft hat die Zeiten überdauert. Es gibt heute in dem kleinen Azofra gleich zwei Pilgerherbergen, eine städtische und kirchliche. Darüber gleich mehr.

Unterwegs nähern wir uns langsam den schneebedeckten Bergen des Iberischen Hochlands, die wir am Vortag bereits aus größerer Distanz entdeckt haben. Wir laufen am Fuß des Gebirges in einer fruchtbaren Ebene, in der die Baumblüte bereits in voller Pracht steht. Der Himmel ist wolkenlos, tiefblau, darunter weiße tief verschneite Berge in 10–15 km Entfernung. Im Vordergrund sehen wir am Fuß der Berge braune und ockerfarbene Dörfer. Unmittelbar an unserem Weg stehen Mandel- und Kirschbäume und breiten ihre blühenden Zweige über uns aus. Eine wunderbare, harmonische Welt umfängt uns. Wir fühlen glückliche Dankbarkeit für dieses selten schöne Landschaftserlebnis.

Woher weiß die Pflanze, wann der Winter vorbei sein wird und wann es sich lohnt, Saft und Nahrung für die Vegetationsperiode aus dem Boden zu ziehen? Es kann nicht an den steigenden Temperaturen liegen, denn noch immer ist es winterlich kalt. Woher weiß der Zugvogel, wann die Zeit seines Aufbruchs gekommen ist, die Zeit, in der er unter ungeheuren Strapazen jedes Jahr seinen Aufenthalts- und Lebensraum zu wechseln hat und in der er viele tausend Kilometer – nur auf die Kraft seiner Muskeln angewiesen – zurückzulegen hat?

Wie kommt es, dass die Pflanzen mit ihrer Blüte auf die Wärme des kommenden Frühlings reagierend immer in der gleichen Reihenfolge ihre Blütenpracht entwickeln? Schneeglöckchen, Krokus, Narzisse, Tulpe, Aubrieta, Doronikum usw, usw. Nach welchem Plan vollzieht sich dieses zyklische Schauspiel jedes Jahr nach der gleichen Dramaturgie und in der gleichen Reihenfolge? Hat da einer einen Plan gemacht, der mit unseren beschränkten Sinnen nicht erkennbar, schon gar nicht nachvollziehbar ist?

Gibt es Strukturen, Dimensionen, die außerhalb unserer Sinne funktionieren und von deren Vorhandensein lediglich die dreidimensionalen Erlebnisse, die unsere Augen gestatten, Spuren zeigen? Naturwissenschaftler tun da Fragen nach über- und außersinnlichen Vorgängen und Welten mit der stumpfen Feststellung ab, dass Darwin in seiner Evolutionstheorie ausreichend Auskunft gibt. Naturwissenschaftler bewegen sich natürlich in einem begrenzten Raum, den sie erforschen, das heißt, im Raum des sinnlich Wahrnehmbaren.

Sobald ihre Arbeit diesen Raum verlässt, wird sie automatisch spekulativ und damit unwissenschaftlich. Wissenschaft ist eben das gesammelte Wissen der Zeit, das was man erkannt und bewiesen hat. Das äußerste, zu dem Wissenschaft bereit ist, ist das Bekenntnis, dass über den Dingen unserer dreidimensionalen sinnlich erfahrbaren Welt durchaus andere Welten und nicht sichtbare Strukturen möglich sind.

Die Gedanken aus Los Arcos gehen durch den Kopf: Die Mathematik hat mit ihren theoretischen Möglichkeiten zunächst mit Gleichungen mit vielen Unbekannten Hinweise gegeben, dass unsere Welt ohne eine übersinnliche, Über-, Unter-, Infra- oder sonstwie geartete Welt nicht funktionsfähig ist. Die Mathematik als Wissenschaft beginnt hier unmittelbar der Neigung des Menschen, an übersinnliche Dinge außerhalb unserer erklärbaren Welt zu glauben, Nahrung zu geben. Also ist die Begegnung von Wissenschaft und Glaube durchaus sinnvoll!

Seit frühester Zeit ist die Neigung des Menschen, erkennbare, aber nicht erklärbare Phänomene in seiner konkreten Umwelt dem Bereich des Unerklärlichen, des Übersinnlichen, des Transzendenten, also auch der Religion zuzuordnen, zu beobachten. Bereits vor 5000 Jahren waren in den frühen Kulturen des Zweistromlandes durch systematische Erforschung und Beobachtung des Sternengewölbes über der Erde 72 Fixsterne bekannt. Man kannte den Lauf der Gestirne über das Jahr. Man hatte aus der Erforschung der Bewegung, die man zyklisch wiederkehrend am Himmel beobachtete, die Sternbilder, die noch heute Zentrum unserer Astrologie sind, entwickelt. Jeder Fixstern, der sich in diesen Bildern bewegte, hatte seine Identität. Am Ende wurden daraus in der Vorstellung der Menschen Götterpersönlichkeiten.

Gilgamesch, der sagenhafte König von Ur, der etwa 2700 vor Chr., also in der Zeit Abrahams lebte, wird auf diese Weise zu $^2/_3$ Gott und zu

1/3 Mensch am Himmel fixiert. Werner Papke, der sich mit seiner Interpretation des Gilgamesch Epos einen weltweiten Ruf erwarb, führt diese merkwürdige 2/3-Göttlichkeit auf die folgenden geschichtlich vage nachvollziehbaren Ereignisse zurück:

Nach einem sagenhaften Flutereignis macht sich Gilgamesch mit seinem Gefolge auf, um die Folgen der Katastrophe, die seinen Herrschaftsbereich offenbar heimgesucht hat, mit eigenen Augen zu sehen. Er unternimmt eine für die damalige Zeit spektakuläre Reise. Diese führt ihn durch das gesamte Zweistromland zwischen Rotem Meer, Kaspischem Meer, dem Schwarzen Meer und schließlich dem Mittelmeer.

Aufgrund ihrer Ausdehnung wird die Reise im Gilgamesch-Epos als herausragende Heldentat beschrieben. Dabei wird der Weg, den Gilgamesch real auf der Erde zurückgelegt haben mag, nicht als über die Erde führend beschrieben, sondern auf das Himmelsgewölbe projiziert. Gilgamesch ist gleichbedeutend mit Merkur, dem rastlosen Planeten, der die Sonne in seiner engen Umlaufbahn gemessen an den Zeiten der übrigen Planeten in kürzester Zeit umkreist, nämlich in 88 Tagen. Sein Begleiter ist in der Sage Enkidu, der Mond. Die Neigung der Erdachse um 23,4° bewirkte bei den Beobachtern der Sonne in der damaligen Zeit und aufgrund ihres Betrachterstandpunktes eine scheinbare Schwankungsbreite des Sonnenstandes zur Erdscheibe. Aus dieser subjektiv wahrgenommenen Schwankungsbreite, der sog Ekliptik, ragt die Darstellung des Gilgamesch, der in das Sternbild des Orion projiziert wird, zu einem Drittel hervor, zu zwei Dritteln wird sie von der Ekliptik der Sonne abgedeckt. Somit ist in der Logik der damaligen Zeit Gilgamesch zu 2/3 Gott, weil von der Sonnenbahn abgedeckt, und zu 1/3 Mensch, weil dieses Drittel aus der Sonnenekliptik herausragt. Unerklärliches am Himmel wird in irdischer Auslegung verständlich gemacht und es entsteht aus der Erklärung des nicht sinnlich oder »wissenschaftlich« Nachvollziehbaren ein Glaube. Im Falle des Gilgamesch-Epos geschieht dies als Dichtung von hoher seherischer Qualität.

So oder auf vergleichbare Weise wurde in der Vergangenheit Wissenschaft zur Basis des Glaubens, nicht zu dessen Gegensatz. Nicht die Trennung von Wissenschaft und Glauben hat Tradition, sondern seit Jahrtausenden das Gegenteil. Dabei sollte der Glaube der Wissenschaft freie Entfaltung gestatten und nicht, wie seit der Aufklärung allzu häufig geschehen, Freiräume des Forschens oder gar neue Entdeckungen verbieten.

Wissenschaft und Glaube sind beide Teil dieser Welt und wenn wir Harmonie in der Schöpfung wünschen, müssen sie als komplementäres Paar beide Bestand und Entwicklungsfreiheit haben. Wissenschaft verarbeitet die zwingenden Konsequenzen freier Forschung. Der Glaube hat so tolerant und weiträumig zu sein, dass er stets der Wissenschaft freien Raum gibt und die Bereitschaft entwickelt, Glaubensgrundsätze dem sich aufgrund wissenschaftlicher Entdeckungen ändernden Weltbild interpretierend anzugleichen. Schließlich lebt unser christlicher Glaube von subjektiven Bildern, die sich den Propheten und Sehern der Vergangenheit geoffenbart haben. Die Bilder, die später in unseren »Heiligen Schriften« allgemein verbindliche Form annahmen, sind immer noch objektiv formbar, zumindest erklärbar. Wissenschaft ist dagegen Fakt, ist bewiesen. Sie fordert uns deshalb immer wieder heraus, das, was wir glauben, an ihr zu messen und gegebenenfalls mit neuem Akzent zu interpretieren.

Mit Hilfe der Wissenschaft sollte der Glaube plausibel sein und möglichst bleiben, sonst geht er verloren.

Bei soviel Nachdenklichkeit führt uns unser Weg durch eine herrliche Landschaft nach Nájera, einer kleinen Stadt von ca. 80000 Einwohnern. Die Zeit vergeht schnell, es ist bereits Mittag und damit Gelegenheit für eine größere Pause. Da die Sonne zwar unser treuer Begleiter ist, aber dennoch die Außentemperaturen nicht sehr hoch sind, beschließen wir, für unser Mittagspicknick auf einem geschützten Platz im Zentrum der Stadt aufzusuchen. Ein *supermercado* ist gleich nebenan. Azofra ist nur noch 7 km entfernt, ein Katzensprung für den geübten Pilger.

Für Inekes Bein, das seit dem Irrweg um Villamayor de Jardín herum unerklärliche Schmerzen verursacht, sind Katzensprünge dieser Art nach der ausgedehnten Mittagspause nicht mehr so recht möglich. Sie hat plötzlich bei jedem Schritt heftige Schmerzen im rechten Knie und wir beschließen als Notlösung, dass sie die restlichen Kilometer unserer heutigen Etappe im Taxi zurücklegt.

Unterhalb einer Felswand, über der eine nicht zu schätzende Zahl von Störchen kreist, machen wir uns an die letzten Kilometer unseres heutigen Weges. Bisher kannten wir Störche nur als Einzelpaare, die sich individuell auf Kirchtürmen und hohen Stromleitungsmasten niederlassen. Die starke Verdichtung der Storchpopulation auf einem Felsplateau überrascht uns. »Vielleicht haben wir hier das zentrale Auslieferungslager für den zu beobachtenden spanischen Geburtensegen gefunden«, meinen unsere Töchter. Eine weitere Erklärung für dieses seltene Naturerlebnis haben wir nicht.

Auf der Höhe angekommen breiten sich bis zum Horizont die Weinfelder des Rioja aus. Ganz in der Ferne ist bereits die Silhouette des Kirchturms von Azofra zu sehen. In der Sonne wird uns sogar inzwischen richtig warm. Nachdem wir ein wenig unsrer winterlichen Oberbekleidung abgeworfen haben, machen wir uns auf den kurzen Marsch durch die menschenleere Landschaft.

Die Pilgerherberge von Azofra liegt am Ortsrand im Übergang von Garten- und Wiesenland in die offene Landschaft. Zunächst ist man von der Größe etwas erschrocken, denn ein dreigeschossiges Gebäude am Rand eines Dorfes ist schon im Ansatz für städtebauliche Integration ein schwerverdaulicher Brocken. Nachdem sich das Tor, das in das Innere der umlaufenden Hofmauer führt, hinter uns geschlossen hat, breitet sich vor uns eine paradiesisch anmutende stille kleine Welt aus.

Wir stehen in einem annähernd rechteckigen Hof. Geradeaus blicken wir auf einen eingeschossigen Flachbau, der offenbar mehrere Gemeinschaftsräume hinter einer vollverglasten Fassade aufnimmt. Rechts von uns liegt auf der gesamten Hoflänge der dreigeschossige Bettentrakt. Mitten im Hof, der weitgehend gepflastert ist, blicken wir auf einen großen Brun-

nen mit Fontaine. Junge Menschen sitzen auf seinem Rand und pflegen ihre Füße (was auch sonst?). Andere ruhen sich auf Stühlen oder Liegen einfach in der warmen Nachmittagssonne aus. Wieder andere hängen Wäsche auf speziell hierfür vorgehaltene Wäscheleinen. Es ist ein Bild von Frieden und Ruhe, das sich uns bietet, in dem wir ganz selbstverständlich durch die Einfriedungsmauer abgeschieden von der Außenwelt unseren Platz einnehmen. Das Bettenhaus hält eine weitere Überraschung für uns bereit: Es gibt statt der sonst üblichen Schlafsäle hier (zumindest im Erdgeschoß) Schlafkabinen mit je zwei Betten, Schrank und Regal zur Unterbringung der mitgeführten persönlichen Dinge. Über soviel Komfort sind wir völlig überrascht. Wir freuen uns auf die kommende Nacht in dieser ruhigen Abgeschiedenheit. In der sehr geräumigen großzügig ausgestatteten Küche haben Joëlle und Marie begeistert von den Annehmlichkeiten der Herberge nach meinem inzwischen gewohnten Nachmittags-Zeichenausflug in das Dorf ein opulentes Abendessen vorbereitet, das als Ergebnis ihrer kulinarischen Sehnsüchte hier ausnahmsweise als Rezept festgehalten werden soll:

Als Vorspeise Salat mit Streifen vom Cerrano-Schinken; danach Spaghetti mit Shrimps, Chorizo, blauen Oliven in Sahne-Weißweinsauce; Honigmelone als Dessert

Wir werden die eigenwillige Geschmackskomposition von Shrimps mit Chorizo als schöne kulinarische Entdeckung mit nach Köln nehmen und sicher dort von Zeit zu Zeit wiederholen.

Übrigens gibt es in Azofra neben dieser städtischen Pilgerherberge noch eine in pfarrlicher Trägerschaft. Letztere befindet sich in einem Anbau der Kirche und wurde von drei Kölner Ehepaaren 1990–1992 errichtet. Sie hat nur geöffnet, wenn die städtische voll belegt oder in den Wintermonaten geschlossen ist. Die kirchliche Herberge von Azofra trägt den Namen des Kölner Jakobspilgers Herbert Simon (1921 – 2003).

6. April 2010

Unser Weg am folgenden Morgen führt uns auf breiter Kiespiste immer leicht bergauf nach Cirueña, einem Dorf etwa 5 km von Azofra entfernt. Da die Bar, die wir bereits vor unserem Aufbruch für das Frühstück ausgeguckt haben, geschlossen ist, weil die Eigentümerin für 15 *minutos* abwesend sein muss, beschließen wir ohne langes Zögern, unseren Weg ohne Cafe fortzusetzen. Irgendwann kommt der Kirchturm von Santo Domingo de la Calzada in Sicht und bleibt uns für den gesamten Rest der Tagesetappe erhalten.

Der Weg senkt sich seit einiger Zeit kontinuierlich leicht, aber ohne Unterbrechung. Wir durchqueren das Gebiet der Rioja alta. Der Weinbau wird zunehmend abgelöst durch endlose Getreide- und später Kartoffelfelder. Die Landschaft hält keine Besonderheiten für uns bereit. Marie gesellt sich zu Ineke und die beiden bilden das Schlusslicht unserer kleinen, weit auseinandergezogenen Wandergruppe. Nach einer Zwischenrast gegenüber einem *supermercado* checken wir in der Pilgerherberge in der Altstadt des Ortes ein. Wir finden ein äußerst anspruchsvoll gestaltetes Haus mit großen Duschräumen und Aufenthaltszonen vor. Das Haus hat etwa 100 Plätze, gegliedert in Schlafräume von ca. 25 Personen. Es ist umfassend als Erweiterung der bestehenden Herberge in den letzten Jahren umgebaut worden.

Kunst- und baugeschichtlich ist Santo Domingo de la Calzada einer der Höhepunkte unserer Wanderung. Beeindruckend ist das Ensemble der Kathedrale, des angrenzenden Klosters und des freistehend errichteten Glockenturms schon von außen. Santo Domingo de la Calzada verdankt seine Existenz dem Eremiten Domingo de la Viloria (1019–1109). Nach Studien- und Wanderjahren ließ er sich am Fluss Oja nieder und sah fortan seine Lebensaufgabe darin, Jakobspilger zu betreuen und Kranke zu pflegen. Er setzte die gesamte damalige Bevölkerung des Ortes und der Umgebung inklusive des Adels mit Charisma und Tatkraft für seine sozialen Werke ein. Bereits seit Jahrhunderten wurde er als Heiliger verehrt, als man ihn 1930 offiziell heilig sprach.

1158 bis 1235, also etwa 50 Jahre nach seinem Tod begann man mit dem Bau der heutigen Kathedrale, die ein beeindruckendes Zeugnis der Suche des Mittelalters nach neuen Bauformen ist, die die Erde mit dem Himmel verbinden.

Der Chor zeigt in eher ängstlicher Form den Aufriss der der klassischen großen Kathedralen Frankreichs: dreigeschossig bestehend aus Bogengang, Triforium und Obergaden. Dabei sind die Dimensionen und die Gesamtwirkung noch weit vom Gedanken des Diaphanen entfernt: Kleine Lanzettfenster in der Chorwand deuten auf ein »Dahinter« hin, das aus einem nach außen geschlossenen »blinden« Chorumgang besteht. Ähnlich vorsichtig ist die Anordnung des Chorumgangs hinter dem Bogengang in der Breite angelegt. Man sieht deutlich, dass dieser enge Umgang eher aus konstruktiver Notwendigkeit der Stützung gegen den Schub der Gewölbe errichtet wurde, denn er ist ganze 3,00 bis 3,50 m breit. Angesichts der mächtigen Pfeiler und Wände, die ihn begrenzen, erkennbar ein sehr bescheidenes, von keinem besonderen Gestaltungswillen geprägtes Muss. Deutlich später errichtet gliedern sich die Konchen der Chorkapellen an. Vor der Choranlage erstreckt sich ein kräftig dimensioniertes Querschiff, das auf der Südseite den zweigeschossig gestalteten Alabastersarkophag des Heiligen beherbergt und auf der Nordseite einen Zugang aus dem unmittelbar angrenzenden hochgotischen Klosterkreuzgang aufweist.

Das Hauptschiff ist ganz und gar von den Charakteristika der frühen Gotik geprägt: Bogengang, geschlossene Wand, was in der spanischen Gotik durchaus nicht unüblich ist, und darüber der bescheiden dem Tages- und Sonnenlicht geöffnete Obergaden. Im Bogengang wechseln Pfeiler und Rundsäulen im Wechsel einander ab. Überwölbt werden die annähernd quadratischen Felder des Kirchenschiffs zwischen den massigen Pfeilern durch ein zwei Stützenjoche überspannendes 6-teiliges Kreuzrippengewölbe.

Das Maß der Seitenschiffe der Kirche ist wie der Chorumgang suchend, aus konstruktiver Besorgnis heraus mit 3 m sehr eng gewählt. Wie der Chorumgang ist es überwölbt mit einem schlichten Kreuzgratgewölbe.

Das Kloster von Santo Domingo de la Calzada muss im Mittelalter eine herausragende Bedeutung auf dem Jakobsweg gehabt haben, denn anstelle des großen Chorraums selbst ist etwa die Hälfte des Hauptschiffs der Kirche mit einem mächtigen Chorgestühl gefüllt. Erst dahinter ist durch eine Art Lettner abgetrennt der Raum für die weltlichen Gläubigen, der heute als freie Fläche begehbar ist.

Natürlich sind Orte wie Santo Domingo de la Calzada im Laufe der Zeit nicht nur als Etappen- oder Wallfahrtsorte bekannt und berühmt geworden. Legenden und Sagen gehen von ihnen aus.

So auch die Sage von dem jungen deutschen Pilger, der von einer Wirtstochter zu Unrecht des Diebstahls bezichtigt wurde. Der Junge wurde verurteilt und gehenkt. Seine Eltern setzten ihre Reise nach Santiago fort, um für ihren Sohn am Grab des Apostels Jakobus zu beten. Als sie auf der Rückreise von Santiago ihres Sohnes unter dem Hinrichtungsgalgen gedenken wollten, entdeckten sie ihn noch am Strick hängend, aber lebend wieder. Auf ihre Bitte an den Dorfrichter, der sich gerade beim Mittagessen befand, den offenbar durch ein Wunder geretteten Sohn vom Galgen zu nehmen, wurde von diesem erwidert, eher werde der Hahn, den er auf dem Teller habe, wieder lebendig, als der vor geraumer Zeit gehenkte Dieb.

Der Hahn, frisch gegrillt, flog daraufhin davon. Der Richter, der nach diesem wundersamen Ereignis ein Einsehen hatte, ließ den jungen Mann vom Galgen holen und begnadigte ihn.

Zur Erinnerung an diese merkwürdige Begebenheit leben im südlichen Querschiff der Kathedrale in einem kunstvoll verzierten Barockkäfig ein Hahn und eine Henne.

Bei unserer Anwesenheit in der Kathedrale hatten wir das Vergnügen, den Hahn 14mal krähen zu hören, was nicht jedem Pilger vergönnt ist.

Bemerkenswert ist der unmittelbar an die Kathedrale angrenzende hochgotische Klosterkreuzgang, der heute als Ausstellungsort für sakrale Kunst aller Jahrhunderte genutzt wird, und über den der touristische Weg in die Kathedrale führt. Madonnenfiguren, Heiligenstatuen, Monstranzen, liturgische

Gewänder und Zelebrationskelche sind hier in einer großen Sammlung ausgestellt. Beeindruckend ist die teilweise berührende ländliche Schönheit der Figuren, die prallen, bäuerlichen Physiognomien, die eine schlichte und ergreifende Frömmigkeit widerspiegeln.

Der Gang außen um die Kathedrale herum bestätigt den Eindruck, den man bereits im Inneren gewonnen hat. Insbesondere der Chorumgang mit seinem Kapellenkranz trägt deutliche

Merkmale der Romanik. Dies wird erkennbar durch reiche Kapitellplastik und die gegliederten Stufenfriese um die Rundbogenfenster herum. Man befand sich offenbar im Geiste, während man Merkmale der französischen Gotik nachbaute, noch tief in der romanischen Formen- und Bautradition. Wir denken dabei an die rheinische Romanik, die ihre bauliche Blüte hatte, als in Frankreich die Kathedralen der Hochgotik entstanden.

7. April 2010

Zu unserer Überraschung regnet es am Morgen unseres Aufbruchs aus diesem wunderbaren Ort. Das Foto, das ich vor unserem Start von der Plaza mayor und ihrem gotischen Rathaus machen wollte, fällt ebenso buchstäblich ins Wasser, wie die Außenaufnahme des Kapellenkranzes der Kathedrale und ihres beeindruckenden Skulpturen- und Kapitellschmucks. Nach unserem schnellen Frühstück in einem Café / Bäckereishop machen wir uns im trüben Licht der nicht enden wollenden Dämmerung in unsere Pelerinen gehüllt auf den Weg. Unsere Wanderung soll uns heute durch gut erschlossenes Gelände immer mehr oder weniger in Sichtweite der Hauptverkehrsstraße Pamplona-Burgos nach Belorado am Fuß der Montes de Oca führen. Die Gegend ist wohl aufgrund der intensiv genutzten Fernstraße dicht besiedelt. Die Abstände zwischen den Dörfern, die wir durchlaufen, liegen bei 3 bis 5 km. In Redecilla del Camino sind wir bereits trotz guten Wetterschutzes relativ aufgeweicht, denn durch die Nähte unserer Pelerinen dringt wider Erwarten langsam Wasser. Wir beschließen, in der Kirche des Ortes, in der unsere Töchter bereits eine Nacht im Chorgestühl verbracht haben, weil die Herberge überfüllt war, das romanische Taufbecken zu besichtigen und natürlich auch das zumindest in unserer Familie zu einer gewissen Berühmtheit gekommene Chorgestühl.

Das Taufbecken präsentiert sich in einem angedeuteten Querschiff als Monolith aus Basalt oder einem ähnlichen Gestein. Ein Kranz von Halogenspots, die in den Holzboden der Kirche eingelassen sind, strahlt es feierlich von unten an. Ein Blick hinein ist allerdings für uns enttäuschend, denn statt des in der Osternacht frisch geweihten Taufwassers erblicken wir dort nur eine emaillierte kleine Haushaltsschüssel. Das Taufbecken ist ansonsten vollständig trocken. Immerhin, das kleine weiße Haushaltsrequisit ist uns an diesem nassen Tag ein ausreichender Beweis, dass hier vor nicht langer Zeit Wasser eine gewisse Rolle gespielt haben mag.

Direkt neben der Kirche ist glücklicherweise eine Alimentación mit Café. Als wir eintreten, stellen wir beruhigt fest, dass wir auch an diesem regnerischen Tag nicht allein auf dem Jakobsweg sind, denn der Gastraum ist voll mit inzwischen bekannten Gesichtern. Zwei Damen aus Darmstadt haben sich soeben aus ihrer nassen Oberbekleidung geschält. Kleidungs- und Gepäckstücke liegen herum. Die Fensterscheiben des kleinen, überfüllten Gastraums sind von Feuchtigkeit beschlagen, die in kleinen Rinnsalen zu Boden läuft. Dennoch: Die Pause im Trockenen tut uns an diesem Tag gut. Wir legen unsere Pelerinen ab und bleiben bei einem *café con leche*, den wir im Stehen einnehmen, erst einmal im Schutz des kleinen und überfüllten Gastraums.

Noch 13 km bis Belorado. Nach der Pause hat uns der Dauerregen wieder fest im Griff. Die Sicht ist trübe, eine gute Gelegenheit im Laufen den Blick nach innen zu richten.

Folgt man der modernen Wissenschaft, so wird der Beginn unseres Universums vor etwa 12 Milliarden Jahren als der sog. Urknall interpretiert. Unendliche Energie verdichtet sich zu einer Massekonzentration, die in ihrer Dichte gegen Unendlich, in ihrer Ausdehnung gleichwohl gegen Null strebt. Die hochverdichtete Materie wird durch die unvorstellbare Energie in einer Explosion, die unsere Vorstellungskraft übersteigt, auseinandergetrieben und dehnt sich seitdem kontinuierlich aus. Die Ausdehnung ist heute zuverlässig bewiesen. Der Urknall bleibt eine Theorie, die möglicherweise in unseren Tagen im Forschungszentrum CERN bei Genf allerdings deutlich erhärtet wird.

Fragen gehen mir durch den Kopf:

Zum Ort: Was umgibt die Energie-Masse-Konzentration? In welchen Dimensionen ist das »Umfeld« zu messen, wenn sein Kern gegen Null strebt, also keine Dimension hat?

Zur Physik der Entstehung: Woher kommt die unendliche Energie, die die Massekonzentration des ersten Augenblicks zusammenballt und plötzlich auseinandertreibt?

Zur Zeit: Was war vor dem Beginn der Materialisierung der Energie?

Unzählige Fragen tauchen auf! Trotz Urknall ist alles nach wie vor unklar!

Bestanden vor dem Urknall Raum und Zeit oder entstehen sie im Augenblick der Explosion? Wie ist der Raum beschaffen, in den sich unser Universum ausdehnt? Entsteht der Raum erst als Folge der Ausdehnung? Ist der Raum außerhalb des augenblicklichen Ausdehnungsstatus noch gar nicht existent? Bedeutet dies eine Begrenzung des bestehenden Raums, des Universums? Ich glaube, so intensiv und systematisch menschliche Forschung sich der Entstehung und der Natur unseres Universums auch widmen mag; da sie mit unserem drei-, maximal vierdimensionalen, also begrenzten Vorstellungs- und Beobachtungsvermögen betrieben wird, vollzieht sie sich in klaren Grenzen, sie bleibt vierdimensional beschränkt. Das zeitliche und räumliche Umfeld des Urknalls wird niemals schlüssig beschrieben und bewiesen werden. Der Urknall bleibt eine Theorie, die allenfalls durch Indizien belegt, aber nicht bewiesen werden kann.

Abstrakt gesehen ist der Stand menschlicher Forschung damit exakt auf dem Punkt verblieben, den die Wissenschaft beispielsweise vor 5000 Jahren bereits bei der Beobachtung des Himmelsgewölbes einnahm. Damals sah man hinter den großen Bewegungsphänomenen am Nachthimmel das Wirken der Götter...

Auch nach dem Wortlaut der Bibel entstand die Welt vor aller Zeit, also bevor die Zeit als vierte Dimension aller messbaren und berechenbaren irdischen Prozesse begann.

Die Welt entstand aus nicht Wahrnehmbarem, aus Über- oder Außerdimensionalem. Für uns nur dreidimensional-sinnenbegabte Wesen entstand sie geradezu aus dem Nichts. Hinter der Wand unserer Wahrnehmungsgrenze verlassen wir gedanklich die Welt des rationalen menschlichen Denkens und der Wissenschaft. Wir bewegen uns gedanklich im Unerklärlichen, Unsichtbaren, Transzendenten. Ist es gleichzusetzen mit Gott?

Nur Er war von Anfang an da.

Ist Er das Geheimnis, das sich jenseits der Entstehung des Universums, jenseits unserer Vorstellungskraft für uns Menschen verbirgt?

War es sein Schöpferwille, der vor aller Zeit, d. h. vor dem Existieren der Dimensionen des Universums, also vor dem Universum selbst, den Kern und den Auslöser des Urknalls bewirkte?

Vielleicht gelingt es uns, diese Fragen, die sich aus unserem begrenzten Weltverständnis ergeben, nicht physikalisch, sondern philosophisch-theologisch zu beantworten:

Gott ist ewig, ohne Anfang und Ende. Er war folglich vor dem Urknall da und wird auch die Folgen des Urknalls überstehen.

Gott ist unendliche Energie. Es ist vorstellbar, dass er nicht nur den Urknall inszeniert hat, sondern dass er Kern und Substanz der zum Urknall gekommenen Energie ist.

Gott ist allgegenwärtig, also sowohl innerhalb als auch außerhalb der unendlichen Urknallenergie präsent.

Wie viele Völker und Kulturen vor uns haben wir in den vorstehenden drei Grundeigenschaften, die wir einem Weltenschöpfer unterstellen, die gleichwohl für uns Unvorstellbares und Undenkbares formulieren, den Begriff GOTT eingesetzt.

Wir lösen mit dem Einsetzen des Begriffs »Gott« an die Stellen des uns hinter der Grenze menschlichen Erkennens verborgen bleibenden Unbekannten die zunächst nicht lösbar erscheinenden Fragen:

Der Anfang ist nicht der Urknall, sondern Gott selbst. Aus Gott entsteht unendliche Energie!

Gott selbst ist unendliche Energie.

Gott ist der Urknall.

Er ist in jedem Bestandteil des Universums, in jeder Sekunde seines Entstehens Schöpfer und Schöpfung zugleich.

Der unendliche Gott gibt sich selbst in die Schöpfung. Er ist die Schöpfung und bleibt dennoch ungeteilt erhalten.

Gott ist unendlich komplexer, als Menschen denken, reden und schreiben können. Er ist mit menschlichen Mitteln nicht erfassbar, nicht definierbar.

Mir kommt das Erlebnis des Moses vor dem brennenden Dornbusch in den Sinn: Gott ist der »Ich bin da«. Der Dornbusch brennt und vergeht dennoch nicht zu Asche. Gott ist da und steht dennoch über den Dingen.

Trotz der klaren Aussage, die beim Anblick des Dornbuschs für Moses über die Identität Gottes zu hören war, haben alle Generationen von Menschen, die sich nach Gott und Ewigkeit sehnten, von diesem Gott vielfältige Bilder hergestellt. Ich denke an die unzähligen Darstellungen des jüngsten Gerichts, mit Gott dem Vater, dem Mann mit dem weißen Bart, Gott dem Sohn zu seiner Rechten und schließlich der Taube, die über den beiden als Sinnbild der dritten göttlichen Person, des Heiligen Geistes, schwebt.

Statt sich mit derartigen Bildern Gott wirklich zu vergegenwärtigen, haben die Menschen sich eher über alle Zeiten und Jahrtausende menschlicher Kultur und des monotheistischen Glaubens von Gott entfernt, weil keines der Bilder Gott in seiner Absolutheit und Einzigartigkeit erfassen konnte.

So hat nicht Gott den Menschen am letzten biblischen Schöpfungstag erschaffen, sondern die Menschen haben sich in vielen Bildern einen vermenschlichten Gott geschaffen, der für sie bildhaft vorstellbar war.

Ob dies der Glaubwürdigkeit der religiösen Überlieferung gedient hat, angesichts immer hektischer und umfassender werdender wissenschaftlich bedingter Aufklärung, darf man zu Recht bezweifeln, denn dieser Gott hat mit dem Schöpfer des Universums und den unvorstellbaren Rahmenbedingungen des Urknalls als Beginn der Schöpfung nichts zu tun!

Der Urknall, den wir als Beginn unseres Universums kennen gelernt haben, hatte jedoch bis heute massive und konkrete Folgen:

Seit seinem Beginn dehnt sich das Universum beständig aus. Ob sich diese Ausdehnung irgendwann verlangsamt und möglicherweise in einen

Schrumpfungsprozess mit abschließendem totalen Kollaps einmündet, vermag unsere Wissenschaft nicht vorauszusagen. Zu weit ist die derzeitige Ausdehnung. Informationen aus der sicherlich irgendwo vorhandenen Peripherie des Universums kommen auf unvorstellbar langen Wegen, die wir in Milliarden Lichtjahren messen, bei uns an. Nichts in der Schöpfung bewegt sich schneller durch den Raum als das Licht. Das bedeutet, dass die Informationen, die wir aus den unvorstellbaren Weiten des Universums erhalten, beim Einwirken auf unsere Sinne und unser Bewusstsein gegebenenfalls bereits ein Alter von ebenfalls Milliarden Jahren haben und deshalb nur einen relativen Wert und keine unmittelbare Aktualität haben. Viele Phänomene im Universum sind zudem in ihrer Bedeutung vollkommen unklar. Welche Funktion haben beispielsweise die sog. Schwarzen Löcher im Universum, trichterförmige Verformungen in der Raumzeit, die eine so starke Gravitation entwickeln, dass sie alles in ihrem Umfeld Befindliche aufsaugen, und deren Einfluss sogar das Licht, also für uns dreidimensionale Wesen den wichtigsten Informationsträger absorbiert.

Kehren wir zur Erde zurück. Hier zumindest können unsere Sinne im dreidimensionalen Raum forschen und Informationen aufnehmen. Während sich das Universum ausdehnte, hat sich auch Im Nahbereich unseres heutigen Lebens eine gigantische Entwicklung vollzogen.

Mit dem Auseinanderfliegen des Universums war natürlich auch eine Abkühlung verbunden, die eine für unser Entstehen wichtige, ja unverzichtbare Voraussetzung schuf. Zunächst bildeten sich bedingt durch diesen Abkühlungsprozess gewaltige Wolken aus Wasserstoff, die sich im Laufe der Jahrmilliarden zu konkreten Himmelskörpern verdichteten. Aus der Verdichtung entstanden immer neue Formen – zunächst von Materie, später von organischem Leben, das sich in Jahrmillionen vervielfacht und evolutiv differenziert.

Aus Einzellern werden Gattungen unterschiedlicher Sorten. Rahmenbedingungen des Lebensraums beeinflussen deren Entwicklung immer weiter, bis schließlich durch schöpferischen Druck der Rahmenbedingungen der Homo sapiens entsteht, eine Gattung, die in der Lage ist, auf ihre Entstehung zurückzuschauen und in Forschung und Weiterentwicklung diesen langen Weg zu begreifen und natürlich weiterzuentwickeln.

Der englische Naturwissenschaftler Charles Robert Darwin hat im 19. Jahrhundert diesen langen evolutiven Prozess der wahrnehmbaren Schöpfung in seiner heute allgemein anerkannten Evolutionstheorie dargestellt. Aus seiner Theorie geht neben einer überzeugenden Darstellung der bisherigen Entwicklung auch hervor, dass wir in unserer Zeit lediglich ein kurzer Augenblick sind. Keineswegs sind wir als Menschen ein Endprodukt dieser Evolution, keineswegs eignen wir uns als Homo sapiens bereits für die Rolle der Krone der Schöpfung, wie uns Religion und Überlieferung einreden wollen. Wir sind allenfalls ein intelligentes, unter den Primaten einzigartiges selbstreflektiertes Wesen, das selbstverständlich noch einer weiteren Entwicklung bedarf, bis es hoffentlich zur Krone der Schöpfung mutiert. Die gesamte Schöpfung ist wie der Mensch auf dem Weg, in ständiger Weiterentwicklung.

Wohin kann diese Entwicklung gehen? Wo liegt unsere Zukunft? Ist mit unserem zukünftigen Weg möglicherweise eine Antwort auf die Frage nach dem Sinn dieser ungeheuer langen und komplizierten Entwicklung erreichbar? Sind wir wirklich, wie die Bibel lehrt, zum Ziel, zur Krönung, zum Abschluss der Schöpfung bestimmt? Oder sind wir vielmehr ein leistungsfähiges, erstes, autonom handelndes Wesen als Zwischenstadium der Evolution?

Wenn wir uns umschauen, müssen wir feststellen, dass die Jahrmilliarden andauernde Evolution der Schöpfung keineswegs zum Stillstand gekommen ist, sondern sehr dynamisch weitergeht.

Betrachten wir die unendlichen Entwicklungsvariationen, die sich überall dort zeigen, wo sich der Natur Entwicklungshemmnisse aufbauen. Das angepasste, junge Leben dominiert allerorten.

Nachdem die Amerikaner das Land Vietnam in einem jahrelangen Dschungelkrieg entlaubt, verwüstet und vernichtet hatten, bildeten sich dort innerhalb kurzer Zeit völlig neue Arten, die auf evolutivem Weg entstanden und die die vergifteten, schädlichen Umweltbedingungen, die die Amerikaner zurückgelassen hatten, für ihr Gedeihen und ihre Verbreitung zu nutzen verstanden.

Vietnam, eine neue Schöpfung, die sich in der Jetztzeit vollzieht. Das Leben triumphiert erneut, nachdem die sogenannte Krone der Schöpfung das alte Leben weitgehend vernichtet hatte.

Wer will angesichts dieser unfassbaren und unerklärlichen Vorgänge noch ernsthaft bezweifeln, dass die Kraft, die in dieser Evolution steckt, auf den Urschöpfer des Universums zurückgehen muss. Der Schöpfer hat sich in sein Schöpfungswerk höchstpersönlich eingegeben. Er ist nicht nur genialer Baumeister einer fantastischen Welt, er ist gleichzeitig in ihr präsent, er ist milliardenfach Teil der Welt, vom Anbeginn des Urknalls bis heute und darüberhinaus.

Er ist omnipotent, er ist omnipräsent, er ist Alles. Er ist tatsächlich der »Ich bin da«.

Wir wissen einfach zu wenig von diesem Universum, das immerhin auf dieser Erde uns Heimat seit Jahrmillionen anbietet. Trotz fortschreitender Aufklärung stehen wir gemessen an dem, was an Unbekanntem unsere Heimat Erde und die Unendlichkeit, die dahintersteht, an Geheimnissen verbirgt, immer noch am Anfang. Mit Sicherheit wird die derzeit lebende Generation der Menschen die Geheimnisse des Universums nicht mit wesentlichen neuen Erkenntnissen lüften können.

So sind wir, um die Welt zumindest bildhaft, gleichnishaft erklären zu können wie unsere Vorfahren vor 2000 Jahren, als die schriftliche Überlieferung der Bibel begann, auf Bilder, die für uns verständlich sind, angewiesen. Die Bibel, von der hier die Rede ist, tut dies mit sehr beeindruckenden Bildern, die immerhin Menschen über zwei Jahrtausende hinweg im Glauben an die Hintergründe dieser Welt überzeugt haben. Die heutige Wissenschaft mit der Geschwindigkeit ihrer Neuentdeckungen und die Nachrichten darüber hat das Weltbild, vor dem die alten überlieferten Bilder entstanden, allerdings erheblich verunsichert. Die Entdeckungen der Physik, speziell der subatomaren Teilchenphysik, stehen in einem diametralen Gegensatz zu dem Wissen unserer Vorfahren. Nichts ist mehr so geordnet und überschaubar, wie es zur Zeit der Verfasser der biblischen Texte einmal war.

Die biblischen Texte entstanden im vorderen Orient, einer Gegend auf unserer Erde, die für ihre farben- und bildreichen Überlieferungen und Geschichten noch heute bekannt ist. Es steht außer Zweifel, dass diese Geschichten immer um eine wichtige Nachricht herum entstanden, die auch wir relativ aufgeklärten Menschen im 21. Jahrhundert als Wahrheit annehmen dürfen. Die Suche nach diesem wahren Kern fördert natürlich je nach Aufklärungsstand der Suchenden im Detail sehr unterschiedliche Interpretationen hervor. Das Weltbild der Interpretierenden spielt dabei eine dominierende Rolle, ebenso wie das Weltbild der Zeit der Niederschrift, wie vor 2000 Jahren, wie im Mittelalter, der Zeit der Aufklärung und aller Zeiten danach.

Entscheidend für die heutige und zukünftige Interpretation der uns überlieferten Bilder und Wahrheiten ist die Frage, welche Wahrheiten und Darstellungen aus den alten Überlieferungen durch neue Interpretation für unsere an Wandel gewöhnten, von neuem Wissen permanent überschütteten, über Internet perfekt vernetzten Menschen glaubwürdig sind. Vor allem ist wichtig, mit welcher Interpretation, mit welchen zeitgemäßen Bildern sie wieder Glauben wecken können.

Eine Wahrheit scheint mir nach all den Gedanken, die mir auf meinem Jakobsweg kamen, unübersehbar, sie sollte unseren Glauben an die Inhalte religiöser Verkündigung nachhaltig beeinflussen:

Unser Glaube an den persönlichen Gott, der die Welt in seiner Weisheit und aus Liebe zu uns Menschen lenkt, ist zu sehr an unser Bild von menschlichen Persönlichkeiten angelehnt.

Die erfahrbare Allgegenwart des Schöpfers dieser Welt, die auch hier bereits mehrfach Erwähnung fand, drängt als ersten Grundsatz auf, dass wir uns Gott abstrakt als vieldimensionalen Schöpfer und Inhalt der Schöpfung zugleich, als Wesen, als Teil und zugleich allgegenwärtigen Lenker einer höchst komplexen Schöpfung vorzustellen haben.

Wir leben in einem mit menschlichem Verstand nicht erfassbaren, höchst komplizierten System, von dem wir bisher in Forschung und Wissenschaft nur Indizien, aber keine schlüssigen Beweise anzubieten haben.

Gott ist überall, in jedem Menschen, in jedem Tier, in jeder Pflanze, jedem Stein, jedem Sandkorn am Meer, in jedem Tropfen Wasser, das unsere Ozeane füllt, auf Sternen, Planeten, Galaxien des Universums und ihrer unüberschaubaren materiellen und organischen Vielfalt.

Er ist mit menschlichen Worten und Erklärungsversuchen einfach nicht zu fixieren. Er ist absolut und überall höchstpersönlich präsent. Er ist Vater und Kind zugleich, Schöpfer und Schöpfung, Verursacher und Ergebnis, Erzeuger und Produkt, Feuer und Kühle.

Bei genauer Beobachtung stellen wir fest, dass unsere Welt aus vielen, möglicherweise unzähligen komplementären Paaren besteht, wie soeben mit Feuer und Kühle dargestellt:

- Heiß und Kalt
- Schwarz und Weiß
- Licht und Schatten
- Dick und dünn
- Mager und fett
- Schnell und langsam
- Nass und trocken
- Gekrümmt und grade
- Flüssig und fest
- Gierig und genügsam
- Laut und leise
- Mächtig und ohnmächtig
- Hoch und niedrig
- Stark und schwach
- Gut und böse
- Kain und Abel

Der Ausgleich zwischen den Extremen dieser komplementären Paare ist das Wesen des ständig sich vollziehenden Programms auf dieser Erde, das wir seit Darwin die Evolution der Welt nennen.

Aus Konflikten werden so Kompromisse, Spannungen lösen sich auf und bewirken Weiterentwicklung, erzeugen kurz formuliert evolutive Anpassungsvorgänge in der Natur und auch in den menschlichen Zivilisationen.

Aus der griechischen Kultur, die ja bekanntlich die geistige Wiege unseres gesamten europäischen Denkens ist, ist überliefert: »Alles ist in Bewegung.«

Der Buddhismus, den ich in Asien kennenlernen durfte, lehrt uns die Grundweisheit: »Alles ist vergänglich.«

Zwei Grunderkenntnisse, die vor dem Hintergrund der Evolution dieser Schöpfung und ihrer Dynamik eine unermessliche philosophische Tiefe haben.

Dabei ist Gott immer auf beiden Seiten der im Wettbewerb stehenden komplementären Begriffspaare, die ich soeben kurz und natürlich unvollständig aufzählte. Er ist immer und in allem präsent.

Er freut sich mit uns, er leidet mit uns. Die Auswirkungen dessen, was wir das Böse in dieser Welt nennen, lassen ihn im gleichen Maß leiden wie die betroffenen Wesen seiner Schöpfung darunter zu leiden haben, weil er in seiner Omnipräsenz immer mitbetroffen, aber auch mitverursachend ist.

Gott ist im Täter ebenso präsent wie im Opfer.

In den Gedanken vom Karfreitag in Los Arcos wurde die Frage gestellt »Warum tut Gott mir dieses Leid an?«

Die Antwort ist hier gefunden: Gott fügt kein Leid zu, unter dem er nicht selbst zu leiden hätte.

Gott ist Alles und Alles ist Gott.

Die sichtbare Spur, die diese Allgegenwart in allen Prozessen auf dieser Erde zeichnet, ist in der Natur die Evolution. Die Schöpfung ist ein sich ständig erneuernder, selbstoptimierender Prozess. Der Mensch ist in diesem Optimierungsprozess ein wesentlicher Faktor, denn zur Zeit ist er die höchste Stufe der für uns erkennbaren Evolution

Evolution beobachten wir nicht nur in der Natur, sondern auch in vielen Entwicklungen unserer menschlichen Gesellschaften, im politischen wie im sozialen Bereich. Unser Menschenbild ändert sich langsam über die Jahrhunderte. Dies hat im späten 18. Jahrhundert zur Formulierung der Menschenrechte geführt, die heute in den zivilisierten Staaten dieser Erde als selbstverständliche Basis für den Aufbau und die Pflege menschlicher und politischer Beziehungen im weitesten Sinn verbindlich sind.

Die industrielle Revolution in Europa im ausgehenden 19. Jahrhundert hat ebenfalls die menschlichen Bezüge im sozialen Bereich ganz wesentlich verändert. Das werktätige Proletariat von damals ist zum Bürgertum aufgestiegen, vertreten durch starke Interessenvertretungen in Betrieben und im öffentlichen Leben. Streitpunkte von einst haben gesellschaftliche Strukturen auf evolutivem Weg verändert. Und diese Veränderung wird fortschreiten, solange widerstreitende Kräfte eine gemeinsame Zukunft suchen, in der Gegensätze in den Grundpositionen zu allseits tragbaren Lösungen und zu Harmonien führen.

Wir kämpfen uns weiter durch den Dauerregen. Die Abstände zwischen den Dörfern werden kürzer, ein sicheres Indiz für die Zunahme der Besiedlung der Landschaft im Umkreis der noch etwa 50 km entfernten Stadt Burgos. Der Verkehr auf der nahen Landstraße, die gegenwärtig zu vier Spuren autobahnähnlich ausgebaut wird, ist sehr dicht. Schwere LKW dröhnen an uns ohne Unterbrechung vorbei. Noch liegen die Montes de Oca mit ihren steilen und beschwerlichen Wegen vor uns. Danach soll es nach Burgos nur noch bergab gehen.

Wir kommen an diesem Tag nicht mehr sehr weit. Gegen 12 Uhr kommt Joëlle zu mir und erklärt mir, dass wir unseren Fußweg abbrechen und vom nächsten Dorf mit dem Bus nach Burgos fahren. Die Beschwerden in Inekes Knie sind so schwerwiegend, dass ein Abbruch die einzig richtige Konsequenz ist. Besonders an einem Tag, an dem man bereits einen ganzen Vormittag unter schwierigen Wetterbedingungen sein Fortkommen gesucht, ja erkämpft hat, fällt eine Rückzugsentscheidung und das Einfügen in die Gruppendisziplin nicht leicht.

Dennoch: Da wird man sich wohl den Gegebenheiten fügen müssen. Die Pilgerreise, die wir vor 10 Tagen begonnen haben, wird irgendwann, irgendwo weitergehen. Wir werden sehen, wohin uns der Weg führt. Zunächst ist das Ziel Burgos, das wir, inzwischen völlig durchnässt, mit dem Bus anstreben. In Villamayor del Río finden wir an der Landstraße die nächste Bushaltestelle, einem Motel mit schier endlosem LKW-Parkplatz vorgelagert. Gegenüber liegt ein weiteres Gebäude, das mit einer Werbetafel als Clublokal wirbt.

Irgendwie ist es tröstlich, in dieser wahrhaftig trostlosen Situation auf der Landstraße im trüben Regen Spuren von Menschen und von ihren Sehnsüchten und Bedürfnissen zu entdecken. Zwei Damen aus dem Club leisten uns an der Bushaltestelle Gesellschaft. Bis zum Eintreffen des Busses der Empresa Jiminez sind es noch 70 Minuten.

Wir kommen gegen 14 Uhr am Busbahnhof in der Neustadt von Burgos an, überqueren den Río Arlanzon und durchschreiten den Arco Santa María, das mittelalterliche Stadttor, durch das man direkt auf die Kathedrale geführt wird. Die Eindrücke auf diesem kurzen Fußweg sind überwältigend! Nach dem Überqueren des Flusses und der platanenbestandenen Promenade auf dem Flussufer durchschreitet man den Stadttorbogen und steht plötzlich vor einem Gebirge aus gotischer Architektur, das sich in Türmen, Kuppeln und Fialen zum Himmel vielfach und formenreich auflöst.

Das Gebirge setzt sich zusammen aus der alles überragenden Kathedrale und den flusswärts vorgelagerten Kloster- und Palastgebäuden, von denen der zweigeschossige hochgotische Kreuzgang das Diözesanmuseum mit seiner umfangreichen Sammlung von Architekturhistorie und Kunstgeschichte der spannende und öffentlich für Besichtigungen zugängliche Gebäudeteil ist.

Als die Gotik in Nordeuropa, speziell in der Île de France entstand, galt sie im südlichen Europa als der barbarische Baustil des Nordens. Die Begeisterung, mit der im Norden gotische Kathedralen gebaut wurden, muss auch in Südeuropa, speziell in Spanien dazu geführt haben, dass man relativ spät, ausgestattet mit großer konstruktiver Erfahrung im Spätmittelalter, sich diesen faszinierenden und tiefreligiösen Baustil zu eigen machte.

Hans von Köln (um 1410 bis vor 1481, ab ca. 1440 in Burgos), den die Spanier Juan de Colonia nennen, und sein Sohn Simon sind unter anderen die namentlich bekannten Vertreter nordeuropäischer Baukunst, die hier auf dem Weg nach Santiago de Compostela ein großartiges Zeugnis ihrer Kreativität gezeigt haben. Von ihnen stammt nachweislich die Capilla de la Visitación, die wohl ihr erstes Werk auf dem Jakobsweg war und die im Jahre 1488 fertiggestellt wurde. Auch der Wandaufriss des Hauptschiffs der Kathedrale geht deutlich auf die

Burgos
8.4 2010

Burgos 8. 4. 2010

Gestaltungsprinzipien des Nordens ein: Bogengang, Triforium, Obergaden, also die Gliederung der Hochgotik in Frankreich, sind hier wenn auch in bescheidenerer Dimension als in den klassischen großen Kathedralen Frankreichs zu bewundern, darüber ein vierteiliges Kreuzrippengewölbe.

Inzwischen haben wir in Pamplona, Viana, Puente la Reina, Estella, Santo Domingo de la Calzada und – nicht zu vergessen – Logroño ergreifende Beispiele eleganter gotischer Kirchenräume erlebt. Immer wieder waren diese, auch wenn der Wandaufriss relativ geschlossen war, gekennzeichnet durch die Eleganz hochstrebender, schlanker Säulen und darüber in der Regel Gewölbeformen von hoher Komplexität, mit vielen Rippen und Knotenpunkten.

In Burgos wird dieses Streben, einen Blick in den Himmel zu tun, zu einem neuen Höhepunkt gebracht: Schon von außen bei der Annäherung stellt man wunderliche, mit Fialen und Ecktürmchen versehene Turmaufsätze mit oktogonalem Grundriss fest. Diese markieren alle wesentlichen Punkte, die der Innenraum zu bieten hat: Die Vierung, die Gewölbekuppeln der mächtigen Seitenkapellen und vor allem der Stifterkapelle.

Diese mit Ecktürmchen bewehrten krabbenübersäten Oktogone geben dem Architekturgebirge des Zentralbaukörpers der Kathedrale eine wahrhaft bizarre und unverwechselbare Silhouette. Himmelwärts gerichtetes Streben der Architektur wird schon von außen erahnbar, wenn man vor diesem Gebirge von Stein steht.

Was bereits von außen spontan als Öffnung des Himmels verstanden wird, setzt sich nach Betreten der Gebäude im Inneren mit großer Intensität fort, denn in jedem der schon von außen ablesbaren Oktogone wird durch Einbau eines mit Glaselementen durchsetzten Gewölbes der Himmel buchstäblich geöffnet. Waren bei den zuvor bereits vielfach beschriebenen Netzgewölben mit ihrer Blattgoldbeschichtung eher Symbole für den Sternenhimmel, der sich über der Erde wölbt zu se-

hen, so wird hier durch gezielten und gebauten Lichteinfall die Illusion des Blicks in den Himmel perfekt.

Man ist sprachlos in seiner menschlichen Kleinheit, wenn man unter diesen überwältigenden Architekturkunstwerken des Mittelalters steht.

Versteht man als Triebfeder der klassischen europäischen Gotik bereits eine ungeheure religiöse Begeisterung, so wird diese Begeisterung hier in einer völlig neuen Form durch die angebotene, fantasievolle und einzigartige Architektur- und Gewölbeauflösung zu einem neuen Höhepunkt gebracht.

Wir stehen staunend in einem Architekturwerk, das man nur als steingewordenen Glauben verstehen kann.

Zweites Buch

26. Oktober 2010

Die Leute in Belorado und Umgebung sagen: »Wenn die Wildgänse im Herbst über die Montes de Oca fliegen, bringen sie den Frost unter ihren Flügeln mit.« Diese Volksweisheit sollte sich für uns auf sehr einprägsame Weise bewahrheiten, als wir unseren Camino im Oktober 2010 in Belorado fortsetzten.

Ineke hat inzwischen eine langwierige Knieverletzung und einen Bruch des Schienbeins mit allen sich daraus ergebenden Konsequenzen der Akut- und Nachbehandlung sowie der physiotherapeutischen Betreuung hinter sich. Die Schmerzen, die zum Abbruch unseres Weges im März des Jahres geführt haben, sind behoben.

Am Vorabend sind wir in Belorado per Flug und Bus eingetroffen. Wir planen für die nächste Woche ein kurzes Gastspiel auf dem Jakobsweg, um nach einigen Monaten verletzungsbedingter Unterbrechung unsere physische Leistungsfähigkeit zu testen. Sollte der Test erfolgreich sein, werden wir den Weg bei späterer Gelegenheit dann bis Santiago fortsetzen und ihn dort hoffentlich in guter Form beenden.

Über Nacht müssen die Wildgänse unser Hotel auf ihrem herbstlichen Weg nach Süden überflogen haben. Die Spur ihrer kurzen Anwesenheit sehen wir am Morgen unseres Aufbruchs: Die Welt präsentiert sich uns in einem dezent weißen Kleid von Raureif. Es ist kalt. Auf Wiesen und Feldern tragen die Grä-

Belorado 25.10.10

ser und die Kanten der umgepflügten Ackerfurchen eine zarte Spitze von Eiskristallen. Büsche von wilden Heckenrosen am Wegesrand wirken auf ihren Blättern und den orange hervorleuchtenden Hagebutten wie überpudert. Die nahezu winterliche Farbenpracht wird überwölbt von einem strahlendblauen Himmel. Wir haben an alles vor unserem Aufbruch gedacht, jedoch nicht an Handschuhe, Mützen gegen kalte Ohren und wirklich warme Pullover. Gegen die langsam in den Körper eindringende Kälte hilft nur energische Bewegung! Die kalten Hände stecken wir abwechselnd einseitig in die Taschen unserer Anoraks, mal rechts, mal links. Es kann nur unter dem Einfluss der makellos strahlenden Herbstsonne wärmer werden ...

Unsere Unterkünfte haben wir, anders als auf unserem Weg zu Ostern, nicht in Pilgerherbergen geplant, sondern in kleinen Hotels und Gasthäusern. Diese haben wir bereits vor unserer Abreise aus Köln reserviert, so dass wir uns ohne Sorge um unsere Bleibe ganz auf unseren täglichen Weg konzentrieren können. Geplant haben wir sechs Lauftage von Belorado bis Carrión de los Condes.

Torsantos wirkt zu dieser frühen Tageszeit, als wir durch seine Straßen eilen, noch wie ausgestorben. Erst als wir in Villafranca de Oca ankommen, hat sich der Tag unter dem Einfluß der Sonne aufgewärmt. Wir machen eine kurze Rast in einem Straßencafé.

Villafranca Montes de Oca ist ein kleines Straßendorf unmittelbar am Fuß der Montes de Oca. Gleich hinter der Kirche des Ortes geht es steil bergauf. Auf einer Bank unter einem mächtigen Nussbaum sitzen einige ältere Herren, die an die vorbeiziehenden Pilger bereitwillig die Früchte des Baums verteilen. Das Thermometer ist inzwischen auf 13° geklettert, bei einer leichten herbstlichen Brise eigentlich eine ideale Wandertemperatur.

Lizzie und Aurore, zwei französische Studentinnen aus Dijon, die den Weg bereits ab Vézelay laufen, stehen unter dem

Nussbaum und lassen sich von den gastfreundlichen Herren die leckeren, frischen Walnüsse knacken. Sie sind in Begleitung ihres Hundes Jaques, der in einer Satteltasche sein eigenes Gepäck in Form von Hundefutter, Fressnapf und Wasserflasche mit sich trägt. Auch wir erhalten eine kleine Ration der Baumfrüchte und so kommen wir schnell ins Gespräch.

Michail, ein Rumäne, der uns schon vorher im Dorfzentrum auf der Flucht vor dem abenteuerlichen LKW-Fernverkehr auf einem wenige Zentimeter breiten Gehweg überholt hat, gesellt sich zu uns und wir machen uns zu fünft mit einer wunderbaren Konversation auf den zunächst sehr steil ansteigenden Weg in die Montes de Oca, die »Gansberge«.

Der Weg ist landschaftlich sehr schön. Große Kiefernwälder und Laubwald, überwiegend aus Eichen bestehend, lösen sich ab. Wir laufen in einer breiten Schneise, die offenbar angelegt wurde, um bei Waldbränden den Feuerüberschlag zwischen den Waldparzellen zu unterbinden. Das bedeutet allerdings nicht, dass wir auf einem angelegten Weg laufen. Der Untergrund ist im Schatten noch gefroren, in den sonnigen Partien ist er weich und tief. Vereiste Wasserlachen wechseln sich ab mit großen, offenen Pfützen. Vielfach wechseln wir die Spur auf dieser unregelmäßigen und naturbelassenen Piste. Der Wald in Grüntönen mit den braunroten Kiefernstämmen, der unbefestigte Weg, überwiegend aus gelbem lehmigen Sand, und darüber der makellos blaue Himmel geben uns den Eindruck, durch ein farbenprächtiges herbstlich-winterliches großes Gemälde zu laufen.

En bavardant le temps passe vite – bei einem schönen Gespräch vergeht die Zeit schnell. Lucie und Aurore genießen es, zum ersten Mal nach Überschreiten der spanischen Grenze wieder in ihrer Sprache reden zu können. Auf den ersten Etappen in Spanien hatten sie noch Kontakt mit einem französisch sprechenden holländischen Paar. Sie bedauern, diese zwei Begleiter inzwischen seit etlichen Tagen nicht mehr gesehen zu haben, und genießen ebenfalls die Wanderung in der neuen Gemeinschaft. Sie bitten uns, dem holländischen Paar herzliche Grüße auszurichten, sollten wir ihm begegnen. Wir lachen über diesen naiven Auftrag und versichern ihnen, bei dieser doch höchst unwahrscheinlichen Begegnung ihnen gern diesen Wunsch zu erfüllen. Die Welt ist ja bekanntlich klein und der Jakobsweg ist in dieser kleinen Welt nur ein kleiner Teil ...

Gegen 14 Uhr kommt bereits San Juan de Ortega auf einer Hochebene in Sicht. Die Gänse, die über Nacht den Frost in die Berge getragen haben, haben uns unter die Flügel genommen und sprichwörtlich über die Montes getragen.

Da wir unser Mittagspicknick bereits am späten Vormittag in Villafranca Montes de Oca gemacht haben und es für eine Ankunft an unserem Zielort noch zu früh ist, beschließen Ineke und ich ein zweites Picknick in der Sonne am Waldrand zu machen. Wir sind ohne nachzudenken 12 km über teilweise sehr anstrengende Pisten gelaufen. Das angeregte Gespräch mit unseren Begleitern hat uns dabei über viele schwierige Steigungen hinweggeholfen. Nun trennen wir uns von den netten Französinnen und Michail, die als heutige Tagesetappe den Weg über San Juan de Ortega hinaus bis nach Agés fortsetzen wollen.

Als wir gegen 15 Uhr in San Juan de Ortega, das nur noch etwa 1 km entfernt von unserem Picknickplatz liegt, eintreffen, finden wir im Hostal La Henera ein wunderbares, sauberes Zimmer vor. Das Sagen über die Gästezimmer hat ein Mann, den alle nur Manuel nennen. Der erste Tag unseres zweiten Abschnitts auf dem Jakobsweg verläuft wirklich erstaunlich positiv. Die Begeisterung über die perfekte Unterkunft vertreibt schnell die Müdigkeit der zurückliegenden Wanderetappe. Wir beschließen, zunächst bei strahlender Sonne und unter Nutzung der angenehmen Mittagswärme die Geschichte des Ortes und die Schönheit der ehemaligen Klosterkirche auf uns wirken zu lassen.

Romanik ist der Stil der Kirche. Sie wurde noch zu Lebzeiten des Heiligen zwischen 1150 und 1155 begonnen. Im letzten Drittel des 12. Jahrhunderts entstanden die drei Apsiden und das Querhaus. Sehr spät, im 15. Jahrhundert, wurde an das ursprünglich romanische Gebäude das Kirchenschiff angefügt. Äußerlich schlicht in der Gestaltung weist die Kirche jedoch einigen plastischen, gliedernden Wandschmuck auf: Halbsäulenvorlagen mit floral skulptierten Kapitellen und gestaffelte Blendbögen über den Fenstern der Choranlage bilden effektvolle gliedernde Akzente in der weitgehend geschossenen Wandfläche. Das Dach ruht auf einem Kranz aus Konsolsteinen, die als Dämonenfratzen bildhauerisch gestaltet sind.

Die innere Gliederung ist eher sparsam. Die kleinen Alabasterfenster spenden dem Innenraum ein schönes, geheimnisvolles Licht. Die Chorapsis überdeckt ein grobes Kreuzrippengewölbe mit erstaunlich kräftig dimensionierten tragenden Rippen. Der dreischiffige Innenraum ist mit einem schlichten Kreuzgratgewölbe überdeckt.

Ausgesprochen prunkvoll in seiner Konzeption ist das im 15. Jahrhundert eingebaute komplizierte Netzgewölbe einer Empore, die sich über dem in der westliche Fassade liegenden Haupteingang entwickelt.

Die Säulen der Kirche sind vielfach mit floral gestalteten Kapitellen ausgestattet. Einige Kapitelle mit figürlichen Motiven werden bereits dem 12. Jahrhundert zugerechnet. Am wichtigsten ist das sog. Weihnachtskapitell am linken äußeren Pfeilerbündel der nördlichen Apsis mit der Darstellung der Verkündigung, der Heimsuchung, des nachdenklichen Josef, der Geburt Christi und schließlich der Hirtenbotschaft.

Am 21. März und am 21. September eines jeden Jahres, also den Tagen der Tag- und Nachtgleiche fällt auf dieses Kapitell ein so raffiniertes Licht, dass die figürlichen Darstellungen in ihrer geschilderten Reihenfolge in wenigen Minuten mit besonderem Lichteffekt ähnlich einer Filmprojektion nacheinan-

San Juan de Ortega
26.10.10

der ins Leben, d. h. ins Bild gerufen werden. Man nennt dieses Phänomen das Lichtwunder von San Juan de Ortega.

San Juan de Ortega war ein Verehrer von Santo Domingo de la Calzada, der etwa 50 km von hier entfernt verehrt wird. Wie Santo Domingo hat auch San Juan Kloster und Hospiz des Ortes zur Unterstützung vorbeiziehender Jakobspilger gegründet und gebaut. Auch San Juan de Ortega wird an seiner Wirkungsstätte und in »seiner« Kirche besonders verehrt. Hier ist er auch beigesetzt. Dies geschah zunächst in einem romanischen Sarkophag (12. Jh.). Reiche florale Ornamentik und eine Vielzahl von szenischen Darstellungen, darunter eine Majestas Domini in der Mandorla, Evangelistensymbole und die Darstellung der zwölf Apostel in einer Arkadenarchitektur, die vermutlich das himmlische Jerusalem darstellt, sind die Höhepunkte seiner äußeren Gestaltung.

Heute findet man seine Grabstätte in einem prachtvollen gotischen Sarkophag im Zentrum der Kirche. Zwei Handwerkergruppen realisierten dieses sehr komplizierte Kunstwerk im spätgotischen Stil mit deutlichen Flamboyantmerkmalen. Die Grabstätte wurde im Jahre 1462 von Pedro Fernando Velasco in Auftrag gegeben. Sie springt sofort ins Auge, wenn man die Kirche betritt.

Den Sarkophag umläuft man beidseitig durch ein mit einem schmalen, schlichten Kreuzrippengewölbe überdeckten Seitenschiff. Am Endpunkt der Seitenschiffe, die von einem angedeuteten Querschiff abgelöst werden, befinden sich noch zwei erwähnenswerte Seitenaltäre. Im südlichen Querschiff sind in sehr eindrucksvoller Weise die Versuchungen und Visionen des heiligen Antonius dargestellt, im Norden in einer kleinen Abschlusskonche ein sehr beachtenswertes Jüngstes Gericht, das den auferstandenen Christus als segnendem Triumphator, begleitet von vier Engeln, zeigt. Darunter ist seine Erscheinung auf der Erde in Form der heiligen Maria, die den Jesusknaben auf dem Arm trägt, dargestellt.

Wir nehmen vor dem Abendessen noch an der Pilgermesse um 18 Uhr teil, um anschließend die hier gratis ausgegebene Knoblauchsuppe zu genießen. Danach beginnt um 19 Uhr in der Bar von Manuel gleich nebenan die *cena*, das Abendessen. In den Tischnachbarn Bernard und Isabelle aus Biarritz treffen wir erneut auf zwei äußerst angenehme Mitpilger, mit denen wir schnell in eine schöne und entspannende Konversation geraten. Der Abend verfliegt bei einem schönen Gespräch im Flug und Manuel, der normalerweise seine Bar um 21 Uhr schließt, muss Überstunden machen, weil wir kein Ende finden. »Der Reichtum des Weges sind die vielfältigen Begegnungen, die man erlebt«, sinniert Isabelle, »*la richesse du chemin* ...«

27. Oktober 2010

Das herrliche Herbstwetter hält an und so wandern wir am nächsten Tag durch die Wälder und Weideflächen der Hochebene der Montes de Oca nach Agés und weiter nach Atapuerca. Atapuerca ist berühmt durch sehr bedeutende prähistorische archäologische Funde. Der sog. Homo antecessor hatte hier einst seine Heimat. Er lebte vor etwa 800000 Jahren und Teile seiner Gebeine wurden vor wenigen Jahren beim Bau einer Eisenbahntrasse in einem Acker nahe dem Ort gefunden.

Uns fällt auf, dass die Gegend plötzlich aus weißlichem Kalkstein mit Silex-Einschlüssen besteht und uns kommt ein jüngerer Fundort von Silex, nämlich Solutré in Frankreich, in den Sinn, wo ganz offensichtlich ebenfalls eine menschliche Zivilisation, wenn auch wesentlich später, vor etwa 30000 Jahren ihre Heimat hatte. Menschliche Zivilisation und das Vorkommen von Feuerstein gehören in gewissen Phasen der menschlichen Entwicklung offenbar eng zusammen.

Wir philosophieren über die Verbindung des Feuers mit den steinzeitlichen Siedlungsformen und kommen zu dem Schluss, dass die Geschichte von Prometheus, der den Göttern das Feuer gestohlen und es den Menschen gebracht hat, sich hier folgendermaßen zugetragen haben könnte:

Zwei steinzeitliche Hordenführer kämpfen um die Herrschaft über ihre Reviere und ihre Gruppe. Natürlich greifen sie zu steinzeitlichen Waffen, nämlich Silex-Steinen und gehen aufeinander los. Bei einem der Angriffe prallen die Steine aufeinander und es wird ein deutlicher Funke, ein kleiner Blitz erkennbar. Wie der Blitz Wälder in Brand setzen kann, wussten die Menschen von damals sehr gut aus ihrer Erfahrung. Der feuererzeugende Blitz kommt dabei vom Himmel und ist damit sozusagen ein göttliches Zeichen. Wenn nun durch menschliches Handeln jemand versteht, einen Blitz – und sei er noch so klein – aus zwei Steinen zu zaubern, dann muss er eine geradezu übermenschliche Beziehung zu den Göttern haben, denn er beherrscht Teile ihres göttlichen Handwerks. So wird er zum Herrn auf Erden und die Menschen folgen ihm. Das Feuer ist erfunden, die Erde ist mit Hilfe des Feuers beplanbar und nutzbar geworden.

Wen wundert es, dass bei dieser Entdeckungsgeschichte die Bereiche mit Silex-Vorkommen so ganz selbstverständlich auch Raum menschlicher Kultur und Zivilisation wurden?

Nach der Erfindung der neuen Version der Prometheussage von Atapuerca steigen wir inmitten einer wohl fünfhundertköpfigen Schafherde langsam bergan, um danach mit unendlichem Fernblick uns langsam Burgos zu nähern.

Die Stadt begrüßt uns bereits von weitem mit ihrer dunkelgrauen Dunstglocke, die sich deutlich von der ansonsten klaren Fernsicht unter blauem Himmel abzeichnet. Wir packen die letzten 15 km nach unserer Mittagsrast und einem großen *café con leche* an. Wir treffen Bekannte wieder, Patrizia aus Chateauroux und Guido aus Emsdetten, außerdem eine junge

Dänin, die den Weg mit ihrem etwa 11-jährigen Sohn geht. Es ergibt sich ganz von selbst, dass wir den Weg gemeinsam gehen und so mit lockeren Gesprächen die Langeweile der im Osten von Burgos liegenden Industriegebiete wirkungsvoll abkürzen. In der Ebene wird nämlich der Weg nach Burgos immer weniger malerisch. Autobahnkreuze, Industriegebiete und schließlich der neue Flughafen von Burgos sind zu umwandern, das strapaziert nicht nur die müden Muskeln, sondern auch den Kopf, denn manchmal wird man von dem Gedanken, die Vorstadthölle mit ihren lärmenden Betrieben und Mülldeponien mit dem Taxi zu überwinden, tatsächlich fast überwältigt.

Nach den Versuchungen der unwirtlichen Vorstadt drängt es uns, als wir endlich an den engeren Rand der großen Stadt kommen, an die Uferwiesen des Arlanzón, der Burgos durchfließt. Wir verlassen den klassischen Camino, der parallel zur N 120 irgendwo in der Stadt versickert, und folgen der grünen Variante parallel dem Flussbett, die uns direkt in das Stadtzentrum führt.

Gegen 16 Uhr sitzen wir am Ende unserer 30 km Tagesetappe auf der *Plaza mayor* im Herzen der Stadt und genießen in der Sonne den erwanderten Tageserfolg mit einer *caña*, einem großen kühlen Bier.

Unsere Erlebnisse und Eindrücke, die sich mit Burgos verbinden, habe ich bereits im Frühjahr anlässlich unseres ersten Aufenthaltes in der Stadt vor allem hinsichtlich der gotischen Kathedrale des Ortes zu schildern versucht. Es ist verständlich, dass wir versucht sind, diesen tiefen Eindruck der ersten Begegnung erneut auf uns wirken zu lassen, und so haben wir kurzerhand nach einem ausführlichen Stadtbummel die Kathedrale zur Abendmesse besucht.

Neben dem erneuten Erlebnis dieser erhabenen mittelalterlichen Architektur hat uns an diesem Abend in ganz besonderer Weise eine kleine Gruppe deutscher Jugendlicher durch ihr Auftreten beeindruckt.

Wir kannten einige der Gruppe bereits aus einer kurzen Begegnung in San Juan de Ortega. Dort saßen sie biertrinkend auf Pflanzkästen und auf dem Pflaster zwischen der Pilgerherberge und der Bar von Manuel und bedachten die vorbeilaufenden müden Pilger mit launigen und teilweise nicht sonderlich schmeichelhaften Bemerkungen über ihre körperliche Konstitution und ihre Mühen auf dem Camino. Hier in der Messe sitzt diese Gruppe in tiefer Konzentration und folgt offenbar sehr überzeugt dem Geschehen am Altar. Selbst nach der Messe bleiben noch einige der Jugendlichen in stiller Meditation und Gebet in der Kathedrale, während wir uns längst wieder der Architektur widmen. Der Camino hat eben viele Gesichter und man sollte sich niemals bereits nach einer ersten Begegnung, ob sie positiv oder negativ verlief, ein vorschnelles Bild machen.

28. Oktober 2010

Nach der sehr anstrengenden 30-km-Etappe des Vortages haben wir heute nur 21 km nach Hornillos del Camino zurückzulegen. Wie inzwischen üblich brechen wir gegen 8:45 Uhr auf. Es herrscht noch immer strahlender Sonnenschein. Die Temperaturen sind inzwischen insgesamt im Tagesdurchschnitt leicht geklettert, so dass die Hände nicht mehr bis zu den Ellenbogen in die Anorak- oder Hosentaschen gestopft werden müssen. So wenig gastfreundlich der Empfang der Stadt Burgos im Osten mit seinen Industrievororten auch war, die Stadt verabschiedet sich von ihren Pilgerbesuchern mit ausgesuchter Höflichkeit. Vergessen ist das stundenlange Herumirren zwischen Mülldeponien, Flughafen und Gewerbebetrieben. Universitätsgebäude und Parkanlagen begleiten unseren Weg aus der Stadt heraus.

So kommen wir relativ schnell nach Rabé de las Calzadas und machen zusammen mit einer großen Gruppe von Koreanern, die wir inzwischen so einigermaßen kennen gelernt haben, Rast auf den Außenbänken vor der noch geschlossenen Herberge des Ortes.

Während wir uns langsam zum Aufbruch bereitmachen, kommen plötzlich Lizzie und Aurore mit Jaques, unsere Begleiter aus den Montes de Oca, über den Platz vor der Herberge. Sofort beginnt der Austausch der Erlebnisse der letzten Tage, die Rucksäcke, die schon geschultert waren, werden wieder abgesetzt und auch Jaques, der ein wenig lahmt, genießt offensichtlich die unerwartete Pause.

Da sie jedoch erst soeben ihre Tagesetappe mit großer Verspätung begonnen haben, brechen sie alsbald wieder auf. Sie laufen sehr routiniert und zügig. Wir lassen sie ziehen, denn unser Tempo und unsere restliche Tagesstrecke sind total abweichend von ihrem Weg geplant. Auf dem kurzen Weg, den wir für heute geplant haben, werden wir sie zwar noch mehrfach sehen, aber schließlich laufen sie weiter nach Hontanas, einem sehr schönen romantischen Dorf auf dem Weg, das wir erst mit unserer morgigen Etappe erreichen werden.

Wir laufen heute nur noch bis Hornillos. Dort werden wir zu unserem heutigen Quartier von einem Fahrdienst abgeholt. Unsere Übernachtung haben wir wie üblich von Köln aus per Telefon gebucht. Es ist eine Mühle, die in 6 km Entfernung vom Camino liegt und die wir mit Vollverpflegung für den Abend gebucht haben. Nach unserer Ankunft in Hornillos unterhalten wir uns mit etlichen weiteren Pilgern auf dem Kirchplatz, den ein großer Springbrunnen ziert. Nachdem wir eine kurze telefonische Anmeldung zu unserer Mühle abgesetzt haben, warten wir in der herrlich ruhigen Atmosphäre des Dorfplatzes und lassen diverse Pilger an uns vorbeiziehen. Wir erfahren dabei tolle Geschichten über individuelle Pilgerwege.

Während Michail, der Rumäne seinen Weg bereits in Le Puy en Velay begonnen hat, Lizzie und Aurore bereits seit Vézelay unterwegs sind, kommt ein junger Mann mit einem

Ultraleichtzelt auf dem Rücken vorbei, das ihm von weitem die Silhouette einer notgelandeten Biene Maya verleiht. Er ist in Wien nach Abschluss seines Studiums gestartet und hat inzwischen mehr als 2000 km Fußweg allein hinter sich gebracht. Vor Beginn einer Berufslaufbahn realisiert er noch einen letzten Wunsch nach einem freien, ungebundenen Leben auf dem Camino. Schließlich kommen auch noch Lizzie und Aurore vorbei, die wir irgendwo, ohne es zu bemerken, überholt haben müssen. Jaques hat Durst und stürzt sich in das Brunnenbecken.

Diese Fülle von Begegnungen in so kurzer Zeit lässt in uns die frühe Erkenntnis reifen, dass unser nächster Abschnitt auf dem Jakobsweg über eine längere Zeit als ein oder zwei

Wochen geplant werden muss, wenn wir in dieser vielfältigen und bunten Welt mit eigenen Erlebnissen richtig aufgehen wollen. Wir beschließen, dass unser nächster Abschnitt auf dem Camino, ungeachtet aller beruflichen Verpflichtungen in Köln, mindestens drei Wochen dauern muss.

Die Mühle, die wir nach kurzer Autofahrt mit unserer Gastgeberin erreichen, entpuppt sich als alte Wassermühle. Sie besteht aus mehreren großen Gebäuden. Der Mühlbach, der einst die Mühle gespeist haben mag, ist heute, nachdem man ihm offenbar den Zulauf genommen hat, ein stiller Tümpel mit Seerosen und allerlei Vegetation. Der Wasseraustritt unterhalb des Gebäudes besteht noch. Auf seiner ebenfalls recht strömungsfreien Oberfläche tummeln sich etwa 20 Enten,

Gänse und zwei Pfauen. In einem tiefergelegenen Wasserlauf, der ebenfalls aus dem Gebäude fließt, stellen wir verblüfft eine extreme Strömung und einige heftig sprudelnde Quellen fest. Mit dem Kleingetier auf der Wasserfläche und einem pappelbestandenen parkähnlichen Freigelände hinter dem Gebäude sind wir an einem idyllischen und für Erholungsuchende sehr entspannenden Ort gelandet. Allerdings ist dieser Ort fernab von aller Zivilisation und nachdem wir die Anlage ausführlich besichtigt haben, bleibt der Nachmittag für etliche Stunden für Freihandzeichnen und Ausruhen im Schatten der Bäume.

Der Hotelteil (Casa rural El Molino), der zur Zeit unserer Ankunft ausgebaut ist, bietet etwa sechs Doppelzimmer, die an einen großen Gemeinschaftsraum grenzen. Ein langer Tisch und ein offener Kamin, in dem ein gewaltiges Holzscheit Gemütlichkeit und Wärme ausstrahlt, geben den angenehmen Rahmen für unser Abendessen, das wir als einzige Gäste von unserer Wirtin persönlich serviert bekommen. Es besteht aus solider, guter spanischer Hausmannskost, die uns in vier Gängen angeboten wird. Wein, Café, Digestiv gehören selbstverständlich dazu. Wir verbringen, auch wenn weitere Reisende als Gesellschaft fehlen, einen kurzweiligen und mit einer ausführlichen Abendmahlzeit durchaus gestalteten Abend, der uns Gelegenheit gibt, in Ruhe die Etappen der nächsten Tage zu planen.

29. Oktober 2010

Morgens um 10 Uhr stehen wir bereits wieder nach kurzer Autofahrt, die unsere Wirtin ermöglicht hat, auf dem Kirchplatz von Hornillos del Camino und nehmen unseren Jakobsweg wieder auf. Unser heutiges Etappenziel ist Castrojeriz, mit einer Zwischenstation in Hontanas. Der Himmel hat sich verändert. Zwar scheint bei unserem Start noch die Sonne, jedoch wird im Westen in der Ferne bereits eine dichte, dunkle Bewölkung erkennbar, die nichts Gutes erwarten lässt. Es weht ein böiger Wind, der uns immer wieder heftig von der Seite packt.

Die Landschaft ist hügelig und nach den ersten Frösten in einheitliches Grau und Braun gekleidet. Disteln säumen den Weg und ab und zu sehen wir an den Feldrändern gewaltige Mieten von Geröll und Steinen, die die Bauern aus den Böden ihrer Felder bei der Arbeit zusammengetragen haben. Bäume gibt es unterwegs nur in San Bol, einem kleinen Flecken mit großer Jakobswegtradition. Hier wurden in vergangenen Jahrhunderten Leprakranke gepflegt sowie Menschen, die am Antoniusfeuer litten, einer schmerzhaften fiebrigen Krankheit, die durch Verzehr von mutterkornhaltigem Roggen entsteht.

Hinter San Bol treffen wir auf der Hochebene eine Sechsergruppe von teilweise bekannten Pilgern, die in der Sonne auf freiem Feld eine Zwischenrast machen. Hontanas, unsere Zwischenstation schmiegt sich vor uns in ein Tal, das die Meseta durchschneidet. Wir finden uns in einem malerischen Dorf aus braunem Tuffgestein wieder, das sich entlang einer zentralen Dorfstraße durch das Tal schlängelt. Im Schatten der Dorfkirche stoßen wir auf eine Bar, die uns die Möglichkeit für eine kleine Zwischenmalzeit mit einem *bocadillo* bietet. Danach brechen wir auf, um auf teilweise abenteuerlichen Feldwegen 7 km nach San Antón zu gelangen, einer alten Abtei aus dem 15. Jahrhundert, die einst ein traditionsreicher Anlaufpunkt für Pilger auf dem Jakobsweg war.

Heute ist die Anlage eine Ruine. Die Kirche steht nur noch in ihren Grundmauern. Die Landstraße nach Castrojeriz führt unter dem Bogen hindurch, der einst die beiderseits der Straße liegende Klosteranlage verband. Nach der Passage zwischen den einstigen großen Gebäuden verläuft die Straße schnurgerade auf Castrojeriz zu, das sich in etwa 5 km Entfernung mit seiner turmverzierten Kirche Nuestra Señora del

Manzano vor einer erdfarbenen mit markanten Festungsbauten gekrönten Bergsilhouette abzeichnet. Der Wind ist böig und heftig. Ein Radfahrer überholt uns und vor unseren Augen packt ihn ein Windstoß und treibt ihn mit aufgeblähtem Anorak plötzlich quer über die Straße. Mit Mühe schafft er gerade noch die rettende Kurve vor der hinter einer Reihe von Alleebäumen verlaufenden Böschung.

Unsere Herberge, die sich Bar / Hostal del Manzano nennt, liegt der Kirche Nuestra Señora del Manzano unmittelbar gegenüber. Mit einem kleinen Apfelbäumchen in ihrem Vorgarten gibt sie der Umgebung der Kirche, die mit kleinen Wohnhäusern und Gärten eher gesichtslos wirkt, ein wenig Gesicht und Flair. Immerhin bezieht die Kirche ihre Berühmtheit nicht nur

aus ihrer Rolle als Wallfahrtskirche auf dem Jakobsweg, sondern ganz speziell aus einem großformatigen Gnadenbild im Inneren, das Maria vor der Abbildung eines Apfelbaums zeigt.

Nach dem Einchecken in der Herberge machen wir uns zunächst auf Entdeckungsreise durch das langgezogene Dorf, das sich auf etwa 2 km Länge um den Berg des Castillo legt. Wir stellen fest, dass ein beachtlicher Teil der Gebäudesubstanz aus verlassenen und mit Balken und Ketten gesicherten Häusern besteht, die teilweise bereits aufgrund des langen Leerstandes einen verwahrlosten, wenn nicht zerstörten Eindruck machen. Den zentralen Platz vor dem Rathaus hat man bereits saniert. Die zahlreichen Kirchen des Ortes sind verschlossen und werden nur zu den Gottesdiensten für eine kleine Dauer geöffnet. Auf diese Weise müssen wir auch auf einen Besuch bei der uns benachbart residierenden Señora del Manzano verzichten, denn die Kirche ist und bleibt während der Dauer unseres Aufenthaltes verschlossen. Bereits während unseres Rundgangs beginnt es leicht zu regnen. Als der Regen heftiger wird, nehmen wir gern das Angebot unseres Wirts an, uns zu einem im Ort gut frequentierten Restaurant zu fahren. Wir werden dabei von María-José begleitet, einer sportlichen Katalanin aus Barcelona, die außer Katalanisch und Spanisch keinerlei Sprachen spricht, mit der wir jedoch in brockenweisem Spanisch dennoch einen kurzweiligen Abend verbringen. Nachdem wir mit Unterstützung des Wirts den Weg zurück zu unserer Herberge zurückgefunden haben, bleiben wir noch auf einige *hierbas* (Kräuterschnaps) in der Gaststube und ich werde, weil draußen kein Wetter für Freihandskizzen herrscht, dazu verurteilt, die benachbarte Kirche und den markanten Berg des Castillo von einem Großfoto abzuzeichnen, das im Gastraum hängt. Nachdem der erste Versuch gelungen scheint, habe ich keine Möglichkeit und kein Argument mehr, den Wunsch des Wirts abzulehnen, das gleiche Bild nochmals für sein Gästebuch zu zeichnen.

So sind alle trotz des heftigen Regens zufrieden über den harmonisch verlaufenen Abend, an dem die stockende Spanischkonversation durch manche sinnvolle und wohlwollend kommentierte Aktion ersetzt wurde.

30. Oktober 2010

Der Weg zieht sich hin. Wir laufen, nachdem wir hinter Castrojeriz einen relativ kurzen, aber dafür steilen Anstieg geschafft haben, auf einer weiten Hochebene, die sich mit braunen, abgeernteten Feldern bis zum Horizont erstreckt und einen beeindruckenden Blick in eine weite Landschaft mit einer Gebirgskette am fernen Horizont bietet. Zu den Strapazen des steilen Aufstiegs, den wir gemeinsam mit einer Gruppe von französischen Tageswanderern zu bewältigen hatten, kam kurz nach unserem Aufbruch der Regen zurück. Erst heftig als Schauer, dann nach einigen kräftigen Windstößen als feiner Dauerregen, der durch den starken Gegenwind in unser Gesicht gepeitscht wird. Die Tageswanderer halten sich gut angesichts der widrigen Wetterbedingungen. Natürlich sind sie außer einem kleinen Rucksack mit Tagesvorräten relativ unbelastet und so haben wir zunächst Mühe mit unserem schweren Gepäck mit ihnen Schritt zu halten. Am Endpunkt der Steigung erreichen wir eine offene Rasthütte, an deren Rückseite sogar Stellplätze für Pferde angeboten werden. Nach kurzer Rast lassen wir unsere französischen Begleiter zurück und machen uns wieder auf den scheinbar endlosen und im Regen sich auflösenden völlig vermatschten Weg. Trotz der jetzt leicht abschüssigen Strecke kommen wir angesichts des Gegenwindes nur mühsam voran. Das ist genau die Stimmung, den Blick wieder nach innen gleiten zu lassen und eigenen Gedanken nachzuhängen.

Gott, ein einfaches Synonym für das Entstehen und Funktionieren der Welt? Eine Art Urenergie, abstrakt und nicht weiter definierbar und fixierbar? Ein bloßer Anstoß für einen gigantischen evolutiven Prozess und darüber hinaus ohne weitere Bedeutung?

Die Kirche lehrt uns, dass Gott eine Person, ja eine Einheit von drei Personen sei. Wir sind in unserer Jugend mit Bildern konfrontiert worden, in denen es den »Vater« als Schöpfer, den »Sohn« als Vollstrecker des Vaterwillens und schließlich den »Heiligen Geist« als Einiger der göttlichen Personen gibt. Bilder, die wie bereits bei der Suche nach dem Wesen und der Gestalt des einen Gottes, der als Schöpfer des Universums definiert werden sollte, zutreffend und irreführend zugleich sind. Alles, was man uns über Gott und seine Beziehung zu seiner Schöpfung und seinen Geschöpfen berichtet, versucht unser begrenztes dreidimensionales Vorstellungsvermögen mit erklärenden Bildern zu definieren. Diese Bilder, die Zugang zu unserer eingeengten Begriffswelt suchen, sind eben begrenzt, unvollkommen und damit auch zu einem gewissen Teil unzutreffend.

Nehmen wir den Begriff »Person«! Sofort entsteht vor unserem inneren Auge eine menschliche Erscheinung, möglichst mit einem menschlichen Körper, mit Sprache und mit Sinnen begabt. Eine Person kann nach unserer Erfahrung Ereignisse, Gegenstände und andere Personen wahrnehmen, verstandesmäßig erfassen, emotional erleben und in der Folge auf unterschiedlichste Eindrücke und Erlebnisse in Gedanken, Worten und Taten reagieren.

Eine Person kann zornig sein, wenn sie enttäuscht ist, kann loben und gütig reagieren, wenn ihre Erwartungen erfüllt werden. Eine Person hat in unserer dreidimensionalen bildhaften Welt einen Körper, mit dem sie Gedanken und Pläne realisiert, mit dem sie auch Unangenehmes und Ungerechtes erleidet. In der biblischen Überlieferung wird vieles dieser hier aufgezählten Details einfach auf Gott als Person projiziert. Der von seinen Geschöpfen enttäuschte Gott straft nach Belieben, gerade so wie es im sündigen Babel geschehen sein soll. Er vernichtet seine Schöpfung und rettet nur den Noah und einige Arten aus der Tierwelt in der Arche. Dort, wo der gütige Gott in das Weltgeschehen eingreifen will, sucht oder entsendet er einen Vollstrecker, der seinen Willen an die Menschen seiner Schöpfung weitergibt, wie es zum Beispiel im Falle der Sendung des Moses im Alten Testament geschieht. Im Neuen Testament entsendet er sogar seinen Sohn als Vollstrecker seines Willens und opfert ihn schließlich – wie wir es im Religionsunterricht gelernt haben –, um die Menschen aus Sünde und Elend zu befreien. Bei allen Eingriffen in das Weltgeschehen bleibt er jedoch unsichtbar, für uns nicht mit Sinnen wahrnehmbar. Er handelt immer in der Gestalt von Menschen, er braucht für sein Handeln in dieser Welt immer Vollstrecker, die aus unserer Mitte stammen.

Ist Gott, wenn ihm so wichtige Eigenschaften fehlen wie die, mit den Sinnen seiner Geschöpfe wahrgenommen zu werden, überhaupt Person? Ist es nicht konsequenter und besser, es bei der abstrakten Vorstellung eines allesbewegenden und allesbeherrschenden Prinzips zu belassen?

Welche Eigenschaften prägen überhaupt eine Person, über die Möglichkeit hinaus, mit den Sinnen anderer Personen wahrgenommen zu werden?

Gibt es über- und außersinnliche Eigenschaften, die eine Person zwingend definieren, auch wenn sie sinnlich nicht wahrnehmbar ist?

Wenn wir die Schöpfung, die wir mit unseren Sinnen erleben können, aus nüchterner Distanz betrachten, erkennen wir unschwer zwei Grundprinzipien, die zweifellos von einem schöpferischen Geist, von einem Weltenplaner ausgehen:

① Das Entstehen und die permanente Wiederkehr des Lebens in der Schöpfung ist ein unumstößliches Grundprinzip ihres Funktionierens. Überall, wo wir in unserem Beobachtungs- und Erfahrungsbereich Zerstörung, Untergang feststellen müssen, ergibt sich, nachdem der Niedergang vollendet ist, immer wieder neues Leben, die Evolution beginnt von vorn. Es ist ein beständiges zyklisches Kommen und Vergehen. Dabei ist zunächst das organische Leben als allgemeines Prinzip deutlich erkennbar. Es entwickelt sich zu immer höheren Formen. Der Mensch ist zur Zeit die am weitesten entwickelte Lebensform. Man darf aufgrund des Rückblicks auf Milliarden von Jahren Evolution schließen, dass der Prozess auch den heutigen Menschen am Ende zugunsten höherer Entwicklungsstufen zurücklassen wird. Die Evolution ist als vorrangiges Naturgesetz nicht aufzuhalten, nicht durch menschliche Bemühung jeglicher Art noch durch plumpe Zerstörung.

② Die Kontuität der im Universum vorhandenen Energie ist konstant. Dieses Phänomen ist durch unsere Wissenschaft hinreichend bewiesen. Die Energie des Urknalls, die gegen Unendlich strebt, ist in materialisierter Form unverändert vorhanden. Sie steuert evolutive Prozesse, sie materialisiert sich in unterschiedlichsten Aggregatzuständen der Materie, aber sie bleibt auch in der Verwandlung im gleichen Maß vorhanden und verfügbar. Sie war die Voraussetzung für das Entstehen von Zeit und Raum, sie ist die Voraussetzung für die Entwicklung von Zeit und Raum und sie wird, solange Zeit und Raum bestehen, sich immer weiter erneuern und damit fortbestehen.

Beide Grundprinzipien der Schöpfung lassen den Schluss zu, dass hinter dem Gesamtwerk unseres Kosmos, ausgehend von einem als Urknall definierten Ausgangsimpuls, ein kreativer Wille steckt, ohne den die Schöpfung längst gescheitert wäre.

Dieser Wille ist jedoch unverkennbar Merkmal einer kreativen Persönlichkeit. Das, was wir mit Gott bezeichnen, der »Ich bin da«, der dem Moses im brennenden Dornbusch erschien, ist zwar nicht visuell wahrnehmbar, aber dennoch Person.

Diese Person, die sich als Urknallenergie in die Schöpfung hineingegeben hat, ist in ihr allgegenwärtig, das haben die Gedanken zur Entstehung und zur Entwicklung der Schöpfung bereits dargelegt. Wenn sie jedoch allgegenwärtig in der Schöpfung ist, ist sie in jedem kleinsten Teil dieser Welt, in jedem Tropfen Wasser im Meer, in Pflanzen und Tieren und schließlich auch in uns Menschen präsent und sichtbar. Wir glauben nicht nur im Christentum an den göttlichen Geist, der dem Adam als lebensspendender Atem Gottes bildhaft eingehaucht wurde und den wir die Seele nennen. Allein unser Glaube an den »Ich bin da« entscheidet, ob wir ihn in der Schöpfung, in uns, in unserem Nächsten auch wahrnehmen, ihn erkennen und schließlich als Lenker der Welt respektieren.

Unser Nahziel für die erste Pause ist Itero de la Vega, eines der Dörfer in dieser weiten, vom Ackerbau geprägten Landschaft. Wir entfliehen dem Regen in die erste Herberge, die sich am Weg anbietet. Dort treffen wir – wie könnte es anders sein – auf zahlreiche Bekannte, die die Strapazen des Regenmarsches mit uns teilend hier schon eingetroffen sind.

Die Gaststube ist übersät mit abgelegten nassen Kleidungsstücken. Einige Pilger haben sogar ihre Schuhe gewechselt und das nasse Schuhwerk in der Nähe der Fenster abgestellt, wo einige unterdimensionierte Elektroheizkörper für sparsame Wärme sorgen. Nach unserem kurzen Aufenthalt führt uns der Weg zunächst auf einer straßenbreit angelegten Kiespiste in leichter Steigung etwa 4 km stetig bergauf. Wir laufen im Windschatten einer hohen Hügelkette und freuen uns auf die Anhöhe vor uns, die man im Gebirge wohl als Passhöhe bezeichnen würde. Von dort erwarten wir einen Blick auf unseren nächsten Zielort, der mit seinem markanten Kirchturm dann als Landmarke und Nahziel sichtbar werden muss. Als wir auf der Höhe ankommen, packt uns der Wind wieder heftig von der Seite und von vorn. Weit entfernt, im grauen Dunst des Regens fast nicht sichtbar, können wir die Kirche von Boadilla del Camino schemenhaft erkennen. Die restliche Strecke dorthin müsste ca. 6 km betragen. Unsere Pelerinen blähen sich auf wie Ballons. Wir haben Mühe, angesichts des böigen Windes auf den Beinen zu bleiben Ein Reiter kommt uns entgegen. Er führt sein Pferd jedoch am Zügel, hoch im Sattel würde er dem Wind eine zu große Angriffsfläche bieten.

Wir brauchen noch ganze zwei Stunden bis Boadilla. Für die gotische Gerichtsäule haben wir keinen Blick. Wir hasten über eine breite asphaltierte Dorfstraße auf der Suche nach einer Bleibe für einen Zwischenstopp und stoßen hinter der Kirche auf ein verfallenes Gehöft, dessen Zugang durch eine schief in den Angeln hängende, wurm- und wetterzerfressene Holztür, die mit einer Kette gesichert ist, versperrt wird. »Albergue« steht in weißer Kreidefarbe darauf. Sehr einladend ist das nicht, aber uns bleibt offenbar an diesem Tag keine Wahl. Wir treten in eine alte Remise für landwirtschaftliche Geräte ein.

Groß ist unsere Überraschung allerdings, als wir dieses heruntergekommene Bauwerk durchschritten haben. Wir befinden uns in einem weitläufigen Gartengelände mit gepflegten Rasenflächen. Blumenbeete säumen die mit roten Ziegeln gepflasterten Wege. Sogar ein Swimmingpool wird in einer großen Liegewiese angeboten. Das kleine Paradies ist ringsherum von kleinen eingeschossigen Lehmziegelbauten umgeben. Unser Weg führt uns in einer Rechtskurve auf ein Häuschen zu, das als einziges bewohnbar zu sein scheint. Das muss wohl unser Ziel, der Eingang der Herberge, sein.

Als wir das Gebäude betreten, erleben wir eine zweite Überraschung: Wir stehen in einer geräumigen mit Sitzmöbeln ausgestatteten Empfangshalle. Ähnlich wie die verfallene Remise, die wir zuerst durchquerten, um das dahinterliegende

Paradies zu erobern, geht die Eingangshalle durch die gesamte Tiefe des Gebäudes. Wir blicken in die hinter der Herberge liegende Straße. Der Hauptzugang zu unserer Herberge wäre damit definitif gefunden.

Links von der Eingangshalle kann man in einen Speisesaal blicken, in dem wie in einem gut geführten Restaurant einige Tische eingedeckt sind. Die Stimmung des Raums ist sehr ruhig aufgrund der auberginefarbigen Wände. Wie in einer Galerie für bildende Kunst hängen an den Wänden eine große Zahl von Landschaftsbildern. Welch ein Glück, dass wir nicht nach dem ersten Eindruck des verfallenen Gehöfts Kehrt gemacht haben!

Langsam treffen nach und nach die bereits in Itero de la Vega gesichteten Mitpilger ein und es entsteht eine lebhafte Restaurantatmosphäre, als eine große Gruppe von Spaniern ein ganzes Menu bestellt.

Die schöne, kultivierte Umgebung und ein stärkendes Tellergericht heben unsere gedrückte Stimmung schnell wieder. Längs dem Canal de Castilia, der unseren schnurgraden Restweg nach Frómista begleiten wird, machen wir uns nach einer ausgedehnten Pause an die letzten 6 Kilometer. Wir treffen in Frómista gegen 17 Uhr ein. Da der Regen inzwischen einem wechselhaften Himmel, in dem sich Wolkenberge und blanke Sonnenscheinpartien in schneller Folge abwechseln, gewichen ist, erlauben wir uns noch einen Blick auf die wirklich sehenswerte Stufenschleuse von Frómista, die in mehreren Stufen einen Höhenunterschied von bis zu 30 m innerhalb des Kanalverlaufs überbrückt. Von oben betrachtet stuft sich der Kanal in etlichen Einzelschleusenbecken, deren genaue Zahl wir nicht gezählt haben, bis in eine deutlich tiefer gelegene Ebene ab. Unterhalb des beeindruckenden Schiffshebewerks verliert er sich dann schnurgrade verlaufend in einer sich bis zum Horizont ersteckenden Ebene. Ein beeindruckendes Beispiel der Ingenieurskunst vergangener Jahrhunderte.

Nach einem kurzen Aufenthalt im Hotel de Santiago machen wir uns auf einen ersten Stadtrundgang. Im Grunde ist Frómista, obwohl es über einen Bahnanschluss verfügt, eine unbedeutende Provinzstadt, die ihre Bedeutung wohl als Verladeort von Getreide verdankt, das von der Landwirtschaft der Umgebung erzeugt wird. Zumindest mehrere überdimensionale Lager und Verladesilos, die unmittelbar an den Bahnkörper der Eisenbahn angrenzen, lassen diesen Verdacht zu. Der vorbeifließende Kanal mag ebenfalls in früherer Zeit eine wichtige Stütze in der landwirtschaftlichen Logistik gewesen sein. Ansonsten ist Frómista eine recht gesichtslose Kleinstadt, ohne auffallende städtebauliche Ordnung. Einen gewissen Ausgleich für den Touristen und den Jakobspilger bieten da die Kirchen der Stadt, vor allem die wunderschöne romanische Kirche San Martín.

Die Kirche San Pedro in der Nähe unseres Hotels hat gerade zur Abendmesse geöffnet. Wir nutzen diese Gelegenheit, um einen Blick hineinzuwerfen. Wir betreten den großen gotischen Kirchenraum über einen mächtigen Portalvorbau, der auf der südlichen Seite des Kirchenschiffs sich dem Gebäude vorlagert. Dreischiffig mit einem prachtvollen Netzgewölbe beeindruckt die Kirche in der schlichten Umgebung der Stadt einfach schon durch ihre Größe. Aber wie schon nach der Besichtigung so mancher gotischen Kirche auf unserem Weg beschrieben, imponiert sie auch durch die Konsequenz ihrer architektonischen Gestaltung. Schlanke, den Raum scheinbar bis in den Himmel erweiternde Säulen, die mit Bündeln von Diensten in sich strukturiert sind, tragen das reichgegliederte Netzgewölbe. Die Wände sind hoch geschlossen und lassen nur wenig Tageslicht eindringen. Der Raum gewinnt durch die sparsame Öffnung nach außen einen fast mystischen Charakter. Der Kontrast zwischen dem grauen, spröden Naturstein und den eingefügten vergoldeten Altararchitekturen beeindruckt uns in dem sparsam gestalteten Innenraum besonders.

Wie in vielen spanischen Kirchen bildet Maria als Gottesmutter das Thema des Hochaltars: In Einzelbildern werden verschiedene Szenen aus ihrem Leben in der Rückwand des Altars dargestellt. Die Darstellungen beginnen bei der Verkündigung durch den Engel Gottes über die Schwangerschaft, ihren Besuch bei Elisabet und enden mit dem zentralen Bild der Mutter mit dem Jesuskind auf ihrem Schoß.

31. Oktober 2010

Höhepunkt des kunstgeschichtlichen Programms in Frómista ist ohne Zweifel die romanische Kirche San Martín. Am Sonntagmorgen um 8:30 Uhr brechen wir bei leichtem Regen auf. Die Kirche liegt heute an unserem Weg nach Carrión de los Condes. Gegen 9 Uhr stehen wir vor dem Hauptportal. Der Zugang bleibt uns jedoch verwehrt, weil trotz der fortgeschrittenen Uhrzeit am Sonntag offenbar noch keine Messe und damit keine Öffnung der Kirche vorgesehen ist. Das gesamte Umfeld liegt noch in tiefer Sonntagsruhe. Auch die angrenzenden Cafés und Bars zeigen wenig Bereitschaft, zwei Jakobspilger zu dieser Morgenstunde für einen kunstgeschichtlichen Schnellkurs in Romanik aufzunehmen.

Wir umrunden also im feinen Nieselregen das Bauwerk, um wenigstens sein Äußeres in uns aufzunehmen. Immerhin: der kurze Rundgang verrät unserem im vergleichenden Sehen inzwischen geschulten Blick, dass wir vor einem besonders klar gegliederten romanischen Kirchenbau stehen, der bereits im Jahr 1066 vollendet wurde. Klassisch seine Grundform als dreischiffige Kirche mit basilikalem Querschnitt und einem kurzen angedeuteten Querschiff. Die Vierung wird durch einen schlichten, aber in Relation zum Gebäudevolumen hohen achteckigen Vierungsturm gekrönt, der offenbar für die Belichtung des Innenraums mit seinen Fenstern einen besonderen Akzent setzt. Die Westseite mit dem Hauptportal wird flankiert durch zwei weit auseinanderstehende Rundtürme, in deren Zwischenraum das gesamte dreischiffige Profil der Kirche ablesbar wird. Die Choranlage weist eine große Konche als Abschluss des Hauptschiffs und zwei flankierende Halbkonchen vor den Seitenschiffen auf.

Ein bildhauerisch kunstvoll gestaltetes Gesims krönt die einzelnen Bauteile unterhalb ihres jeweiligen Dachansatzes. Vor die Fassade der dreiteiligen Choranlage legen sich Halbsäulen mit bildhauerisch gestalteten Kapitellen. Horizontalfriese mit mäanderförmiger würfelhaft strukturierter Oberfläche umrunden auf der Höhe der Rundbogenansätze der Fenster und darunter auf Höhe der Fensterbänke die einzelnen Bauteile. Fensterleibungen sind mit Halbsäulen und Stufenfriesen verziert. Ein selten harmonisches und in seiner stilistischen Reinheit einzigartiges Beispiel romanischer Baukunst in Spanien.

Wir bedauern sehr, dass wir diese Perle mittelalterlichen Bauens nicht von innen sehen können. Reich gestaltete Kapitelle, mit Stufenfriesen verzierte Gurtbögen des Bogengangs, bildhauerisch gestaltete Fensteröffnungen und Friese auf den Wänden. Wir werden sicher wiederkommen, um die unglaubliche meditative Ruhe, die diese Architektur ausstrahlt, wiederzuerleben. Dann aber auch im Inneren!

Für heute setzen wir unseren Weg nach Carrión de los Condes fort.

Der Weg dorthin ist wenig aufregend, denn im Prinzip folgt er als separat verlaufendes Fußgängerband der Landstraße und das bedeutet, dass wir in einer scheinbar endlosen Ebene immer nur geradeaus zu laufen haben. In Población de Campos haben wir genug von dieser langweiligen Form des eintönigen Zielwanderns und entschließen uns für einen breiten Feldweg, der abgesehen von riesigen Wasserlachen, die in den letzten 24 Stunden entstanden sind, recht gut begehbar scheint. Endlich wieder Landschaft! Auch hier laufen wir fast immer geradeaus, aber das Auge findet hier zumindest Zielpunkte, auf die man die Schritte richten kann. Weit vor uns sehen wir eine einzelne menschliche Gestalt. Wir beschleunigen unseren Schritt, denn am frühen Sonntagvormittag haben wir sicher einen Mitpilger vor uns und wir hoffen auf ein wenig Konversation in dieser nassen, flachen Einöde.

Die Einzelperson wird langsam größer und wir stellen fest, dass sie recht häufig die Seite des Weges wechselt. »Das ist nicht weiter verwunderlich, das tun wir auch, wenn es darum geht, größeren Wasserlachen auf die gegenüberliegende Seite des Weges auszuweichen«, denke ich. Ich finde es auch noch völlig normal, wenn die Person den Weg für einige Minuten gänzlich verlässt, um dann in der Ferne aus seinem sumpfig-nassen Umfeld plötzlich wieder aufzutauchen. Am Ende ist die Gestalt plötzlich vollkommen wie vom Erdboden verschluckt Wir beeilen uns, um die Stelle zu erreichen, wo wir sie zuletzt gesehen haben und entdecken abseits des Weges eine schwankende völlig betrunkene Gestalt, die sich mit hochrotem, vom Alkohol der letzten Nacht verwüstetem Gesicht wild gestikulierend vor uns aufbaut »*el rojo y la verda*«, brüllt er uns entgegen, wohl auf die Farbe unserer Anoraks bezogen. Wir bekommen schlicht Angst vor dieser geballten, urwüchsigen Kontaktaufnahme, umrunden unsere neueste Bekanntschaft und nehmen mit den Rucksäcken, die bei jedem Schritt auf unserem Rücken auf- und niederhüpfen, Reißaus. Der Mann überschüttet und noch mit einer Flut von für uns ungewohnten Wortfetzen, kann aber mit unserer Geschwindigkeit nicht schritthalten und bleibt brummelnd schließlich zurück. Nach weiteren zwei Kilometern lernen wir schließlich am Rand eines Dorfes Pepe, einen alten Mann kennen, der nach eigenem Bekunden den Jakobsweg vielfach gegangen ist. Er steht mit einem kleinen Lieferwagen auf dem Camino und versorgt, ohne Entgelt zu verlangen, Jakobspilger mit selbstgemachten Honigbonbons und Honiglikör. Wir kommen mit ihm ins Gespräch. Plötzlich erhalte ich von hinten einen Stoß in die Rippen. Unser betrunkener Freund hat uns eingeholt und will sich an unserer Runde beteiligen. Aber Pedro weist ihn zurecht und er zieht friedlich weiter.

Der plötzliche und unerwartet enge Kontakt mit der Landbevölkerung im Umfeld von Frómista beherrscht unsere Gedanken und Gespräche noch eine ganze Weile, bis wir um die Mittagszeit Villalcácar de Sirga erreichen. In diesem Ort wollen wir zu einer Mittagsrast irgendwo einkehren. Zuerst zieht uns jedoch die mächtige, den Ort krönende Kirche Santa María la Blanca aus dem 12./13. Jahrhundert an. Vor allem die mächtige gotische Säulenhalle auf der Südseite der Kirche beeindruckt uns sehr durch ihren Skulpturenreichtum und ihre filigrane Gliederung.

In der Kirche ist man gerade bei der Sonntagsmesse. Nach dem Ende der Predigt gehen wir hinein und bleiben bis zum Schlusssegen.

Gegenüber der Kirche befindet sich eine geräumige Dorfkneipe. Als wir dort eintreten, ist in dem noch kaum belebten Gastraum wenig zu erleben. Aber das Bild verändert sich sehr schnell: Nachdem vor der Kirche ein umfangreiches Begrüßungspalaver stattgefunden hat, kommen nun zeitlich verzögert viele der Kirchenbesucher in die Bar zu einem sonntäglichen Aperitiv. Während die Männer in Dreierreihe die Theke umstehen, nehmen die Frauen auf den Stühlen der recht großen Gaststube Platz und beginnen ihr Schwätzchen. Dabei werden die Stühle zunehmend knapper und schließlich sind nicht wenige gleich von zwei gewichtigen spanischen Landfrauen besetzt, die sich die kleine Sitzfläche jeweils mit einem Drittel ihres kräftigen Hinterteils teilen. Die Stimmung in diesem von Menschen überfüllten Gastraum ist phänomenal. Es wird getrunken, gelacht und auch gesungen. Nach einem Aufenthalt von etwa einer Dreiviertelstunde, als Ineke zur Toilette gehen will, zieht ihr noch während des Aufstehens vom Tisch eine der Frauen einfach den Stuhl weg und besetzt ihn mit ihrer ganzen Fülle.

Am heutigen Tag haben wir unseren Tagesmarsch in vier Teiletappen von je etwa 6 km eingeteilt. Nach Carrión de los Condes haben wir noch einen Restweg von 6 km. Weiterhin verläuft die Straße schnurgrade. Manchmal versperrt jedoch eine kleine Anhöhe die Sicht auf unser Tagesziel, das in der Ferne mit seiner turmbekrönten Silhouette bereits von Zeit zu Zeit sichtbar ist. Guido aus Emsdetten gesellt sich zu uns. Er war zuvor wie wir in der Messe und hat sich zum Ziel gesetzt, heute noch ein Stück über Carrión de los Condes hinauszulaufen. Mit seinem flotten Tempo zieht er uns geradezu über die langweilige Wegesstrecke. Wir unterhalten uns dabei über die – wenn man so will – gemeinsam durchwanderten fünf Tage. Er will weiter nach Santiago, um dort schließlich den Weg mit den diversen Gefährten, die er unterwegs kennen gelernt hat, bei St Jakobus zu beenden.

Wir biegen am Ortseingang von Carrión de los Condes von der offiziellen Route des Jakobswegen ab und steuern auf das Zentrum zu. Dort finden wir sehr schnell ein gut ausgestattetes Hostal, das bereit ist, uns für die kommende Nacht aufzunehmen.

Unsere caminoerfahrenen Töchter haben uns Carrión de los Condes als Etappenziel empfohlen, weil in dieser kleinen malerischen Stadt eine Menge kunstgeschichtlich interessanter Gebäude zur Besichtigung einladen. Und so folgen wir ihrem Rat und machen uns im frühen Nachmittag auf eine ausgedehnte Besichtigungstour.

Ein erstes Ziel ist die Kirche Santiago, die mitten zwischen kleinen Altstadthäusern eingeklemmt ist. Längst ist sie ohne sakrale Funktion und dient heute nur noch als Museum. Über ihrem Hauptportal bietet sie jedoch einen wahren Schatz von spätmittelalterlicher Plastik in Form eines ausgedehnten Skulpturenfrieses, der sich über die gesamte Breite der Fassade hinzieht. Der triumphierende Christus thront dort in der Mitte. Die Falten seines Gewandes sind trotz der jahrhundertelangen Einwirkung von Wind und Wetter beeindruckend plastisch. Er ist umgeben von den vier Evangelisten und schließlich ist die Mittelgruppe flankiert von je sechs Aposteln auf beiden Seiten.

Darunter im Hauptportal befindet sich ein ganzes himmlisches Orchester, das aus Engeln besteht, die jeder ein Instrument spielen, von der Flöte begonnen über Posaunen, Trompeten bis zu diversen Streichinstrumenten.

Begeistert von den Eindrücken dieser mittelalterlichen Fassade und ihres Skulpturenschmucks machen wir uns auf den Weg zum zweiten herausragenden Baudenkmal des Städtchens, der Kirche Santa María del Camino aus dem 12. Jahrhundert. Während ich dort das schöne Seitenportal zeichne, findet Ineke mit der Musik, die in der Kirche von einer Bandeinspielung zu hören ist und die uns beide an die Gesänge der »Gemeinschaft von Jerusalem« in Vézelay erinnert, eine besondere Stimmung vor, die sie für die Dauer meiner Zeichentätigkeit voll in ihren Bann nimmt.

Das Portal, das ich zeichne, fällt durch einen stufenförmig gegliederten Rundbogen auf, der mit reichen Ornamentfriesen auf jeder Stufe verziert ist. Die Basis der einzelnen Bogenstufen bilden ornamental gestaltete Kapitelle. Der innere Bogen ruht auf je zwei Stierköpfen auf jeder Portalseite, die sehr naturalistisch und plastisch vortretend einen besonderen Akzent setzen, den man in der Bildhauerei des Mittelalters zumindest nicht unmittelbar im Aufenthalts- und Sichtbereich der Kirchenbesucher erwartet.

Sie gehen zurück auf eine Legende, nach der zur Zeit der maurischen Dominanz auf der iberischen Halbinsel jährlich 100 Jungfrauen an die bösen Besatzer auszuliefern waren. Irgendwann wurden dann die beklagenswerten Mädchen auf wundersame Weise von Stieren aus den Händen ihrer Peiniger befreit. Grund genug, nach Beendigung der demütigenden

Sta Maria del Camino Carrion
31 10 10.

Besatzung den Stieren im Portal der Kirche ein dauerhaftes Andenken in Stein gehauen zu widmen.

Den Abend verbringen wir in einem kleinen Restaurant im Stadtzentrum bei einem hervorragend gekochten Pilgermenu. Während unseres Essens betritt ein weiteres Pilgerpaar das Restaurant. Sie unterhalten sich in einer Sprache, die wir nach einigem Lauschen als Niederländisch identifizieren. Niederländische Pilger haben wir bei aller Reisefreudigkeit unseres Nachbarvolkes bisher nur selten gesehen. Wir denken an Lizzie und Aurore, unsere Begleiter aus den Montes de Oca und ihr Bedauern, ihre holländischen Gefährten aus den Augen verloren zu haben. Ineke fasst sich ein Herz und geht zum Nachbartisch, um die Fremden anzusprechen. Das Gespräch zieht sich in die Länge und aus der Dauer und schließlich aus der Mimik der Personen erkenne ich, dass das Unglaubliche eingetreten ist. Wir haben Jet und Walter gefunden, die sich in kleinen Etappen inzwischen bis Carrión de los Condes fortbewegt haben. Natürlich schließen sich an eine solche unerwartete Begegnung Gespräche, der Austausch von Erlebnissen und natürlich SMS-Kontakte mit den inzwischen weit vor uns laufenden Französinnen an. Der Abend, der eigentlich der Abschied von unserem nur einwöchigen Caminointermezzo werden sollte, wird ein fröhlicher und ausgedehnter Höhepunkt unserer erlebnis- und überraschungsreichen Herbstwoche auf dem Weg nach Santiago de Compostela.

In den sechs Pilgertagen auf dem Weg nach Santiago haben wir neben den Strapazen der täglichen Fußwege eine Fülle von bewegenden und unvergesslichen Eindrücken gewonnen. Gerne blicken wir auf das Erlebte zurück, an die Emotionen und an die Freude über so manche unerwartete Begegnung, an Personen und Gespräche, die wir unterwegs hatten. Ohne es zu bemerken, haben wir uns in einer losen Gemeinschaft, die ein gemeinsames Ziel auf teilweise sehr unterschiedlichen Wegen anstrebte, täglich neu ausgerichtet, ohne das Ziel der

Mühen aus den Augen zu verlieren. Dabei haben wir einsame und gesellige, kommunikative und nachdenkliche, stille und laute, langweilige und anstrengende, verbindende und trennende Stunden erlebt. Unseren Weg sind wir unter all den unterschiedlichen Begleitumständen allein und zielbewusst gegangen. Es war eben ein bisschen wie im echten Leben, eben ein Pilgerleben.

1. November 2010

Der Allerheiligentag ist in den katholischen Ländern Europas und damit auch in Spanien ein offizieller Feiertag. Mit dem Gedenken an die Heiligen der Kirche, die diese Erde bereits verlassen haben und die sich, wenn man dem Glauben folgt, bereits in einem jenseitigen glücklicheren Leben befinden, gedenkt man auch der Verstorbenen aus Familie und Bekanntenkreis, aus Staat und Gesellschaft. Dies tut jeder nach eigener Überzeugung und Neigung. Der Allerheiligentag ist ein sogenannt »stiller« Feiertag. Ich erinnere mich, dass an dem Tag Sport- und sonstige der Unterhaltung dienende Veranstaltungen in Deutschland noch vor kurzer Zeit erst ab 18 Uhr erlaubt waren.

In Carrión de los Condes erlebten wir jedoch, dass auch im katholischen Spanien der Tag längst seine Stille verloren hat. Die Nacht in den Feiertag hinein war extrem laut und beherrscht von den Geräuschen, die eine Halloween-Party im Erdgeschoß unseres Hostals erzeugte. Als wir einigermaßen übernächtigt am Morgen aus dem Fenster auf die Straße blicken, sehen wir noch immer späte Gäste, die das Haus verlassen und sich teilweise laut unterhaltend auf den Heimweg machen.

Wir haben im Café de España, dem zentralen Treffpunkt für alle Buslinien am Rand der Innenstadt, für 10:30 Uhr ein

Taxi bestellt, nachdem wir dort erfahren hatten, dass alle feiertäglichen Buslinien nach Burgos bereits ausgebucht waren. Nun soll uns also ein Taxi an den Ort bringen, in dessen Nähe wir im Frühjahr unseren Weg beenden mussten. Wir wollen einfach die vorangegangenen, verletzungsbedingt nicht sehr positiven Erinnerungen an diese schöne und kunstgeschichtsträchtige Stadt nach der nunmehr mit großartigen Eindrücken abgeschlossene Pilgerwoche abrunden und verbessern.

Nach Burgos sind es 90 km. Die Taxifahrt dauert somit eine gute Stunde. Mit einem gut ausgeschlafenen und äußerst kommunikationsbereiten Südeuropäer als Fahrer, der in gnadenlosem spanischem Stakkato fast ohne Punkt und Komma spricht, kann diese gute Stunde zu einer gefühlten Ewigkeit werden, wenn man nur mit einigen Brocken Spanisch, die im Zweifelsfall nicht einmal für den Erwerb des Tagesbedarfs an Lebensmitteln im Supermarkt ausreichen, diesem Wortschwall folgen und schließlich auch noch gut erzogen und gebildet im Gespräch begegnen will. Nach einer Ewigkeit lebhaft geführter Unterhaltung kommen wir schließlich erschöpft und müde in Burgos an.

Am Ende der Reise gesteht uns unser Fahrer dann noch völlig unerwartet zu, dass wir sehr unterhaltsame Fahrgäste gewesen seien, die mit ihren ausgezeichneten (er benutzte das Wort fließenden) Sprachkenntnissen ihm die Zeit zu dieser Morgenstunde angenehm abgekürzt hätten. Wir haben ihm mangels passender Sprachkenntnis natürlich nicht widersprochen, sondern uns artig bedankt.

Unser Gepäck lassen wir in einem der Schließfächer auf dem zentralen Busbahnhof der Stadt zurück. Wir haben uns als Nahziel das neue Museo de la Evolución Humana gesetzt, das in Vorbereitung der europäischen Kulturhauptstadt Burgos 2010 erst vor kurzem eingeweiht wurde. Wir hoffen, dass die Funde aus dem etwa 30 km entfernten Atapuerca hier in würdiger Form aufgearbeitet und präsentiert werden.

Unsere Hoffnungen werden nicht enttäuscht! Mit vielen Zeichnungen, Kartierungen und Animationen und mit sorgfältiger Präsentation einer Unzahl von Fundstücken werden wir in die faszinierende Kultur des Homo antecessor, der vor 800000 Jahren die iberische Halbinsel auf seiner Ausbreitung nach Norden bevölkerte, vertraut gemacht. Der Eisenbahnbau bei Atapuerca hat als Nebenergebnis mit zahlreichen Funden von Gebeinen, Feuerstätten und Gebrauchsgegenständen einen wahren Schatz an konkretem Wissen über die Entwicklung des Menschen hervorgebracht.

Nach Atapuerca und den dortigen Ausgrabungen und Funden lernen wir auf den übrigen Etagen des Museums in einer fantastisch reichen Sammlung in Form von Grafiken, Zeichnungen Modellen und weiteren Fundstücken die gesamte Menschheitsgeschichte, die Geschichte des Feuers, der Nutzung natürlicher Kräfte und Energien im täglichen Leben der Menschen kennen. Wir erfahren, dass die ersten Hominiden bereits vor sechs Millionen Jahren auf unserer Erde anzutreffen waren und dass vor 1,2 Millionen Jahren mit dem Homo erectus die erste Phase der Entwicklung zum Homo sapiens begann.

Bereits vor 800000 Jahren wurden in Atapuerca neben einer brutalen Lebensweise, die von Kannibalismus und Sippenkämpfen geprägt ist, Totenkulte gepflegt. Damit verbinden sich automatisch Sinnfragen, Fragen nach dem Entstehen und dem Ziel der menschlichen Existenz. Wir blicken zurück auf den Zustand einer menschlichen Gesellschaft, die vor fast unvorstellbar langer Zeit Antworten auf Fragen gesucht hat, die wir auch heute noch nicht schlüssig gefunden haben.

Nach diesem Rückblick stellen wir vorausschauend fest, dass der evolutive Weg der Menschheit zu einer harmonischen und friedlichen Welt, gemessen an den vergangenen 800000 Jahren und ihrem heute sichtbaren Ergebnis menschlicher Entwicklung noch sehr lang und von zahlreichen

Rückschlägen begleitet sein wird. Aber die Richtung ist vorgegeben! Je intelligenter und aufgeklärter der Mensch wird, wird seine Rolle in der Welt immer klarer. Er kann vorausschauend seinen Weg planen und ausbauen. Er hat aufgrund seiner besonderen Begabungen die Aufgabe, die seit dem Urknall sich ständig wandelnde Schöpfung zu prägen, zu optimieren und zu harmonisieren. Er braucht jedoch, um sie als reflektiertes Wesen im Auge zu behalten, noch viele Visionen als Zielvorgaben. Er braucht klare »strategische« Ziele, damit seine Entwicklung Fahrt aufnimmt und ziel-»strebig« weitergeht.

1974 erschien ein Buch, das eine beeindruckende Vision der menschlichen Evolution zum Inhalt hat. Der Jesuit Teilhard de Chardin beschreibt darin unter dem Titel »Aufstieg zur Einheit« ausgehend von der Rückschau auf die Entwicklung menschlicher Zivilisation auf der Erde seine Idee einer möglichen Weiterentwicklung bis hin zum einheitlichen gesellschaftlichen Bewusstsein, das individuelle Bedürfnisse und Egoismen in den Hintergrund treten lässt. Im Grunde sieht er den Menschen als das zur Zeit einzige reflektiert denkende Lebewesen in der Schöpfung, als den Organisator einer neuen Welt der Einheit und der paradiesischen Harmonie. Folgt man ihm, sind wir Menschen berufen, das Paradies von dem seit Urzeiten Mythen und Sagen erzählen, auf dieser Erde selbst zu bauen! Angesichts der vielen Konflikte und der nicht endenden Gewaltbereitschaft, die unsere Zivilisation bis heute beherrschen, ist das eine wahrlich utopische Idee, eine Vision, die neue Dimensionen in menschlichen und gesellschaftlichen Bezügen erschließen kann. Die Sonne spendet uns auf unserem Weg noch etwa für drei Milliarden Jahre Zeit und Energie. Wir sollten mit unserem Aufbruch jedoch nicht zu lange warten, denn der Weg ist schwierig und lang.

2. November 2010

Am Abend des Allerheiligentages sind wir mit dem Schnellbus nach Bilbao gefahren, der endgültig letzten Station unserer Reise. Ineke hat im Frühjahr das Guggenheim-Museum verletzungsbedingt nicht sehen können. So haben wir uns vor unserem Abflug nach Köln noch einen Tag für Kultur und Besichtigungen in dieser faszinierenden baskischen Stadt vorgenommen. Aufregend, vital, aggressiv mit seinen Tentakeln in die Stadt greifend präsentiert sich uns dieses Museum ganz plötzlich, als wir die engen Straßen der Innenstadt verlassen und uns dem Río Bilbao nähern. Ich habe aus dem Frühjahr das Gebäude noch mit einer Ausstellung von Rauschenberg und Anish Kapoor in Erinnerung. Damals erschien mir das Museum als ein Ort kreativer Zügellosigkeit. Letztlich in seiner architektonischen Vielfalt alle Grenzen der Fantasie willkürlich sprengend, verführerisch seine innere Struktur nach außen verhüllend, rücksichtslos, ein wenig obszön.

Mit den damals laufenden Ausstellungen einfach ein Gesamtkunstwerk der Pop-Art, in sich völlig homogen und vereinnahmend.

Jetzt im Herbst lernen wir den Bau von einer anderen, nachdenklichen Seite kennen, denn in der ungezügelten Pop-Art-Hülle wird eine Ausstellung der alten niederländischen Meister des 16. Jahrhunderts gezeigt, die als komplette Leihgabe des Frankfurter Städel präsentiert wird. Der Kontrast kann nicht größer sein! Hier die aufrüttelnde, aufgeregte Architektur, dort die absolute Konzentration auf kleine sorgfältig gemalte Formate, die in wundervoller Detailarbeit eine völlig andere Sehens- und Erlebnisweise der Welt darstellen.

Stillleben, Personenportraits, Gruppenbilder, Landschaften, Stadtansichten und breugelsche Massenszenen werden sauber geordnet nach Sachgebieten gezeigt. Man erliegt automatisch dem Zwang zur visuellen Vertiefung ins Detail, der jedes

Mal, wenn man einen der Säle mit den dunkelbraunen Wänden und diskreten, auf die Bilder effektvoll gerichteten Spots verlässt, mit dem Erlebnis der fast unwirklichen, im wahren Sinn dekonstruktivistischen Architektur abwechselt.

Unser Flug geht um 20:30 Uhr. Zeit zum Bummeln und zum langsamen Ausstieg aus dieser wunderbaren Woche mit ihren vielfältigen Eindrücken.

Drittes Buch

29. März 2012

Die Entfernung von Carrión de los Condes nach Santiago beträgt etwa 460 km. Wir haben uns vorgenommen, diese Distanz in einer dreiwöchigen Wanderung zu bewältigen. Als Ausdauertraining heben wir zuvor den Camino Portugués von Porto nach Santiago – das sind ca. 230 km – gelaufen. Wir haben dabei festgestellt, dass man den Jakobsweg über längere Zeitspannen erleben muss, um dem Alltag zuhause wirklich zu entfliehen und um in dem schlichten und abgeschiedenen Pilgerleben wirklich aufgehen zu können. Selbst das vierzehntägige Laufen in Portugal war nach unserem Empfinden da schon recht kurz, trotz vieler Eindrücke aus Landschaft, Bevölkerung und Mitpilgern. Als wir in Santiago ankamen, meinten wir, alles sei zu schnell gegangen und unseren Ruhetag nach der Ankunft haben wir genutzt, um wieder mehrere Kilometer aus der Stadt hinaus zu laufen und das Stadtpanorama, das nur von Westen mit der alles dominierenden Kathedrale erlebbar ist, zu fotografieren und zu zeichnen.

Unseren diesjährigen Weg haben wir mit dem Flug von Frankfurt-Hahn nach Santander begonnen. Die Landung in dieser schönen Stadt nach Überquerung einer fantastischen Landschaft aus Meeresbuchten und Seen war zwar absolut pünktlich und komplikationslos, jedoch mussten wir unmittelbar nach der Ankunft zunächst unser dünnes Spanischvokabular um einen neuen Begriff erweitern, der uns in den nächsten

12 Stunden noch intensiv beschäftigen sollte: *Huelga genereal*, Generalstreik!

Die Stadt ist sonntäglich still. Öffentliche Einrichtungen und sogar kleinere Einzelhandelsgeschäfte sind geschlossen. Als wir den Bahnhof betreten, um Fahrkarten für die Weiterreise zu kaufen, ist dieser im wahrsten Sinne des Wortes ausgestorben, die Schalter sind geschlossen, die Zugänge zu den Bahnsteigen sind versperrt.

Unser Plan war, mit dem Zug nach Frómista und von dort mit dem Taxi nach Carrión de los Condes zu reisen, um dort unseren Fußweg wieder aufzunehmen. Ein einziger Zug, der am Nachmittag starten soll, wird jedoch auf halber Strecke enden. Er stellt also keine Lösung unseres Problems dar. Schließlich gelingt es uns, für den frühen Abend zwei Plätze in einem Entlastungsbus zu ergattern, der als *Servicio minimal* nach Palencia fährt, der Provinzhauptstadt in der Nähe von Frómista. Die Zeit, die wir bis zu unserer Abfahrt haben, müssen wir mit kleinen Fußwegen und auf Bänken sitzend verbringen. So geht der Tag langsam vorüber. In den späten Abendstunden erreichen wir schließlich nach einer mehrstündigen Busfahrt und anschließenden 45 km Taxi unseren Zielort. Das Hostal, mit dessen Rezeption wir noch gegen 19:30 Uhr telefoniert haben und dem wir unsere Verspätung angekündigt haben, ist schon für ankommende Gäste geschlossen. *Huelga general* auch in der Hotellerie? Das Restaurant nebenan, in dem wir auf unserem letzten Caminoabschnitt Jet und Walter kennengelernt haben, hat noch geöffnet und die nette Señora hinter der Theke bietet sich gern an, unsere derzeit größten Probleme zu lösen: Sie vermittelt uns zunächst ein Hotelzimmer und fährt uns rasch dorthin. Anschließend serviert sie uns noch gegen 11 Uhr abends ein komplettes Pilgermenu, bevor sie ihr Restaurant schließt. So kommt unser erster Tag auf dem Camino zu einem guten Ende und wir sind der netten Wirtin aufrichtig dankbar.

30. März 2012

18 Kilometer immer geradeaus! Erst 5 km Asphalt auf einer kleinen Landstraße bis zur ehemaligen Abtei Santa María de Benevívere und danach erbarmungslos auf breiter Kiespiste zwischen Getreidefeldern bis Calzadilla de la Cueza – das ist die Meseta. Wir bewegen uns auf 820 m Höhe über dem Meeresspiegel. Entsprechend winterlich sind die Farben der Felder und der wenigen laublos in der Landschaft stehenden Bäume. Auf halbem Weg hat die Regionalregierung aus Erbarmen für die Pilger eine Raststätte eingerichtet. Diese ist komplett in Lehmziegeln entsprechend der Bautradition des Gegend errichtet. Man nennt diese Bauweise die Adobe-Tradition. Ein Lehm-Strohgemisch wird zu großformatigen Ziegelelementen geformt, die ungebrannt mit Lehm als Mörtelersatz vermauert werden. Der äußere Eindruck dieser Architektur ist äußerst landschaftsverbunden. Braun in Braun, ab und zu in der Landschaft dazu das Grün eines Baums. Besonders beeindruckend ist das weit ausladende Dach. Seine Dimension als Schattenspender wird jeder schnell begreifen, der hier in den Sommermonaten gewandert ist. Für uns scheint zwar heute die Sonne von einem mit wenigen freundlich-weißen Wolken verzierten Himmel, aber die Wärme ist angenehm und es weht ein frischer Wind über die Ebene, der uns vor sich hertreibt. So eilen wir geradezu durch diese wenig abwechslungsreiche Landschaft. Wir vertreiben uns die aufkommende Langeweile, indem wir die Distanz zur nächsten Busch- oder Baumgruppen abschätzen und dann unsere Schritte bis dorthin zählen. Wir stellen fest, dass etwa 1200 Schritte bei unserem Tempo einen Kilometer Wegstrecke ergeben. Auf diese Weise kommen wir schnell zu unserem Ziel in Calzadilla de la Cueza. Ein schemenhaft in die Landschaft ragender Kirchturm ist der erste Fixpunkt, den wir bereits aus etwa 2 km Entfernung ausmachen können. Bei weiterer Annäherung stellen wir

jedoch fest, dass der von weitem sichtbare Turm keineswegs zum Dorfensemble zu rechnen ist. Er steht völlig isoliert in der Landschaft, davor eine Feldscheune. Das Dorf liegt etwas abseits. Es duckt sich vor dem Wind in eine schützende Mulde.

Bei weiterer Annäherung entpuppt sich das Ensemble aus Scheune und Turm als die Landmarke, um die sich der alte Dorffriedhof legt. Er ist eingefriedet mit einer hohen Mauer und mit einem schmiedeeisernen Tor verrammelt, vor dem ein großes Schloss einsam im Wind baumelnd den Zutritt versperrt.

Im schmiedeeisernen Bogen des Tors werden wir mit einer Inschrift gemahnt, die Toten in Frieden ruhen zu lassen. Telefonica und andere Mobilfunkbetreiber ebenso wie der Landwirt, der die Feldscheune unmittelbar vor dem Eingang bewirtschaftet, haben diese Mahnung offenbar beherzigt, denn sie sind konsequent mit ihren weltlichen Einrichtungen außerhalb des geweihten Areals geblieben. Wir nehmen uns ein Beispiel und setzen unseren Weg in Richtung Dorf fort.

Unterwegs laufen wir an einem Haus mit einem kunstvoll geschmiedeten Kaminaufsatz vorbei. Na dann *Buen camino!*

Das Dorf ist völlig zugeknöpft. Es besteht fast ausschließlich aus Adobe, also Lehmziegelhäusern, die als repräsentativen Zierrat Fenstergewände, Torbögen oder Ziergesimse aus gebranntem Ziegelmaterial aufweisen. Die Meseta ist kein besonders reicher Landstrich und so sind die Häuser der Bewohner eben einfach und mit den Materialien der Umgebung gebaut. Auch die etwas abseits liegende Kirche des Ortes besteht aus tragenden Pfeilern von gebrannten Ziegeln und ist in den Wandflächen in Adobeziegeln hergestellt. Für die Pilger gibt es hier ein Hostal mit Bar und Restaurant sowie eine einfache Pilgerherberge.

Vor unserem diesjährigen Aufbruch nach Santiago habe ich mehrere Veranstaltungen der Karl-Rahner-Akademie in Köln besucht, die sich mit unserem modernen aufklärerischen Weltbild und Glaubensinhalten der großen Weltreligionen, vor allem des Christentums beschäftigten. Ich habe mir vorgenommen, die Gedanken und Theorien, die im Zentrum dieser Vorträge standen, mit auf unseren diesjährigen Jakobsweg zu nehmen und in diesen Bericht einfließen zu lassen. Natürlich hatte ich – auf dem Wissensstand eines Abiturs in den 60-er Jahren – einiges an physikalischem Detailwissen aufzuarbeiten, als ich dort von der Suche nach der »Weltformel«, die in der gesamten Quantenphysik das zentrale Problem und Thema ist, hörte. Von subatomaren Teilchen, die auf dieser Suche in großer Zahl entdeckt wurden, die zwar immer kleiner und immer zahlreicher wurden, aber in ihrer Vielartigkeit immer weiter von einer Einheitsformel wegführten, statt sie zu erschließen. Die sich aus dieser vergeblichen Suche nach einer Einheitsformel schließlich für das Wesen der Materie ergebende

Superstringtheorie des Edward Witten und anderer Physiker habe ich anschließend durch entsprechende Lektüre zu begreifen versucht.

Ich habe dabei ein faszinierendes Grenzgebiet, in dem sich Philosophie und Physik begegnen, kennen gelernt.

Witten hat nämlich nicht durch Experimentieren, sondern durch Nachdenken und Theoretisieren über das Wesen der Materie die Idee entwickelt, dass angesichts immer zahlreicher werdender kleiner und kleinster subatomarer Teilchen der Weg der Teilchensuche zur Erklärung des Wesens der Materie letztlich endlos und damit ergebnislos verlaufen muss. Er hat stattdessen den Gedanken entwickelt, dass das Wesen der Materie statt in der Zusammensetzung aus kleinsten Teilchen aus einer spezifischen Schwingung von Urteilchen besteht, die gleichsam den vielfältigen Stoffen des Universums ihren energetischen Code zuteilt.

Eine mutige Idee, die sich gedanklich von der rein materiellen Struktur der Stoffe entfernt und die dem Gedanken an ihr Entstehen aus spezifischen energetischen Einflüssen Raum bietet.

Ideen und Theorien bedürfen der Verifizierung oder der Falsifizierung. Die Superstringtheorie konnte bisher durch wissenschaftliche Forschung weder bestätigt noch widerlegt werden. Was ihre Bedeutung für die Philosophie betrifft, darf man jedoch, wenn auch die Physik bisher jeglichen Beweis schuldig bleibt, weiter auf dieser Spur denken. Wenn nämlich hier von der spezifischen Schwingung kleinster bisher nicht bekannter subatomarer Teilchen die Rede ist, so bleibt die Frage, wo wiederum diese Teilchen entstehen. Aus welchem Baustoff, aus welchem Einfluss entsteht das kleinste Teilchen der Materie, das sogenannte »Urteilchen«? Was liegt in der Entstehung vor diesem Teilchen? Ist es reine Energie, die sich zu einem ersten Teilchen verdichtet?

Was ist vor aller Zeit?

Was ist außerhalb des Wahrnehmbaren, Nachweisbaren?

Wohin dehnt sich unser Universum aus? Was liegt außerhalb seiner Grenzen?

Zeitlich, räumlich, materiell liegt hier für Wissenschaft, Philosophie und schließlich Religion das Unerforschte, Unbekannte.

Die Ursache unserer Welt? Die Ursache von Raum und Zeit?

Jahrtausende und unzählige Kulturen vor uns haben mangels Erfahrung und mangels Aufklärung die Erkenntnis dieser für sie unüberwindbaren Grenze des Forschens zum Zentrum ihrer Religion gemacht. Mit der Entdeckung der Superstringtheorie steht auch unsere Zeit erneut vor dieser Grenze, die sich vor der menschlichen Forschung aufbaut. Unsere Vorfahren haben das Unerklärliche, Unbekannte, Unerforschbare mit Göttergestalten besetzt oder im Monotheismus mit Gott gleichgestellt. Können wir auf unserer Suche nach einer Erklärung für die Welt an diesem Punkt, den unsere Wissenschaft definiert hat, ihrem Beispiel folgen und ihn »Schöpfung« oder »Gottes Wirken« nennen?

Eins ist sicher: So nahe, wie im Gedanken an die schwingenden kleinsten Teilchen, war die Menschheit Gott noch nie zuvor.

31. März 2012

Der Weg von Calzadilla de la Cueza nach Sahagún ist einfach zu gehen, im Angebot erlebenswerter Landschaft eher bescheiden. Wir bewegen uns auf gleichbleibender Höhe, ohne nennenswerte Steigung und werden vorangetrieben durch einen heftigen Rückenwind aus östlicher Richtung. Ledigos, Terradillos de los Templarios, San Nicolás del Real Camino, schließlich der lange Anmarsch auf das noch 5 km entfernt liegende, jedoch in der flachen Landschaft stets gut sichtbare Sahagún sind die Einzelstationen unserer heutigen Tagesetappe.

Von Terradillos de los Templarios hatte ich mir eigentlich einige archäologische Reste der Templer erhofft, jedoch entpuppt sich der Ort eher als vergessenes Dorf, das sich in der Mittagssonne mit seinen weißen und braunen Häuserkuben ausdehnt. Immerhin gibt es eine Herberge mit deutlichem Bezug auf die geschichtsträchtige Vergangenheit des Ortes, die Albergue de los Templarios. Wir machen unsere Mittagsrast in ihrem Garten bei einem *bocadillo* und nehmen unseren Weg

danach in Richtung Sahagún immer entlang der Nationalstraße N 120 auf.

Kurz vor unserem Tagesziel kommen wir an der Ermita de la Virgen del Puente vorbei. Aber die Jungfrau empfängt jedoch zu dieser Stunde nicht. Das Kirchlein ist wegen Restaurierung geschlossen. Einige Pilger liegen auf Bänken der ausgedehnten Freianlage vor der Kirche in der Sonne. Nach kurzer Rast setzen wir unseren Weg nach Sahagún fort.

Das Hostal Alfonso VI war eine gute Wahl. Ruhig, gepflegt, im Zentrum der Stadt gelegen ist sie für die Ausflüge des Nachmittags und des Abends und für das Erleben der reichen Baudenkmäler – überwiegend im romanischen Stil erbaut – ein guter Startpunkt. Nach kurzem Aufenthalt im Hotel stürzen wir uns wieder in die Öffentlichkeit. Wir wandern durch die kleine Stadt, sehen uns ihre romanischen Kirchen an und bestaunen die Gestaltungsvielfalt der überwiegend in Ziegelmauerwerk errichteten Bauwerke. Filigran mit Öffnungen und Lisenen verzierte Türme, Auflösung der Wandfläche mit gliedernden vortretenden und strukturierenden Bauteilen sind hier wie übrigens auch in der in Naturstein errichteten europäischen Romanik die prägenden Merkmale dieser Architektur.

Besonders beeindruckt sind wir von der restaurierten Kirche Nuestra Señora la Peregrina des ehemaligen Franziskanerklosters. Hier begegnen sich maurische Elemente der Wandgestaltung mit der traditionellen Ziegelbauweise der Region und schließlich mit einem klaren sauberen, modernen Restaurierungskonzept, das aus Beton, Stahl und Holz in einem deutlichen, aber sympathischen Kontrast zu den traditionellen Formen und Ornamenten steht.

1. April 2012

Wir haben bis zur Abfahrt unseres Zuges nach León noch reichlich Zeit, den Morgen des Palmsonntags in Sahagún sinnvoll zu gestalten. Die Plaza Mayor ist nach der Nacht noch weitgehend abweisend und zugeknöpft, aber irgendwie bereitet sich die Stadt auf ein besonderes Ereignis vor.

Am Vortag haben wir bereits in der Kirche San Tirso eine große Tragesänfte gesehen, die Jesus auf einem Esel in die Stadt Jerusalem einreitend als lebensgroße Figur darstellt. Das weckte natürlich unsere spekulative Neugier hinsichtlich der Ereignisse, die für den Palmsonntag zu erwarten sind. Eine nette Dame in der Kirche hatte uns darüberhinaus bereits erzählt, dass am Sonntagmorgen um 12 Uhr eine Prozession vom Museo de la Semana Santa zur Kirche San Tirso geplant sei.

Auf der Plaza Mayor mischen wir uns deshalb unter die Neugierigen, die in der kleinen Stadt diesen vorösterlichen Brauch vom Straßenrand aus betrachten wollen. Die Prozession ist klein. Sie besteht aus einer Musikkapelle, der Statue des einreitenden Jesus, Kindern mit Palmzweigen, einigen Honoratioren der Stadt und natürlich dem Pfarrer, der von einer kleinen Schar von Messdienern begleitet wird. Immerhin, für uns ist dieses Ereignis der eindrucksvolle Anfang der Karwoche, von der wir am gleichen Tag in León noch mehr erleben werden.

Es sind immer wieder die überlieferten Bilder von Opferbereitschaft und Leiden, die schließlich in León noch am gleichen Tag gegen 17 Uhr in einem gewaltigen Defilé von etwa acht großformatigen blumenüberhäuften Stand- bzw. Tragebildern, zehn Musikkapellen mit Vertretern diverser Bruderschaften, mit politischen und gesellschaftlich herausragenden Persönlichkeiten und schließlich dem *alcalde*, dem Bürgermeister der Stadt, an uns vorbeiziehen.

Als Träger eines einzigen dieser gewaltigen Großbilder, die im Zug mitgeführt werden, haben wir 60 bis 70 Personen gezählt. Sie tragen auf 6 bis 8 Sänftenholmen im Wiegegleichschritt eine Tonnenlast

... Jesus und seine schlafenden Jünger im Garten Getsemane

... Jesus betend

... Maria als gekrönte prachtvoll gekleidete Königin des Himmels,

um nur einige der Bilder zu nennen, die an uns vorbeiziehen. Wir sehen Bilder, die seit Generationen, ja seit Jahrhunderten den Menschen die Kerninhalte ihres Glaubens in überlebensgroßen Arrangements während der Karwoche näherbringen sollen. Traditionen und Bräuche, die entwickelt wurden, als die Botschaft der Bibel noch Menschen, die weder lesen noch schreiben konnten, in großartigen Bildern verkündet werden musste. Die mitziehenden Menschen tragen in der Regel einheitliche Büßerkutten in Farben, die den einzelnen Korporationen entsprechen sowie die aus Medienberichten über die Semana Santa auch bei uns bekannten Spitzmaskenhüte. Sie sind so anonym und unkenntlich. Sie reihen sich ein in die Schar der demütigen Büßer. Manche gehen barfüßig, trotz des auch bei Sonnenschein noch frühlinghaft kühlen Bodens.

Wir sehen eine tiefe menschliche Hingabe an den christlichen Glauben, an die Heilsgeschichte, die der Menschheit im Christentum verkündet wird, und die mit Christi Leiden und Sterben in der Karwoche ihr Zentrum und ihren Höhepunkt hat.

Wir haben gelernt, dass kein geringerer als Gottes Sohn für unsere und die Sünden der Welt sein Leben gegeben hat.

... Gestorben zur Vergebung der Sünden?

... Gestorben, um uns wieder mit Gott zu versöhnen ?

... Gestorben, um uns den Weg in die Seligkeit mit Gott zu ebnen?

Wir haben gelernt, mit Leichtigkeit die charakterisierende Formel »Sohn Gottes« auszusprechen.

»Wahrer Gott und Mensch zugleich« haben wir gebetet und gesungen, ohne uns wirklich tiefere Gedanken über den wahren Gehalt dieser Glaubensinhalte zu machen. Oder wir haben formelartig gebetet: »Wahrer Gott vom wahren Gott«

Was hat es mit dieser Gottesnatur des Jesus von Nazareth eigentlich auf sich?

Richtig und durch Aufzeichnungen von Zeitzeugen auch außerhalb der Evangelien belegt ist, dass Jesus eine geschichtliche Persönlichkeit war, die, als die Römer ihr »Weltreich« auf den nahen Osten und Nordafrika ausdehnten, in einem damals aufsehenerregenden Prozess verurteilt und hingerichtet wurde.

Den Weg, der in dieses Leiden und zu dieser Hinrichtung führte, schildern uns die Aufzeichnungen der Evangelisten annähernd übereinstimmend und detailliert. Wir dürfen davon ausgehen, dass angesichts der Fülle von Zeugnissen und Berichten über sein Leben und seinen Tod der Mensch Jesus von Nazareth ausreichend belegt und bestätigt ist.

Wie sieht es jedoch mit seiner Göttlichkeit aus? Wie ist sie belegbar bzw. plausibel für uns bildergewohnte und Anschaulichkeit suchende Menschen darzustellen?

Generationen von Theologen, Konzilien, unzählige Schriften und Bücher haben bis in unsere Tage aus diversen Überlieferungen und Visionen die Gottessohnschaft des Menschen Jesus von Nazareth nachzuweisen versucht. Weissagungen von Propheten, Aussagen seiner Zeitgenossen sowie Ausarbeitungen von prominenten Kirchenlehrern haben sich bis in unsere heutige Zeit mit der Göttlichkeit des Jesus von Nazareth auseinandergesetzt, ohne dass über den reinen Glauben hinaus irgendeine Sicherheit für die Richtigkeit dieses Glaubensdetails gefunden worden wäre. Schließlich haben auch die sorgfältigsten Analysen der Selbstzeugnisse des Menschen Jesus nicht entscheidend dazu beigetragen, das mysteriöse Dunkel des Glaubens an seine Göttlichkeit aufzuhellen.

Die Frage nach der Göttlichkeit des Menschen Jesus spaltete die Menschen seiner Zeit in Glaubende und Nichtglaubende und sie tut es heute noch.

Novatianus, ein gelehrtes Mitglied (Presbyter) der frühen Christengemeinden, hat im 3. Jahrhundert nach Christus bereits in seinem Traktat »De trinitate« die Göttlichkeit von Jesus anhand von Offenbarungen der Propheten, Visionen von Religionsgelehrten und schließlich den Selbstoffenbarungen des Menschen Jesus von Nazareth plausibel zu belegen versucht. Die Schrift zeigt den Glaubenskonflikt, in dem sich die Menschen damals befanden und wohl auch noch heute befinden. Allein der Fleiß, etwa 80 Einzelpunkte als Glaubensansätze in Latein zu formulieren, zeigt, wie unsicher das junge Christentum damals war und mit welcher Energie der später im Konzil von Nicäa (325 n. Chr.) als allgemeinverbindlich erklärte Glaubensgrundsatz der Göttlichkeit des Jesus von Nazareth von den damaligen Religionsgelehrten gegen die sich meldenden Zweifler und Häretiker verteidigt wurde. Der Glaube an die Göttlichkeit einer geschichtlichen Person stellte die junge Christenheit vor eine schwere Zerreißprobe.

Die Schwierigkeit besteht wohl bis in unsere Tage fort, ja die fortschreitende Wissenschaft und Aufklärung der Menschen machen den Glauben eher zunehmend schwieriger. Die Schwierigkeit zu glauben wird durch den beharrlichen Rückzug unserer Theologen auf die Formulierungen der Bibel und den Verzicht auf eine der Wissenschaft angepasste Interpretation der jahrtausendealten Überlieferungen zunehmend größer.

Die Geschichte von dem Gott, der seinen Sohn in die Welt sendet, um das wichtigste Ergebnis seiner Schöpfung, den Menschen, von Schuld und Sünden zu befreien, entspringt zu offensichtlich einem sehr archaischen Weltbild, das durch Aufklärung und moderne Wissenschaft dringend erneuerungsbedürftig ist. Wir wissen, dass die Schöpfungsgeschichte der Genesis sich nicht in der geschilderten Siebentagearbeit des allmächtigen Gottes abgespielt hat, sondern dass der Schöpfungsprozess sich seit dem Erstereignis des sog. Urknalls durch ständige Erneuerung, durch ständiges neues Entstehen und Vergehen, durch Mutation von Arten und Optimierung, schlicht durch Evolution nach dem Gesetz von Actio und Reactio bis in unsere Tage fortsetzt und auch darüberhinaus entwickeln wird. Da ist eine Renovierung des Glaubenshauses, wenn es zukunftsfähig werden soll, dringend geboten.

Allein die Bezeichnung »Gottes Sohn« ist da einige kritische Gedanken wert! Was ist darunter zu verstehen?

In unserem Sprachgebrauch bedeutet »Sohn« in der Regel Abbild, Abstammung von einem im Leben Vorangegangenen.

In der Regel wachsen Söhne in der Obhut der Eltern auf, bis sie ihre eigene Rolle im Leben übernehmen. Bis zu ihrem Erwachsensein leben sie in der Abhängigkeit von ihren Eltern. Sie lernen von ihren Eltern, bis sie ihrer Lebensrolle gewachsen sind.

Folglich kennzeichnet die Beziehung Vater-Sohn zumindest im alltäglichen Sprachgebrauch unserer Zeit eine vertikale, hierarchische Beziehungsrichtung, während wir uns zwischen zwei göttlichen Personen doch sicher eine vollkommene Gleichartigkeit und Gleichwertigkeit vorzustellen haben.

Stellt vor diesem Hintergrund die Mehrpersönlichkeit von Vater und Sohn letztlich für den Sohn nicht eine Göttlichkeit zweiter Klasse dar?

In den Berichten des Neuen Testaments bezeichnet Jesus sein Verhältnis zu Gott als das Verhältnis Sohn-Vater. Sich selbst bezeichnet er als »Sohn des Vaters«. Die Bibel berichtet von seinem »Gehorsam bis in den Tod«.

An anderer Stelle, als Jesus von Pilatus gefragt wird: »Also bist du doch ein König?« antwortet er: »Mein Königreich ist nicht von dieser Welt. Wenn mein Königreich von dieser Welt wäre, würde mein Vater ...«

Sicher hat Jesus, wie er in der Bibel geschildert wird, ein besonders intimes Verhältnis zu seinem Gott. Möglicherweise ist diese besondere Gottesbeziehung für die Generationen, die ihm nachfolgen und die seinen Lebensweg für ihre Nachkommen aufzeichnen, eine besondere Herausforderung. Das Neue Testament als das Heldenepos »Jesus von Nazareth« sucht hier zur Kennzeichnung einer besonderen Beziehung nach Worten und Begriffen aus dem damaligen Sprachgebrauch, die auf Ebenbildlichkeit und Gleichartigkeit abzielen. Am Ende jedoch können die gewählten Begriffe den wahren Charakter dieser besonderen Beziehung nicht oder nur unvollkommen fassen, weil sie wie Sprache im allgemeinen zu sehr dem Weltbild der Menschen, die sie praktizieren, verhaftet sind. Und so bleibt es bei unvollkommenen und unpräzisen Bildern und Begriffen aus einer Zeit, die fast 2000 Jahre zurückliegt.

Wie können wir das Phänomen des Jesus von Nazareth heute vor dem Hintergrund einer fortgeschrittenen Aufklärung zutreffender, klarer und damit wieder glaubwürdiger erklären und darstellen? Wie stehen wir als Menschen zu ihm?

Jesus lehrt uns in der Bibel, mit seinem und unserem Vater im Gebet zu sprechen. Er ist also als Sohn des gleichen Vaters auch einer von uns. Er ist Mensch unter Menschen. Er ist also zunächst uns gleich.

Wer sind nun wir Menschen? Nach gängiger Lehre sind wir ein wesentlicher Teil der göttlichen Schöpfung. Wir sind die zur Zeit intelligentesten Wesen seines Werkes oder mit heutigen Worten das vorläufige Endergebnis der Evolution. Nach den Worten der Bibel entstehen wir als krönender Abschluss des Schöpfungswerks am 6. Tag, nach dem Bild des Schöpfers geformt. »Krone der Schöpfung« sagen wir demzufolge über die Rolle des Menschen in der Welt.

Die Entstehung der Schöpfung auf der Basis der Theorie des Urknalls haben wir bereits früher so definiert, dass sich die unendliche Schöpferenergie in Materie umwandelte und einen langen Werdungsprozess auslöste, der in jedem Entstehen und Wachsen den göttlichen Schöpferimpuls weiterträgt.

Vor dem Hintergrund unserer relativen wissenschaftlichen Aufklärung haben wir das Bild entwickelt, dass der omnipräsente Schöpfer in allen Teilen und in den Lebewesen seines Schöpfungswerkes vorhanden ist. So ist es folgerichtig auch mit uns Menschen. Wir sind alle zusammen und jeder für sich Träger des göttlichen Schöpferimpulses, jeder für sich als Individuum die neue Inkarnation des göttlichen Schöpfergedankens, göttlicher Schöpferkreativität.

Die Religion lehrt uns, dass der Mensch aus einem irdischen, vergänglichen Leib und einer unsterblichen Seele besteht. Der Körper stirbt und zerfällt, wenn das irdische Ende des Menschen gekommen ist und die Seele verlässt ihre irdische Hülle und strebt nach einem neuen Leben, das erst am Ende der irdischen Existenz seinen Anfang nimmt.

Die Bibel berichtet uns ferner, dass der Mensch nach dem Bilde Gottes geschaffen wurde. Nach seiner Formung aus Erde und Lehm wurde dem geformten Menschen der Atem Gottes als Geist, als Bewusstsein als Lebensimpuls eingehaucht. So wird der Mensch auch in der biblischen Überlieferung als beseeltes Wesen eine Form der Fleischwerdung seines omnipotenten und omnipräsenten Schöpfers.

Und Jesus von Nazareth?

Zunächst ist er ohne Zweifel Mensch, denn er ist eine Persönlichkeit der Geschichte. Er lebte in einer Zeit des Umbruchs. Die Römer hatten Palästina besetzt und politisch unterworfen. Das römische System war durch Statthalter und loyale örtliche Führer und Fürsten stabil eingeführt. Es galt römisches Recht auch für Juden.

Diese lebten in ihren Traditionen und ihrem Glauben, das auserwählte Volk Gottes zu sein. Sie waren überzeugt davon, dass ihnen das Land, das sie bevölkerten, von Gott persönlich geschenkt worden war. Das Land wurde jedoch von einer fremden politischen Macht beherrscht. Sie lebten in ihrem »gelobten Land« ohne politische Freiheit, der Macht des fernen römischen Kaisers unterworfen.

Natürlich träumten sie von Erlösung, von Freiheit, von Erfüllung ihres Traums, in dem ihnen versprochenen und nach langen Irrwegen durch die Wüste besiedelten Land ohne politische Repression, ohne fremde Machteinflüsse nach ihren Traditionen leben zu können.

Und da erhebt ein junger Mann von 30 Jahren seine Stimme und redet öffentlich vom Reich Gottes. Er ordnet nicht die in Schieflage geratenen politischen Verhältnisse neu, sondern er kritisiert die inneren sozialen Strukturen des Judentums. Er integriert Randfiguren der damaligen Gesellschaft, er spricht mit Zöllnern, Betrügern und Dirnen. In Wunderberichten heilt er unheilbare Kranke und holt sie in die Gesellschaft zurück. Er weckt Tote zu einem neuen Leben.

Kurz: Er engagiert sich in Wort und Tat, sein Volk, die Juden, zu reformieren und in seiner Gottesbeziehung neu auszurichten. Bemerkenswert ist dabei, da er sein gesamtes Wirken unter Respektierung der von Rom gelenkten politischen Verhältnisse gestaltet.

Dieser Mann ist von niederer Herkunft, jedoch immerhin ein entfernter Nachkomme des Königs David, also sozusagen zu Höherem geboren und berufen.

Dieser Mann hat eine Vision! In dieser Vision ist die Welt konfliktfrei im Sinne ihres Schöpfergottes geordnet. Er sieht sich selbst als Gesandter »seines Vaters im Himmel«, der übrigens unser aller Vater ist, wie er es uns im Gebet des Vaterunsers lehrt.

Er sieht sich als Erneuerer, der den Bund der Schöpfung mit ihrem Schöpfer unabhängig von politischen Alltagsereignissen dauerhaft neu gestalten will. Nicht die Stabilisierung des römischen Reiches, sondern die Etablierung eines Gottesreiches treibt ihn um. Er sucht einen neuen Bund der Menschen mit Gott auf dieser Erde zu etablieren.

Menschliche und vor allem politische Macht sind ihm fremd. Er setzt in einer hochbrisanten Situation, in der sich damals das Volk der Juden befand, nicht auf Macht, Machtwechsel oder Machtzuwachs. Sein oberstes Gebot ist das Streben nach Ausgleich, nicht nach Widerstand gegen die Herrschaftsverhältnisse seiner Zeit. Sein Gebot ist die Gottesliebe und die Nächstenliebe, die den Feind miteinschließt. Mir kommt bei diesen Gedanken der römische Dichter Ovid mit seinen Versen über das goldene Zeitalter in den Sinn: »Aurea prima sata'st aetas, quae vindice nullo sponte sua sine rege fidem rectumque colebat.« Am Anfang der Welt war das goldene Zeitalter, das ohne Hintergedanken aus eigenem Antrieb, ohne weltliche Autorität Recht und Treue pflegte.

Die Rede ist bei diesem Dichter ohne Zweifel vom Paradies, von einer intakten konfliktfeien Gesellschaft in einer intakten Schöpfung.

Wenn die Schöpfung die sich ständig erneuernde Kreativität ihres Schöpfers repräsentiert und wenn die Geschöpfe auf dieser Erde sich als ständig erneuernde Inkarnation ihres Schöpfers verstehen dürfen, dann ist ein so überragender Visionär wie Jesus von Nazareth zeitlos und überirdisch begnadet. Er ist die Inkarnation des lebendigen Gottes, des »Ich bin da« schlechthin, den wir in seinem Wirken seit der Schöpfungsgeschichte kennen gelernt haben. Er ist der wahre »Gesandte« Gottes, der, den die Schriften als den Messias ankündigen.

Und was ist mit Buddha, der schon 800 Jahre vor Christus den Menschen eine sehr subtile Beschreibung der Welt lieferte? Der den Menschen einen faszinierenden Weg vorgab und vorlebte, im Zustand der Erleuchtung über viele hindernisreiche Stufen das Nirvana, die Seligkeit zu erlangen? Zugegeben, der Buddhismus kennt den Begriff »Gott« nicht, dennoch ist die Vision Buddhas im Kern der Vision des Ovid oder der des Jesus von Nazareth verblüffend ähnlich: Aufgabe des Lebens in der Schöpfung ist auch bei ihm der Bau des Paradieses.

Und was ist mit dem Propheten Mohammed, der etwa 600 Jahre nach Christus den Menschen im vorderasiatischen und nordafrikanischen Raum mit seinen Visionen Lebenshilfe und Beistand auf dem Weg in das Leben nach der irdischen Existenz anbot?

Was ist mit den Propheten des Alten Testaments, die das Judentum mit ihrer Sicht jenseitiger Wahrheiten geprägt haben und die mit ihren Vorausschauen den Messias, den Erlöser der Menschheit, voraussagten?

Sie alle waren als intelligente Teile der Schöpfung mit göttlichem Geist beseelt, alle repräsentierten den Schöpfer des Universums auf ihre spezifische Weise.

Mit Jesus verbindet sich jedoch etwas Besonderes:

Er wird schon in den Schriften des Alten Testamentes als besonders bedeutend für das Schicksal und das Wohl der Schöpfung und der Menschen angekündigt. Seine Vision und seine Botschaft an die Menschen gehen wesentlich über die Angebote seiner Vorgänger und auch seiner Nachfolger hinaus. Er bringt mit seinem absoluten Gebot der Liebe auch zum

Feind eine neue Dimension in die Schöpfung, ein Ordnungsprinzip, das alles bisher dagewesene als vergänglich, nicht zukunftweisend erscheinen lässt.

Er bietet der Schöpfung damit ein neues Bündnis der gegenseitigen Achtung und Liebe mit ihrem Schöpfer, ein Bündnis, das bei Ovid als goldenes Zeitalter, in den Schriften der Genesis als das Paradies vor dem »Sündenfall« beschrieben wird. Wann werden die Menschen der Schöpfung die Bedeutung dieses Angebots begreifen?

Er selbst lebte dieses Bündnis bis in den Tod.

2. April 2012

Leon, vor allem das historische León ist eine kleine Stadt, wenn man die Grenzen der alten römischen Siedlung betrachtet, innerhalb derer noch heute die Altstadt mit ihren Häusern, Gassen und Plätzen eng zusammengefügt untergebracht ist. Gegründet von den Römern, etwa 70 nach Christi Geburt, hat diese Stadt im Laufe der Jahrhunderte eine blühende und erfolgreiche Entwicklung erlebt. Eine Fülle von kulturellen Hinterlassenschaften, vor allem auf dem Gebiet der Architektur zeugen noch heute davon. Wir haben deshalb beschlossen, Montag, den 2. April, als Ruhe- und Besichtigungstag auf unserem Weg nach Santiago einzurichten und sehen uns in aller Ruhe die Zeugen der großartigen Stadtgeschichte an.

San Isidoro mit seinen vielfältigen mittelalterlichen Bauformen ist unser erstes Ziel auf unserem eher dem Zufall überlassenen Stadtbummel. Im Langhaus ein wundervoll schlicht gegliederter romanischer Bau, im Chorraum jedoch gotisch, mit filigranen Pfeilervorlagen, Netzgewölbe und – wie könnte es anders sein – mit einem prunkvollen Altar, der in einer Vielzahl goldgerahmter Bilder in einer ansonsten karg ausgestatteten Kirche einen wundervollen Kontrast setzt.

Höhepunkt von San Isidoro ist jedoch das Panteón de los Reyes, die Grablege der kastilischen Könige. Sie befindet sich in einer beeindruckenden romanischen Säulenhalle. Auf ihren gegliederten Kreuzgratgewölben ist eine großartige kunstvoll-fantasiereiche Decken- und Gewölbemalerei zu sehen, die zudem in einem herausragenden Erhaltungs- bzw. Restaurierungszustand ist. Christus als Pantokrator im Zentrum, umgeben von den vier Evangelisten bildet das Kernstück der Gestaltung. Um diese zentrale Darstellung herum sind in einer Vielzahl von weiteren Gewölben biblische und weltliche Szenen in kunstvollen Fresken dargestellt. Überraschend und angesichts der Entstehungszeit dieser Malerei im 12. Jahrhundert ungewöhnlich sind in den Darstellungen weltliche Tier- und Jagdszenen, die in der Malerei des Mittelalters äußerst selten sind.

Die Kathedrale, die in einigen Reiseführern als die schönste gotische Kathedrale des Landes bezeichnet wird, erinnert stark an die großen Kathedralen Frankreichs. Kein Wunder, der Baumeister der leonesischen Kathedrale war der Franzose Enrique, der sich von Reims, aber auch von Saint-Denis und der Sainte-Chapelle in Paris inspirieren ließ.

Wie in der Gotik üblich ist der Wandaufriss des Langhauses dreigeschossig: Bogengang, Triforium, Obergaden, darüber ein klassisches vierfeldriges Kreuzrippengewölbe. Bemerkenswert ist, dass in León nicht nur die Größe der Fensterflächen und die Schlankheit der tragenden Bauglieder auffallen. Das Triforium ist in die Transparenz der Wand durch die Öffnung und Verglasung der Außenwand oberhalb der flachen Seitenschiffdächer einbezogen. Es entsteht in Perfektion der Zustand von überirdischer Leichtigkeit der Konstruktion, die wir ansonsten aus den Kathedralen der französischen Hochgotik des 13. Jahrhunderts und u. a. aus dem Kölner Dom kennen. Als Diaphanie bezeichnet die Kunstgeschichte diesen Effekt der materiellen Auflösung der Wand. Hier wurde sie perfekt umgesetzt.

Beeindruckend sind ferner die noch weitgehend erhaltenen mittelalterlichen Glasfenster. Wenn wir aus Chartres die Darstellung von biblischen Erzählungen in kleinen in sich geschlos-

senen Glasflächen kennen, stehen wir in León erstmalig vor großflächig über mehrere Glasfelder angelegten Glasmalereien, die ich als Produkt des Mittelalters aus dieser frühen Zeit noch nicht gesehen habe.

Ein weiteres wunderbares Zitat aus dem Gestaltungsreichtum der großen, klassischen gotischen Kathedralen sind die großen Rosen auf der West-, Süd- und Nordfassade, die den Kirchenraum in ein wunderbar mystisches Licht tauchen.

Man sieht in jedem Detail dieser Kathedrale, dass ein französischer Baumeister, auf Jakobsweg aus dem barbarischen Norden kommend, einen neuen Baustil nach Spanien gebracht hat, der in seinem Ursprung dem von den Goten beherrschten Norden zugerechnet wurde.

Auch die äußere Form der Kathedrale legt dem aufmerksamen Betrachter eine Fülle von Zitaten aus der klassischen Hochgotik offen. Während das Westportal noch im Zentrum mit reicher skulpturaler Gestaltung im Erdgeschoß überrascht, verflacht dieser Eindruck darüber eher zur geschlossenen mehrgeschossigen Außenhaut im klassischen Sinn. Wandschmuck, auch als gliederndes Architekturelement ist hier kaum noch zu finden, keine weitere Galerie mit Skulpturen, Bogenelementen oder gliedernden Halbsäulen.

Auch die Türme sind in die Architektur der Westfassade nicht in der klassischen Form einbezogen, sondern stehen neben der Süd- und Nordwand der Seitenschiffe als nahezu selbstständige massive Architekturen. Zwischen ihnen das

volle dreischiffige Profil der Kirche. Baukunst des Mittelalters war eben von täglich neuer Bauerfahrung geprägt. So erzählt fast jede der großen Kathedralen in der Vielfalt oder auch in der Sparsamkeit ihrer Gestaltung auch die Geschichte ihrer Entstehung, von Reichtum und Not ihrer Zeit, von stürmischen Entwicklungsphasen, Unterbrechungen und wenn die Mittel knapp wurden von schneller Vollendung.

Der Palazzo de los Guzmanes und die Casa de Botines von Antonio Gaudí, die Plaza Mayor und das ehemalige Kloster San Marco sind weitere Ziele auf unseren Fußwegen durch die Stadt León. Am genannten Palazzo, der nur für Gruppenführungen offensteht, endet unser Weg im schönen Renaissance-Innenhof. Die gleich gegenüberliegende Casa Botines ebenso wie das Kloster San Marco, das heute als Fünfsternehotel reisende Prominenz aus aller Welt beherbergt, besichtigen wir auf weiteren Spaziergängen durch diese faszinierende Stadt. Besonders spannend und attraktiv empfinden wir das Streifen durch die Altstadtgassen mit ihren originellen Bodegas, Restaurants und Boutiquen.

3. April 2012

Heute hat uns nach dem Ruhetag in León der Pilgeralltag wieder. Wir laufen von León nach Villar de Mazarife. Was Burgos mit seinen östlichen Vorstädten ist, ist León in vergleichbarer Weise im Westen: eine ungeordnete endlose Steinwüste, Gewerbe ohne Ende. Um die Unwirtlichkeit der Vorstädte zu krönen, dürfen wir im Westen die Vorstadt Virgen del Camino erleben. Bevor wir diesen Ort erreichen, pflegen wir in unserer Fantasie die Vorstellung, hier ende die Großstadt und ein idyllischer Wallfahrtsort mit verschatteten Versammlungsplätzen für Pilger und einer besichtigenswerten Wallfahrtskirche erwarte uns. Was wir dann erleben, ist eine Schnellstraße mit vier Spuren, und beidseitig nochmals etwa zwei Spuren für Suchverkehre und Parken. Das ganze wird begleitet von einer weitgehend geschlossenen Bebauung von fünf bis sechs Geschossen. Irgendwo in diesem Chaos entdecken wir einen Wegweiser, der uns zur Wallfahrtskapelle unserer heiligen Virgen führen soll, aber wir wollen raus aus dieser Hölle und ziehen einfach weiter. Ganz am Ende der Ortsdurchquerung kommt dann der erlösende Hinweis, dass Jakobspilger die Straße links verlassen dürfen und dass der Camino sich auf einer alten Landstraße fortsetzt, die sich langsam von dem Höllenlärm der Hauptstraße entfernt und sich später in der Ferne in einer Landschaft voller Ginster und Disteln verliert. Wenn man dann noch ein gewaltiges Autobahnkeuz unter-, über- und durchquert hat, findet man sich nach etwa 12 km in der freien Landschaft wieder und nach dem Durchlaufen von einzelnen verstreuten Siedlungen kehrt dann wieder meditative Ruhe in die Pilgerseele ein.

Unsere heutige Etappe ist 25 km lang. Also haben wir, nachdem wir der Stadt entronnen sind, noch 10 km zu bewältigen. Villar de Mazarife ist ein kleines Nest in den Feldern. Von Señora Loli, einer wieselflinken Geschäftsfrau, werden wir im kleinen Hostal Tío Pepe, das auch private Pilgerbetten in Mehrbettzimmern anbietet, äußerst freundlich und routiniert aufgenommen. Wir haben Glück, denn wir bekommen das einzige Doppelzimmer und können uns nach Herzenslust darin ausbreiten und unsere vom Großstadtasphalt müden Füße pflegen.

Auf dem Jakobsweg haben auch kleine Orte wie Villar de Mazarife ihre Bedeutung. An unserem heutigen Zielort zeigt diese sich zunächst im reichlichen Angebot von Pilgerbetten in diversen öffentlichen und privaten Herbergen. Auch die kleine Dorfkirche unterstreicht die Bedeutung des Ortes als Pilgeretappe. Dies dokumentiert sich in einem Pilgerdenkmal auf dem aus dem Straßenraum sich hügelförmig absetzenden Kirchenvorplatz sowie in den einzelnen Bildern des barocken Altars, in dem selbstverständlich auch Santiago, also der heilige Jakobus als Pilger, vertreten ist.

Als wir die Kirche betreten, haben wir Gelegenheit, die Generalprobe des Kirchenchores, der aus vier Frauenstimmen besteht, mitzuerleben. Ostern, das Fest der Feste steht bevor! Für Ineke, die das ganze als Vorsitzende eines deutschen Kirchenchores erlebt, ist dies natürlich ein besonderes Ereignis.

4. April 2012

Bei regnerischem Wetter erreichen wir Hospital de Órbigo nach einer außerordentlich kurzen Etappe von nur ca. 15 km. Nach anfänglich schnurgrader Landstraße haben wir unseren Weg als eine auf breiter, teilweise alleeähnlich ausgebauter Kiespiste in einer weiten Landschaft erlebt. Wir laufen zwischen Feldern und Wiesen, während der Hälfte der Strecke ist eine einspurige Eisenbahnstrecke neben dem Weg in Sicht. Nach der Erinnerung an die hinter uns liegende Großstadt und ihr von Verkehrsbauten zerstörtes Umfeld fühlen wir uns auf unserem Weg wieder glücklich und optimistisch.

In Hospital de Órbigo haben wir ein Zimmer in einer kleinen Casa Rural gebucht. Das Haus entpuppt sich, nachdem wir uns durch Klingeln an der Hofeinfahrt Zutritt verschafft haben, als kleine, aber erlesen ausgestattete private Herberge. Bis zum Abendessen (für vier Personen, von Hand gekocht), lassen wir uns noch etwas Zeit. Wir besichtigen die 20-bogige Brücke, die in beachtlicher Länge den Fluss Órbigo und die angrenzenden Überschwemmungsgebiete überspannt. Hier soll schon in römischer Zeit eine Brücke gestanden haben. Natürlich muss ein so aufregendes Bauwerk zeichnerisch und fotografisch dokumentiert werden! Auch der nahe Kirchturm, der sich durch Storchennester auf allen Stufen des Glockenaufsatzes auszeichnet, lockt uns an. Leider beginnt es wieder zu regnen. So kehren wir in eine Hostal / Bar, die eine große verglaste Terrasse mit Blick auf die Brücke bietet, ein. Bei *vino tinto* wird die Brücke in Ruhe und vor allem im Trockenen gezeichnet. Während ich zeichne, lernen wir Tony und Patrizia, ein Paar aus Irland kennen. Es entsteht ein langes, nettes Gespräch über Woher und Wohin, über die jeweilige Lebenssituation zuhause, über die empfundenen Erschwernisse, die jeder auf seinem bisherigen Jakobsweg erlebt hat, kurz ein intensives Kontaktgespräch unter Pilgern.

In der Herberge verbringen wir danach noch einige Stunden mit Schreiben und Lesen im behaglich eingerichteten Gemeinschaftraum am offenen Kamin. Allan und Matthew, zwei Amerikaner, kommen hinzu und überfallen uns sofort mit neugierigen Fragen: Ob wir von der Presse sind, welche Gründe es sonst noch gebe, so intensiv zu schreiben. Ineke erläutert ihnen, es handele sich um *philosophical ideas*, die ich zu Papier bringe. Und wenn ich nicht in meine Notizkladde schreibe, würde ich meine Eindrücke vom Jakobsweg zeichnerisch zu Papier bringen.

Ihre Erklärung und die darin enthaltene vorsichtige Andeutung von Kommunikationsbereitschaft provoziert die beiden und es beginnt eine lebhafte Unterhaltung über den Camino, bis wir schließlich zum Abendessen in den Nebenraum gebeten werden.

Matthew ist Vietnamveteran und leidet seit seinem Einsatz dort an Leukämie. Er ist ein alter erfahrener Fernwanderer, der bereits den gesamten amerikanischen Kontinent zu Fuß durchquert hat. Er möchte mit seinem Schwager Allan, der Europa sehr gut kennt, den Jakobsweg gegen Ende seines Lebens laufen. Ob aus spirituellen, religiösen oder rein sportlichen Gründen lässt er offen ... Allan ist jünger als sein Schwager. Er begleitet ihn wohl, um ihn auf seinem Camino zu motivieren und zu coachen, wenn die Kondition nicht mehr ganz reicht. Er ist noch im Beruf. Sein Arbeitsfeld bezeichnet er mit »Taxes«. Uns erscheint merkwürdig, dass ein amerikanischer Steuerfunktionär in Europa, vor allem auf dem Balkan während der Balkankrise, und in den unterschiedlichsten Krisengebieten der Erde, wie z. B. an der Elfenbeinküste und Liberia, Dienst tut. Seine Konversationsbeiträge sind eher Fragestellungen, auf die er von seinen Gesprächspartnern Antworten erhofft. So ganz nebenbei erfahren wir von ihm, dass sein nächstes Engagement in Monrovia vorgesehen ist. Seine Familie sieht er wohl zwischen den Auslandseinsätzen nur

Hospital de Orbigo
4 4 12

zum Wechseln der Wäsche und zum Umpacken der Koffer. Dennoch: Wir verbringen mit den beiden einen vergnüglichen Abend und – soviel sei hier schon verraten – es wird nicht die letzte Begegnung mit ihnen auf unserem Weg sein.

5. April 2012

Es regnet fast den ganzen Tag, während wir nach Astorga wandern. Mit der Kathedrale und dem bischöflichen Palais, das von Antonio Gaudí gebaut wurde, stellt dieser Ort einen weiteren Höhepunkt unserer Reise nach Santiago dar. Das Bild der Landschaft wird langsam abwechslungsreicher und nach kurzer Wegestrecke auf der Landstraße weisen uns die gelben Pfeile der Wegekennzeichnung in einen kleinen Hohlweg, der sich immer weiter von der Straße entfernt. Wir laufen jetzt durch Wiesen und Felder auf einem sehr abwechslungsreichen Wegestück, es geht bergauf und bergab. Kleine Kiefern- und Laubwälder wechseln sich mit den landwirtschaftlich genutzten Flächen ab. Der Regen hat nachgelassen und wir genießen den Reisetag in einer erlebnisreichen Landschaft. Etwa 5 km vor Astorga stößt der Weg oberhalb einer weiten Ebene auf eine kleine Landstraße, die uns über ein steiles Gefälle wieder auf die Hauptstraße zurückbringt. Wir haben die ganze Strecke durch die reizvolle Landschaft ohne Zwischenrast bewältigt und als wir unser Tagesziel so nah vor uns sehen, drängt es uns in die nächste geöffnete Bar zur verdienten Mittagspause.

Auf den letzten 5 km regnet es in Strömen, und wir werden trotz Pelerinen nass bis auf die Haut. Unser Hotel »La Coruna« liegt nicht gerade am Weg. Wir müssen die gesamte Innenstadt entlang der beachtenswerten und gut erhaltenen Stadtmauer umlaufen, bis wir dort ankommen. Bis zu unseren kunst- und baugeschichtlichen Nahzielen in der Stadt haben

wir von dort noch einen kleinen Fußweg zurückzulegen. Also laufen wir nach dem Einchecken und einer schnellen Dusche die gesamte Stadtmauer zunächst wieder zurück und versuchen, einen Überblick über das zentrale Ensemble um die Kathedrale zu gewinnen. Angesichts des Dauerregens entdecken wir das geeignete Bild aus dem Innern einer Bar heraus. Da sich nur hier die Gelegenheit einer kleinen Reiseskizze bietet, bleiben wir eine Weile bei einem *vino blanco secco* und genießen die neugierigen Blicke der anderen Gäste auf die langsam entstehende kleine Zeichnung.

Die Gründonnerstags-Abendmesse erleben wir inklusive Fußwaschung als Pontifikalamt in der Kathedrale. Wegen des Regens zieht nach der Messe eine kleine Prozession durch die

Kirche, um das Allerheiligste bis zum Freitagmorgen in einer am Ende des Hauptschiffs aufgebauten Aussetzungsnische zur Verehrung zu präsentieren.

Unseren touristischen Weg setzen wir am Morgen des Karfreitags fort. Hervorheben will ich hier das Portal der Kathedrale, das von Reliefdekor wirklich übersät ist. In Viana habe ich noch geringschätzig den Vergleich zwischen dem plastischen Portalschmuck der Hochgotik und dem relativ oberflächlichen plateresken Stil der Renaissance gezogen. Hier in Astorga werde ich bei der Besichtigung des im plateresken Stil errichteten Portals eines Besseren belehrt. Mit einer beeindruckenden Informationsdichte und fesselnder Plastizität werden hier Geschichten und Szenen aus dem Leben Jesu mit großer Intensität dargestellt. In der Mitte des in Form einer Halbkonche errichteten Hauptportals ist die Kreuzabnahme Jesu weit in das Gewölbe hineingezogen.

Wie wir in unserem Reiseführer lesen, hat im Inneren der im gotischen Stil erbauten Kathedrale ein Nachkomme des uns von Burgos bekannten Juan de Colonia, Sohn Simon oder Enkel Francisco, mitgewirkt. Wir sind froh, dies alles trotz des widrigen Wetters noch gesehen und erlebt zu haben.

6. April 2012

Immer noch Dauerregen! Unser Weg führt uns nach Rabanal del Camino, einem reizvolllen Gebirgsdorf auf der Osteite der Montes de León, einem Gebirgszug, der bis 1500 m ansteigt und den wir morgen überqueren wollen. Neben dem unangenehmen Regen wird es mit zunehmender Höhe immer kälter. Abends fällt sogar etwas Schnee.

Aus den Bergen zerrt ein heftiger Westwind an unseren Kleidern. Wir kommen nur ganz langsam vorwärts. Unsere Mittagsrast machen wir El Ganso in einer zur Albergue umgestalteten Scheune. Als wir das Tor zum Gastraum aufmachen, dröhnt uns eine laute und fröhliche Stimmung entgegen. Der Raum ist fast bis auf den letzten Platz gefüllt mit nassen aber fröhlich schmausenden und trinkenden Pilgern. Unter ihnen eine gewaltige schwedische Walküre, die bei Unterhaltung und Gesang gleichermaßen den Ton angibt. Sie hat blondes zu einem langen Zopf geflochtenes Haar, das sie ähnlich Julia Timoschenko um den Kopf gelegt hat. Wegen der auffallenden Frisur nennen wir sie respektlos Gretchen. Wir richten uns möglichst weit von ihrer Gruppe entfernt an einem kleinen Tisch nahe der improvisierten Theke ein. In dem Tohuwabohu der singenden und schwätzenden Menschen, Bergen von nassen Pelerinen und Rucksäcken fällt uns ein schmächtiger spanischer Mann auf, dessen Haut von Wind und Sonne gegerbt und gebräunt ist. Er hält sich so gut es geht ebenfalls abseits des lauten Treibens, verzehrt wortlos ein Stück Brot mit Käse und kauft für seinen weiteren Weg einige Orangen. Seine weitere Reise werden wir in den nächsten Tagen ohne Mühe beobachten und verfolgen können, denn er hinterlässt an jedem seiner Rastplätze regelmäßig eine Handvoll Apfelsinenschalen. Wir nennen ihn deshalb *the orangeman*.

Wenige Kilometer vor Rabanal gibt es dann einen für uns zunächst erschreckenden Zwischenfall. Im dunstigen Licht des Sprühregens löst sich plötzlich aus dem Graben, der unseren Weg seit einiger Zeit begleitet, ein großer dunkler Schatten und eilt auf uns zu. Plötzlich steht er klar sichtbar vor uns mit dunklem Fell, über und über mit Moos und Flechten verunstaltet. Er wirkt für uns zunächst im ersten Schrecken aggressiv. Er ist ca. 80 cm hoch, ein Prachtkerl von einem wilden herrenlosen Hund, der offenbar hier in den angrenzenden Wäldern lebt. Er will um Futter betteln, denn ohne einen Laut ist er auf uns zugeeilt. Ineke schreit »Hau ab!« und gleich auf Französisch hinterher »Va t'en!« Sie wird panisch und droht mit ihrem Wanderstock. Diese Sprache versteht das Tier. Offenbar

Rabanal 6.4 12

hat es mit Stöcken von Menschen oder auch mit Fußtritten schon schlechte Erfahrungen gemacht. Es duckt sich ängstlich und verschwindet eilends im Dunst des Regentages. Es gibt sie also wirklich, die wilden Hunde in den Montes de León.

Schließlich sind wir froh, noch am Nachmittag im Hostal El Refugio anzukommen. Wir finden ein weitläufiges Haus vor, das offenbar von Pilgern intensiv frequentiert wird. Der Gastraum ist voll von trinkenden und vergnügt plaudernden Menschen. Die Ruhe, die wir in unserem gut beheizten Zimmer schließlich finden, lässt langsam die Neugier auf neue Eindrücke wiederkehren. Nachdem wir unsere nassen Kleider über die Heizung gehängt haben, brechen wir auf, um das malerische Dorf zu besichtigen. Sämtliche Gebäude sind in braunem Bruchstein errichtet. Das verleiht dem Ort einen schönen einheitlich-ländlichen Eindruck. Gärten sind meist von Mauern umgeben, der Platz um die kleine Kirche herum ist baumbestanden und hat eine besonders intime, bergende Atmosphäre. Wir besuchen Wolf Schneider, den deutschen Leiter einer der großen Pilgerherbergen im Ort, den wir in Calzadilla de la Cueza, der ersten Station unseres diesjährigen Weges kennengelernt haben. Nachdem wir mit ihm ein Willkommensglas getrunken haben, fühlen wir uns trotz der widrigen Wetterbedingungen richtig gut aufgenommen. Mit steifen Fingern gelingt es mir schließlich von der Dorfidylle noch eine kleine Zeichnung zu fertigen, bevor es anfängt zu dämmern.

Abends gehen wir in die Komplet in der Dorfkirche, die nach unserem Eindruck erstaunlich gut von Pilgern besucht ist. Auch bekannte Gesichter der letzten Tage sind darunter. In der kleinen ausschließlich von Kerzenlicht beleuchteten Kirche erleben wir eine knappe Stunde intensiver gemeinsamer Andacht am Karfreitagabend.

7. April 2012

Das Wetter hat sich über Nacht nicht gebessert. Wir sind in Rabanal bei leichtem Schneetreiben und frostigen Temperaturen aufgebrochen, um die Montes de León zu überqueren. Der Weg durch die leicht mit Schnee bedeckte Landschaft steigt stetig an. Mit zunehmender Höhe wird die Schneedecke dicker. Wir wandern durch tiefhängende Wolken. Wegweiser oder Richtungspfeile des Jakobsweges sind weit und breit unter der weißen Winterpracht verborgen, auch die Umrisse vorangehender Personen werden ebenso wie die landschaftlichen Merkmale, die Orientierungshilfen geben könnten, vom Nebel verschluckt. Wir stapfen, immer ohne nachzudenken, den Spuren unserer Vorgänger nach, ohne sie zu Gesicht zu bekommen. Von Zeit zu Zeit löst sich dann doch eine Gestalt, die zu einer kurzen Rast anhält, aus der grauweißen Nebelsuppe, denn der Anstieg ist aufgrund der äußerst feuchten Luft recht anstrengend.

Kurz vor Foncebadón geschieht es dann erneut: Wir können nicht nachvollziehen, aus welcher Richtung und aus welchem neben dem Weg liegenden Versteck plötzlich der Hund auftaucht! Er taucht aus dem Nebel auf und bettelt offenbar wie gestern um Futter. Die Größe des Tiers entspricht exakt der unserer beängstigenden Begegnung von gestern. Sein Fell ist heute jedoch braun, ohne Moos und Flechten. Um seinen Hals hängt noch der Rest einer Kette. Bestimmt ist das Tier von irgendeinem Bauerngehöft entlaufen. Sein Hunger treibt ihn wohl auf den Weg, wo Menschen mit Tagesproviant langlaufen. Angesichts unserer Abwehrversuche verhält er sich dann ähnlich wie das Tier an gestrigen Tag. Auf unsere Drohgebärde hin duckt er sich und verschwindet so schnell wie er aufgetaucht ist, in der braun-weißen Winterlandschaft.

In Foncebadón hängen lange Eiszapfen von den Dachrinnen der Herberge. Der Schnee ist in dieser Höhe bis zu 30 cm

Höhe verweht, so dass das Gehen immer schwieriger wird. Junge Bäume, die unter der Schneelast umgestürzt sind, legen sich quer über den Weg. Wir müssen mühsam durch das Dickicht des angrenzenden Waldes die entstandenen Hindernisse umgehen. Es ist still in dieser einsamen Gegend. Manchmal, wenn der leichte Wind die Schneepackung von Bäumen und Hochspannungsmasten herabweht, bekommen wir den vollen Segen auf uns und erschrecken uns über das klatschende Geräusch, das der herabfallende, nasse Schnee beim Aufprall auf unsere Köpfe und unser Gepäck verursacht. Von der als besonders reizvoll bekannten Landschaft sehen wir wegen des Nebels nichts. Als ich Ineke in diesem trostlosen Nichts fotografieren will, versagt auch die Kamera wohl wegen der Kälte den Dienst. So stapfen wir immer weiter und hoffen auf eine baldige Spur von Zivilisation, die diesen Leidensweg ja irgendwann beenden muss.

Dieser Spur von Zivilisation begegnen wir dann auf recht unerwartete Weise: Plötzlich weitet sich der ansonsten schmale Weg zu einem weiten Versammlungsplatz aus. Holzbarrieren grenzen ihn ein. Aber es ist kein Mensch zu sehen. Rechts ein wenig außerhalb des Platzes ragt eine rätselhafte Spitze in den grauen nebeligen Himmel. Wir sind am berühmten Cruz de Ferro angekommen! Auf seinem Steinhügel ragt es weit in den verhangenen Himmel. Es spießt geradezu die Wolken über unseren Köpfen auf. Endlich ein Orientierungspunkt in dieser heute absolut toten Landschaft. Ineke wirft den Stein, den sie für diesen Ort mitgebracht hat, ohne den Steinhügel am Fuß des Kreuzes hinaufzuklettern, im hohen Bogen in Richtung Fuß der steinernen Kreuzsäule und wir beginnen ohne Aufenthalt den Abstieg in Richtung El Acebo.

Da hier oben die Straße aus Ponferrada endet, verlassen wir den offiziellen Pilgerweg und folgen der ausgebauten Straße um uns in dieser menschenleeren Gegend nicht zu verirren. Wir nehmen dabei die durch Serpentinen verlängerte Wegestrecke in Kauf. Endlich können wir wieder mit großen Schritten ohne weitere Hindernisse unseren Weg nehmen.

Die Entscheidung, auf der Landstraße den nassen und verschneiten Wegen auszuweichen, erweist sich schon sehr bald als richtig. Wir begegnen wieder Menschen in dieser einsamen Landschaft. Hinter uns hören wir sogar irgendwo im Nebel Kindergesang. Ein sicheres Zeichen, dass El Acebo, unser Nahziel nach dem Cruz de Ferro, nicht mehr allzu weit sein kann. Irgendwann, nach ungezählten Kilometern weist uns dann ein Wegweiser an, die Straße zu verlassen. »El Acebo 800 m«. Da kommt plötzlich wieder Hoffnung auf! Seit dem Frühstück gegen 9 Uhr am Morgen haben wir nichts mehr gegessen! Da lässt langsam die Kraft unter der Last des 12-Kilo-Rucksacks nach. Aber leicht ist der Weg nach El Acebo dennoch nicht! Er fällt äußerst steil bergab, über große Steine und Findlinge. Jeder Meter will auch abwärts erkämpft sein.

Gegen 15 Uhr erreichen wir endlich den Ort. Die ersten Bars sind vollbesetzt von Gästen aus dem Ort und vom Camino. Schließlich kehren wir in eine Bar/Restaurant ein und erobern hier sogar ohne Probleme einen kleinen Tisch für eine Mittagsmahlzeit. Die uns angebotene reichliche Portion überbackener Makkaroni verschlingen wir mit Heißhunger. Dann kommt langsam – wie könnte es in diesem Zustand anders sein – eine bleierne Müdigkeit. Wir schlafen fast am Tisch ein. Den anderen Gästen geht es nicht viel besser. Sie alle wirken erschöpft. Hinter uns pflegt eine brasilianische Familie ihre wehen Füße.

Nach etwa 1½ Stunden brechen wir dann wieder auf. Als wir das Restaurant verlassen, stellen wir erstaunt fest, dass der Nebel sich gelichtet hat. Die Sonne wagt sogar noch etwas schüchtern den einen oder anderen Blick durch die unterschiedlich dicke Schicht von Restdunst, die über dem Dorf liegt. Wir stellen fest, daß El Acebo ein malerisches Gebirgsdorf ist. Die Häuser sind aus dunklem Bruchstein, über den

Erdgeschossen spannen sich breite Loggien über die gesamte Straßenfassade. Die Dächer sind einheitlich mit groben großformatigen Schieferplatten gedeckt, wie wir es seit längerem in den Dörfern auf unserem Weg beobachten. Wir sind glücklich und zufrieden, dass wir diese dörfliche Idylle bei klarer Sicht und sogar unter ein paar Sonnenstrahlen erleben können.

Je weiter wir talwärts in Richtung Molinaseca laufen, klart der Himmel immer weiter auf. Die Landschaft ist abwechslungsreich. Auf einem schmalen Weg kommen wir gut voran. Inzwischen ist es in der Sonne richtig warm. Auf einer Wiese neben dem Weg entdecken wir plötzlich den lilafarbenem Anorak von Allan, dem Amerikaner. Sein Schwager Matthew schält sich langsam aus seiner viel zu dicken und warmen Kleidung. »Camino-Striptease« ruft er uns fröhlich zu. Wir laufen anschließend zu viert mit langen Schritten nach Molinaseca. Auf der Westseite der Montes de Leon in einer Ebene gelegen ist es in unserem heutigen Zielort am späteren Nachmittag fast subtropisch warm. Wir planen sogar, nach dem Einchecken im Hotel den Rest des frühen Abends im Freien zu verbringen und brechen recht schnell zu einem Gang durch den Ort auf.

Sehenswürdigkeiten des Ortes sind die »Römerbrücke«, die sich in mehreren Bögen über den Río Meruelo spannt, und die Wallfahrtskirche Virgen de las Angustias, die etwas außerhalb des Ortes oberhalb der Landstraße malerisch vor einer Bergkuppe liegt. Sie ist leider geschlossen und nur von außen zu besichtigen. Wir machen uns am Flussufer bequem und rücken immer weiter in kleinen Abschnitten den letzten Sonnenstrahlen hinterher, bis die Temperatur für einen Aufenthalt an der frischen Luft zu niedrig ist.

Das Abendessen nehmen wir in Gesellschaft von Allan und Matthew ein, die zufällig das gleiche Hotel gebucht haben, in dem auch wir Unterschlupf gefunden haben. Wir radebrechen über Pfeffer und Salz, über den Camino, besonders über die

heutige Etappe, die im Nebel und Schnee begann und so angenehm im Sonnenschein endete. Über Politik in Amerika und Europa und auch anderswo. Nach den Strapazen des Tages erleben wir einen vergnüglichen, ausgeglichenen Abend, der allen zum Abschluss sichtbar Freude gebracht hat.

8. April 2012

Die Sonne bleibt uns am Ostersonntag treu. Wir wandern in der Frühe durch das menschenleere Ponferrada und umrunden die fantastische Templerburg. Besichtigungsmöglichkeit ist zu dieser Stunde noch nicht gegeben und so setzen wir unseren Weg durch die Stadt fort. Oben in der Altstadt findet gerade die Ostermesse statt. Die Kirche ist bis zu den rückwärtigen Portalen bis auf den letzten Quadratzentimeter gefüllt. Männer in dunklen Sonntaganzügen, Frauen in Trachtenkleidern mit kunstvollen Spitzenhäubchen auf dem Kopf. Da ist wirklich kein Platz mehr für uns mit unseren voluminösen Rucksäcken. Wir ziehen weiter und verlassen die Stadt. Es dauert einige Zeit, bis wir die Vororte der Stadt und die angrenzenden dichten Siedlungsgebiete verlassen haben. Schließlich laufen wir wieder durch eine weite Hügellandschaft, in der intensiver Weinanbau betrieben wird, das Bierzo. Hinter uns in der Sonne liegen die verschneiten Berge der Montes de León. Auf einer Bank in der Sonne liegt Isabelle, eine Französin aus Versailles. Wir genießen die Möglichkeit, nach der durchaus schwierigen Konversation mit den Amerikanern des Vorabends jetzt ungehemmt in ein intensives, befreiendes Gespräch auf Französisch führen zu können. Isabelle ist sehr sportlich. Bisher hat sie den gesamten Weg durch Frankreich und Spanien allein zurückgelegt. Ihre Tagesetappen sind deutlich länger als die unseren. Heute läuft sie nur noch nach Cacabelos, einem kleinen Städtchen, das noch in etwa 10 km Entfernung liegt.

Um unseren Standort herum blühen die Apfelbäume auf saftig grünen Wiesen, man riecht und sieht in dieser Landschaft unter strahlend blauem Himmel den Frühling.

In Cacabelos ist heute Fiesta auf der Plaza mayor. Man hat dort eine gewaltige Bühne aufgebaut. Überdimensionale Lautsprecher lassen für die kommende Nacht nichts Gutes erahnen! Es wird ein furchtbarer Lärm sein.

Noch jedoch ist es still auf der Plaza. Wir genießen die Sonne zu einem ausgedehnten Aperitiv, bevor wir in ganz und gar nicht pilgermäßiger Bescheidenheit ein gutes Restaurant für ein Ostermenu suchen. Unser Hotel, das Hostal Santa María, liegt in einer kleinen Seitenstraße und der Lärm des Festes auf der Plaza Mayor ist dort kaum noch zu hören. So können wir nach einem so eindrucksvollen Tag, nachdem wir in unserem komfortablen Bad noch eine große Wäsche durchgeführt haben, eine geruhsame Nacht erwarten.

9. April 2012

Das Bierzo ist eine sehr liebliche Landschaft, Weinfelder beherrschen das Bild. Kleine malerische Dörfer und Städtchen liegen in dieser auch am heutigen Tag sonnenbeschienenen Hügellandschaft.

»Klein-Compostela« nannten die Pilger in früherer Zeit das Städtchen Villafranca del Bierzo, das sich in das Tal des Río Burbia einschmiegt. Als Jakobspilger sieht man die Stadt zunächst von einer Anhöhe aus, auf der das romanische Kirchlein des Heiligen Jakobus liegt, die Iglesia de Santiago. Hinter Villafranca del Bierzo beginnt bereits der Anstieg zu einem der Höhepunkte des spanischen Jakobsweges, der auf 1330 m Höhe gelegenen Passhöhe O Cebreiro. Offenbar hat der beschwerliche Weg dorthin bereits im Mittelalter die Menschen veranlasst, Kranken und schwachen Pilgern den Rest des Weges nach Santiago zu erlassen und ihre Pilgerreise bereits in Villafranca zu beenden. Das Santiago-Kirchlein, dessen mit Skulpturen geschmücktes Nordportal Puerta del Perdón (Tür des Ablasses) heißt, bildete dann für diesen Personenkreis den Endpunkt ihres Weges. Sie verehrten hier den großen Heiligen, der einst die iberische Halbinsel christianisiert haben soll, legten die Beichte ab und erhielten nach Teilnahme an der Liturgie bereits hier den Ablass, für den ihre gesunden Mitpilger noch etwa 130 km weiter nach Santiago de Compostela zu laufen hatten.

Wir erreichen die kleine Kirche um die Mittagszeit. Die Zugänge sind um diese Tageszeit noch verschlossen. Auch die

dahinterliegende Herberge empfängt zu dieser Zeit, obwohl ihre Türen weit offenstehen, keine Gäste. So setzen wir unseren Weg talwärts in die Stadt fort. Wir werden zunächst mit schönen Ausblicken auf die unter uns liegende Stadt belohnt. Unser Weg führt am Castillo der Grafen von Villafranca vorbei, einem burgähnlichen rechteckigen Schloss mit markanten runden Ecktürmen. Auch hier bleibt uns wegen der Mittagszeit der Zutritt verwehrt und wir laufen weiter durch die historische Innenstadt auf der Rua del Agua, die schöne repräsentative Stadthäuser und Adelspaläste aufweist.

Vor der Colegiata de Santa María, einer spätgotischen Kirche aus dem 16. Jahrhundert machen wir auf der Terrasse eines Cafés unsere ausgedehnte Mittagsrast bei einer *em-*

panada mit Thunfisch und einigen *vinos blancos*. Die Kirche bleibt für uns trotz der langen Pause, die wir in ihrer Nachbarschaft verbringen, verschlossen und nach einer ausgedehnten Besichtigung ihres Äußeren beschließen wir, unseren Weg fortzusetzen.

Dieser führt uns nun aus der Stadt heraus. Wir überqueren den Río Burbia und folgen den gelben Pfeilen, die den Jakobsweg kennzeichnen, entlang der Landstraße nach La Faba, dem letzten Dorf vor dem steilen Anstieg nach O Cebreiro. Kurz vor Passieren der letzten Häuser von Villafranca entdecken wir dann eine Wegegabelung: Der ausgeschilderte Jakobsweg führt hier zwar weiter geradeaus entlang der Landstraße; nach rechts zweigt jedoch – beginnend mit einer abenteuerlich steilen Wegestrecke – der sog. Camino douro ab. Etwa 100 m weiter dann ein zweites ausführlicheres Hinweisschild: »Camino douro, solamente para buenos Caminantes«. Wenn das keine Herausforderung ist! Wir sind neugierig! Ein alter Mann am Wegesrand ermuntert uns, doch den Camino douro zu gehen und so biegen wir vom graden und gepflasterten Weg fast ohne zu zögern ab und beginnen über unbefestigte Wege bergan zu stolpern.

Der Weg beginnt mit einer extrem steilen Passage. Der Untergrund ist betoniert und mit Querrillen für Fahrzeuge benutzbar gemacht. Nach einigen Schritten sind wir, obwohl das Wetter unter der milden Frühlingssonne freundlich und gemäßigt ist, schweißgebadet und außer Atem. Wir verlangsamen unser Tempo und steigen bedacht und kräfteschonend langsam bergan. Zunächst werden wir bei unseren Rückblicken auf die Stadt mit sehr schönen postkartenwürdigen Ausblicken belohnt. Dann, nach etwa 700 m lässt die Steigung allmählich nach und wir können auf einem relativ hindernisarmen natürlich belassenen Weg unser Wandertempo langsam wieder steigern. Wir müssen in die Sierra de Caldeiron bis auf 900 m steigen. Das bedeutet auf etwa 5 km Wegeslänge 400 m Höhenunterschied überwinden. Oben werden wir nach Erreichen der Passhöhe hoffentlich bei schöner Fernsicht ein ausgedehntes Picknick machen.

Die inzwischen übliche Marschformation bildet sich wieder heraus: Ich laufe vorneweg, Ineke in unterschiedlich großem Abstand immer in Sicht- und Rufweite hinter mir. Baumgruppen am Weg oder kleine Waldparzellen nutze ich, um im Schatten zu warten und uns wieder zu Atem kommen zu lassen.

Die Landschaft, die wir erleben, ist menschenleer. Gelber und weißer Ginster, abwechselnd mit großen Flächen wildwachsender hoher Erika geben ihr eine üppige bunte Farbe. Das frische Grün junger Pinien setzt in dieser bunten Farbenwelt kräftige, grüne Kontraste. Vor und unter unseren Füßen blühen Flächen von Lavendel und kleinblütigen tiefblauen und weißen Blumen, deren schöne leicht trichterförmige Blüten mich an die bei uns als bodenbedeckende Bepflanzung übliche Vinca minor erinnern. Wir bewegen uns in einer farbenfrohen, bunten Märchenwelt, in der uns kein Mensch stört. Dass wir noch im Frühling sind, wird uns bewusst, als wir in ein kleines Gebiet kommen, in dem große Esskastanien wachsen, die zu dieser Jahreszeit noch ohne jeglichen Ansatz von Belaubung ihre kahlen Äste in den wolkenlosen tiefblauen Himmel recken. Schließlich geht der Blick weit über die Gebirgszüge, die diese Märchenlandschaft prägen. Wir sind froh und dankbar, dass wir diese Einsamkeit in dieser farbenprächtigen Landschaft erleben dürfen.

Hinter der Passhöhe ändert sich dann die Landschaft ganz plötzlich: Ausgedehnte Wälder von Esskastanien begleiten unseren nun recht steil bergabführenden Weg. Wir haben angesichts des steilen Anstiegs und der schönen Landschaftsbilder völlig das Gefühl für Entfernungen und die Zeit verloren. Da der Nachmittag bereits fortgeschritten ist, werden wir nun ein wenig unruhig, weil wir nicht mit Gewissheit die Länge unserer verbleibenden Wegestrecke nach Trabadelo, unserem Tagesziel, abschätzen können. Wegweiser gibt es seit längerem nicht mehr, Personen, die uns den Weg erklären könnten, sind weit und breit nicht zu sehen. Obwohl die Entscheidung zu einem deutlichen Umweg führt, beschließen wir, ein Dorf, das sich in der Landschaft hinter einer Gruppe von größeren Bäumen versteckt, anzusteuern. »Wo ein Dorf ist, gibt es auch eine Straße und damit eine Möglichkeit, sich neu zu orientieren« sinniere ich. Ineke fügt hinzu: »Und eine Bar!«

So erreichen wir Pradela, einen Flecken von wenigen Häusern und ... eine Bar. Nirgendwo erhält man verlässlichere Auskünfte über Land und Leute als in Gaststätten! Bei Limonade, Bier und ähnlichen reichlich fließenden Erfrischungen lassen wir uns von der Wirtin auf den für heute restlichen Weg vorbereiten. Über die steilen Feldwege haben wir nach Trabadelo noch 5 km, über die Straße ein wenig mehr ... Landschaftlich bleibt der Weg, bis wir die Kirche von Trabadelo plötzlich vor uns sehen, erlebnisreich und schön. Die ausgedehnten Kastanienwälder, die wir durchwandern, sind zu dieser Jahreszeit noch unbelaubt und lichtdurchflutet. Auf dem Boden sprießt bereits aus den unzähligen Samenkapseln frisches zartes Grün. Als wir in Trabadelo ankommen, schleichen wir erschöpft von Haus zu Haus auf der Suche nach unserem von Köln aus bereits gebuchten Quartier.

10. April 2012

In der Nacht hat sich der Wind gedreht und in den frühen Morgenstunden beginnt starker Regen gegen unser Fenster zu klatschen. Zu allem Überfluss fällt der Strom in ganz Trabadelo aus, weil an einem Zentraltrafo, der auf einem Mast an der Dorfstraße aufgebaut ist, Wartungs- bzw. Reparaturarbeiten durchgeführt werden. Unsere Wirtin erklärt uns kurz und knapp, dass das Frühstück bei ihr ausfallen muss. Sie empfiehlt uns, doch unser Glück in einer Trucker-Gaststätte an der am Ort vorbeiführenden Landstraße zu versuchen. Dort habe man eine mit Gas betriebene Küche. Man werde uns sicher dort helfen.

An diesem Morgen dauert das Frühstück ungewöhnlich lang. Wir lassen eine ganze Reihe von Jakobspilgern loslaufen, bevor wir unseren Mut zusammennehmen und uns in den Dauerregen stürzen. Da die Landstraße NVI recht stark befahren ist, kehren wir zunächst ins Dorf Trabadelo zurück und suchen in Verlängerung der Hauptstraße die kleine alte Landstraße, die ein ganzes Stück immer entlang des Río Valcarce parallel zur NVI verläuft. Unterwegs lässt der Regen allmählich nach. Irgendwann nach einigen Kilometern stößt unser Weg dann jedoch endgültig auf die große NVI, an deren Rand sich hinter einer Leitplanke der offizielle Jakobsweg in das Gebirge schlängelt. Die eigentlich sehr schöne Mittelgebirgslandschaft, durch die wir wandern, hat man in den vergangenen Jahren gründlich umgebaut: Im Tal des Río Valcarce verläuft die breite neue Landstraße und in luftiger Höhe darüber, auf kühn aufgeständerten Viadukten mit etlichen Kreuzungen über das Flusstal hat man die neue Autobahn nach Galicien, dem äußersten Westen Spaniens, gebaut.

Die Dörfer an der Straße sind von diesen landschaftsverändernden Infrastrukturmaßnahmen in ihrer Gestalt jedoch recht unberührt. Überwiegend in Bruchstein errichtete Häuser geben ihnen ein sehr homogenes Erscheinungsbild. Abseits der Landstraße und unterhalb der Autobahn ist die Zeit eben stehen geblieben. La Portela de Valcarce, Vega de Valcarce, Ruitelán, Las Herrerías. Wir laufen inzwischen ohne nachzudenken im Regen durch zahlreiche Ortschaften, immer auf leicht ansteigender Piste neben der Landstraße. Den von der Straße abzweigenden Weg nach La Faba verpassen wir, möglicherweise ist der unbefestigte Weg an diesem Tag überhaupt nicht begehbar oder steht einfach unter Wasser – das kommt auf das gleiche heraus.

Wir entschließen uns, unseren Weg auf der Landstraße, die sich in weiten Serpentinen nach La Faba hochschraubt, fortzusetzten. Das ist zwar mit einem ca. 2 km langen Umweg verbunden, ist jedoch an diesem Tag sicher die vernünftige Alternative. Unseren Entschluss, der Straße weiter zu folgen, sehen wir dann in unserem Mittagsrast-Café in La Faba bestätigt, als wir feststellen, dass das Schuhwerk unserer Mitpilger, die den offiziellen Weg genommen haben, nicht nur durchnässt und verschlammt ist, sondern auch von einer kräftigen Schicht von Kuhfladenresten verschmutzt ist. »The Orangeman« ist auch da. Er läuft offenbar die gleichen Tagesetappen wie wir. Es brennt ein Kaminfeuer, an diesem Tag eine Wohltat, denn es ist plötzlich draußen wieder nasskalt.

Von La Faba steigt der Weg nach O Cebreiro steil bergan. Auf einem Schild am Ortsausgang wird uns eine Distanz von 6 km angegeben. Eine Gruppe von sechs älteren Herren steht noch etwas unschlüssig auf dem Weg. Sie sind nur mit Tagesrucksäcken ausgestattet. Wir schlängeln uns schnell vorbei und versuchen Distanz zu gewinnen, um so ein ermüdendes Schleichen in Kolonnen zu vermeiden. Wenn der Regen nachlässt und die Wolken aufreißen, werden wir bei unserem Anstieg mit herrlichen Ausblicken auf die weite Gebirgslandschaft belohnt. Das Land bietet dem Auge aufgrund der recht kleinteiligen Parzellenstruktur einen abwechslungsreichen Flickenteppich von Grün-, Gelb- und Brauntönen. Felder, Wiesen und kleine Wälder. Dazwischen eingestreut kleine Weiler und Gehöfte. In der Ferne mächtige Berge, die mit dem Rosaton der Erika vor dem wild zerrissenen Himmel, an dem gewaltige Wolkenberge treiben, in einem reizvollen Kontrast stehen.

Unterwegs wird uns auf einem großen wappenverzierten Stein die Grenze zwischen den Provinzen León und Galicien signalisiert. Wir betreten die westlichste Provinz des Landes, die für ihren landschaftlichen Reiz und ihre malerische ländliche Struktur bekannt ist.

Wie üblich an einem neuen Etappenort führt uns unser Weg in O Cebreiro nach unserer Ankunft und nach dem kurzen Einrichten in unserer Unterkunft trotz Wind und Wetter zunächst durch das bemerkenswert sorgfältig unterhaltene und gepflegte Dorf, das gemeinhin in Reiseführern als Museumsdorf beschrieben wird. Geräumige traditionelle Ovalhäuser mit Reetdächern auf Dachstühlen aus Eichenholz wechseln sich ab mit ein- bis zweigeschossigen Bruchsteinhäusern, die mit großen Schieferplatten eingedeckt sind. Auch der Belag von Wege- und Fahrflächen ist ausnahmslos mit Schieferplatten ausgelegt.

Die kleine Kirche des Ortes steht auf dem höchsten Punkt, trutzig und unnahbar. Ihre Silhouette erinnert zunächst an eine kleine Burg oder vielleicht an eine Wehrkirche. Sie ist eine der ältesten auf dem Camino. Sie geht auf eine Gründung im 9. Jh. zurück. Selbstverständlich ist auch sie in Bruchstein erbaut. Das Dach ist mit zentimeterdicken Schieferplatten gedeckt, die allein aufgrund ihres Eigengewichts auf den mächtigen Balken des Dachstuhls sicher aufliegen. Sie steht in dieser Landschaft als sei das ganze in einem genialen homogenen Guss hergestellt.

Im Inneren präsentiert sich die Kirche als Mischung aus Bruchsteinpfeilern und geputzten Wandpartien. Der Dachstuhl ist aus wuchtigen Holzprofilen konstruiert, die ihre Last auf starke Sprengwerke, die im Rhythmus der Stützen des Hauptschiffs unter den Dachverbänden aufgebaut sind, übertragen. Die Ausstattung ist schlicht. Ein großes Kruzifix über dem Altar, von unten angestrahlt, wirft einen überdimensionalen Schatten in den Raum und auf die halbrunde rückwärtige Konche und deren Gewölbe.

In einer Seitenkapelle werden die Stiftungen der Königin Isabella aus dem Jahr 1486 aufbewahrt, ein Kelch und eine goldene Patene. Sie erinnern an einen Wunderbericht aus dem Jahr 1300, als bei der Wandlung innerhalb der Messe ein nicht von der Heiligkeit seines Tuns überzeugter Mönch, der die Messe las, plötzlich leibhaftiges Fleisch und Blut in seinen Händen gehalten haben soll, als er die Worte der Wandlung sprach.

Vor den ausgestellten liturgischen Gefäßen ist eine Andachtsbank in der Kapelle eingerichtet, auf der in allen denkbaren Sprachen der Welt inklusive Arabisch, Chinesisch und Hebräisch die Bibel zur Andacht und Lektüre ausgelegt ist. Auch ein Exemplar in deutscher Sprache, autorisiert durch die deutschen Bischöfe – als Endunterzeichner Josef Höffner – liegt aus. Es ist jedoch nicht mit irgendeinem Tagesevangelium des neuen Testaments offengelegt, sondern mit der ersten Seite des Buchs Kohelet, einer Schrift aus dem alten Testament, die im Umfeld der Psalmen und Sprichwörter aufgezeichnet ist.

Ich lese eher aus Neugier den einleitenden Text und bin zunächst über den Inhalt verblüfft: Ich erfahre, dass das Buch Kohelet als Besonderheit berichtet, dass alles in der Welt, das Gute wie das Böse, seinen Ursprung in Gott hat. So ist Gott die alleinige Ursache allen Geschehens in der Welt, er ist allursächlich. Aus seiner Sicht ist alles, was geschieht, für die Schöpfung gut.

Ich bin elektrisiert. Entspricht dies nicht exakt den Überlegungen, die ich 2010 angeregt durch die Karfreitagsprozession in Los Arcos niedergeschrieben habe? Die Schöpfung als dauernder Prozess, in dem sich – ausgelöst durch ein Anfangsereignis, das unsere Wissenschaft als den Urknall bezeichnet – Gott höchstpersönlich in seine Schöpfung eingebracht hat. Dieses Hineingeben in die Schöpfung löst einen Prozess der Entwicklung aus, den wir heute die permanente Evolution nennen. Wie ein Pendel zwischen extremen Positionen seinen Weg solange sucht, bis es zum Stillstand gekommen ist, verändert sich die Schöpfung ausgelöst durch ständig neue mehr oder weniger extreme Ereignisse permanent, indem sie Gegensätze harmonisiert. Was in diesem Prozess sichtbar wird, ist ein

Optimierungsvorgang. Gegensätze nivellieren sich ein und bahnen einem sie harmonisierenden Fortschritt den Weg.

Extreme Belastungen in der Natur erzeugen als Reaktion neue widerstandsfähigere Arten. Durch besondere Bedürfnisse oder auch hervorgerufen durch besondere Mangelerscheinungen verändert sich langsam die Natur und stellt sich auf neue Gegebenheiten und Erfordernisse durch Mutation einfach ein. Auf einer Reise durch die im Vietnamkrieg verwüsteten Wälder dieses schönen asiatischen Landes haben wir durch eigene Anschauung festgestellt, dass sich in dieser durch Napalm und Senfgas verwüsteten und vergifteten Landschaft neue offenbar gegen die dort eingesetzten Chemikalien resistente Arten entwickelt hatten.

Von Zeit zu Zeit erfahren wir auch aus den Medien, dass irgendwo in einer Weltgegend die Entstehung einer neuen bislang völlig unbekannten Gattung von Pflanzen oder Tieren festgestellt wurde.

Auch die bisher erforschte Geschichte der Menschheit bestätigt, dass in den sechs Millionen Jahren seit den ersten Hominiden ein dauernder Prozess der Entwicklung und Veränderung bis zum heutigen Homo sapiens sapiens geführt hat.

So werden durch ständiges Einwirken auf die Entwicklung der Schöpfung, durch ständige Kurskorrektur positive und negative Reaktionen ausgelöst, die ihren Fortgang, ihre Evolution ständig weiter nach vorn bringen. Diese Einflüsse und »Kurskorrekturen« werden von uns Betroffenen je nach ihrer Wirkung auf unser Wohlbefinden als nützlich oder schädlich, als aufbauend oder zerstörerisch, als gut oder böse empfunden, kurz als Komplementäre, die die Schöpfung am Ende evolutiv optimieren.

Und wer wirkt letztendlich auf die Schöpfung ein? Es ist ihr allursächlicher Schöpfer selbst. Es ist der »Ich bin da«, es ist Gott. Er ist in seinem Schöpfungswerk omnipräsent und allmächtig wirksam.

Nun mag man sich zweifelnd fragen, ob nicht vieles, was wir in der kurzen Phase unserer realen Existenz in dieser Welt erfahren oder erleben, vieles, was uns in unserem Leben in Bedrängnis bringt, ohne weiteres und uneingeschränkt auf Gott, den Allursächlichen, zurückgeführt werden darf. Immerhin, die Bereitschaft, den »Ich bin da« als allursächlich für alles, was uns in unserem Leben widerfährt, einzusetzen, steht in einem deutlichen Widerspruch zu dem auch heute noch verbindlich geltenden Glaubensgrundsatz, Gott sei unser gütiger und besorgter Vater, der uns aus seiner himmlischen Position heraus in allem, was wir tun und erleben, beschützt. Jesus selbst hat uns das Vaterunser, das Gebet um tägliches Wohlergehen, hinterlassen. Und wir beten es als festen Bestandteil der Liturgie in jedem Gottesdienst.

Wie kommt es dazu, dass ein gütiger, besorgter Vater ursächlich für die Schicksalsschläge, die seine Kinder treffen, sein soll? Ich glaube, es wird höchste Zeit, dass wir das, was wir unter göttlicher Liebe verstehen, mit größerer Distanz und abstrakter betrachten. Dazu müssen die gewohnten Bilder, die uns die Bibel vermittelt, aus unseren Köpfen entfernt werden. Glaube muss aus dem Schattendasein der reinen Emotion herausgeholt werden und mit klaren Gedanken und Erkenntnissen über den Verstand aufgebaut werden. Wenn ich meinen persönlichen Weg des Glaubens rückblickend betrachte, wird mir klar, dass das, was ich als Glauben in meinem Leben entwickelt und mit mir getragen habe, überwiegend aus einem rein emotional erzeugten Angstgefühl geprägt wurde. Angst vor Sünde und Sündenstrafen, Angst, von menschlichen Fehlern und Schwächen stärker bestimmt zu sein als von der Hoffnung auf ein Leben in Gott und mit Gott, beherrschte mich immer sehr stark. Und so war mein emotional geprägter Glaube labil und immer zweifelnd, ein Teufelskreis, aus dem ich nicht entkommen konnte. Zum Glauben gehört jedoch die Freiheit des Denkens, die Souveränität des Verstandes, nicht die Abhängigkeit von Sonntagsreden und Predigten.

Wenn der allgegenwärtige Schöpfer dieses Universums sich als »Ich bin da« in diese, seine und ihn leibhaftig repräsentierende Schöpfung eingegeben hat, dann kann es nur so eine logische Fortsetzung haben, dass er auch in allem, was diese Schöpfung ausmacht, in allem, was in ihr und mit ihr geschieht, präsent ist, auch im sogenannt Bösen. Und da alles, was in dieser Schöpfung für uns wahrnehmbar geschieht, letztlich und ausschließlich ihm zuzurechnen ist, ist das, was wir als Liebe Gottes verstehen, nichts anderes als eine umfassendes Bemühen um seine Schöpfung, das heißt im Klartext um Welt und Weltgeschehen in einem sehr komplexen und umfassenden Sinn.

Er ist immer am Werk. In Wachsen und Vergehen, in glücklichen Ereignissen und Schicksalsschlägen, Gesundheit und Krankheit, in Niedergang und Auferstehung, in Versagen und Erfolg, in Krieg und Frieden, in Terrorherrschaft und Humanität. Wir müssen ihn einfach als den Herrn der Welt, der gleichzeitig in jedem Detail seiner Schöpfung präsent ist, neu definieren!

Wir beobachten mit unserer dreidimensionalen Wahrnehmung große Katastrophen auf unserer Erde und über die Superteleskope unserer Astronomen zeitweise gewaltige Umwälzungen im Weltall. Alle haben konkrete Auswirkungen auf unser Dasein und unsere Erde. Wir beobachten auch Ereignisse und Veränderungen in unserer wahrnehmbaren und beobachtbaren engeren Umwelt, die durch aktive Teile der Schöpfung, durch Pflanze, Tier oder Mensch ausgelöst werden und die von Zeit zu Zeit erhebliche Auswirkungen haben. Da Gott in allem präsent ist, ist er auch hier lenkend und verändernd aktiv, ganz besonders intensiv in uns Menschen, denn durch unsere Intelligenz sind wir schließlich in besonderem Maß in das Werden und Vergehen, in das Wachsen und Verschwinden, in Aufstieg und Niedergang, das heißt in die Spur seiner Liebe planend und steuernd eingebunden.

In allem, das sich in unserem Lebens- und Wirkungsraum entwickelt und verändert, in unserem Denken und Reden, in unserem Planen und Handeln, steuern wir als Gottes intelligente, aktive Geschöpfe die Schöpfung.

Unser Einfluss und unser Wollen sind in aller Regel entscheidend für den weiteren Gang der Welt und der Schöpfung. Dies kann sich im Großen und im Kleinen vollziehen.

Der in der Politik Mächtige bewegt die Welt mit seinem Wort und seinen politischen Entscheidungen direkt und häufig erschreckend umfassend. Der sogenannte »kleine Mann« bewirkt Veränderung zum Guten oder auch Schlechten durch die Qualität seiner Arbeit ... oder auch durch seine Arbeitsverweigerung. Eltern verändern die Welt durch die Erziehung ihrer Kinder und durch ihr Vorbild. Dies alles kann gute oder nachteilige Auswirkungen auf die Schöpfung haben. Immer sind diese Auswirkungen aus der Sicht ihres Schöpfers jedoch gut, weil sie Reaktionen auslösen, die man kurz und abstrakt formuliert mit neuem Leben mit Veränderung, mit

Mutation bezeichnen kann. Endziel aller Veränderung ist immer Leben in vielfältiger und möglichst harmonisierter Form.

Der Untergang der Dinosaurier vor 65 Millionen Jahren ist vor diesem Hintergrund als Fortschritt der Schöpfung zu sehen, obwohl er mit einer gewaltigen Katastrophe einherging, dem sog. Endkreidezeit-Impakt, der sich mit dem Einschlag eines gewaltigen Himmelskörpers auf unserer Erde verband und der nahezu alles höherentwickelte Leben damals auslöschte.

Der Niedergang von Sodom und Gomorrha, der in den Mythen der Menschen als Gottes Strafe, die über die lasterhafte menschliche Gesellschaft kommt und dem nur wenige Gerechte entkommen, ist nichts anderes, als die menschliche Interpretation dieses Optimierungsprozesses, der hier für die Menschheit in Form von Zerstörung und Neuanfang sichtbar wird.

Auch viele Szenarien von Schreckensherrschaft und Tyrannei, von Gewalt und Machtmissbrauch, von denen es in der Geschichte der Menschheit mehr als genug Beispiele gibt, sind letztlich Auslöser von Optimierungsprozessen der Schöpfung, weil sie die Sehnsucht und die Suche nach mehr Humanität und Harmonie auslösen. Immer und überall ist der Schöpfer selbst als omnipräsenter »Ich bin da« am Werk! Und deshalb sind auch die schlimmsten Schicksalsschläge aus seiner Sicht gut.

Die Zerstörung der Umwelt durch hemmungslosen Verbrauch von Ressourcen, die besonders in unseren Tagen aufgrund der sich durch Raubbau dramatisch verringernden Reserven fossiler Brennstoffe in unser Bewusstsein drängt, ist ein weiteres Beispiel für die Einflussnahme des »Ich bin da« auf den Weg seiner Schöpfung. Mit der Erkenntnis, dass hier die materielle Gier der Menschen das Weiterleben auf dieser Erde konkret bedroht, verbindet sich zwangsläufig der Plan, das sichtbare Ende einer Zivilisation zu vermeiden und Wege des Überlebens zu suchen.

Der »Ich bin da« ist in uns präsent! Er wirkt ständig an Veränderungen in seiner Schöpfung mit. Er hat uns als Vollstrecker seines Willens geschaffen. So ist unser Leben wie das Leben schlechthin ein Geschenk, das uns verpflichtet. Es ist Aufgabe. Es ist Auftrag, sich in den Dienst seiner Liebe zu seiner Schöpfung zu stellen, das heißt an seiner Schöpfung mitzuwirken. Und hier mag die Metapher aus der Welt des Glaubens gestattet sein: Wir sind aufgefordert, in unserem Leben nach Kräften am Bau des

Paradieses mitzuwirken, dem letztlich wünschenswerten Endzustand aller Evolution.

Nun komme ich zurück zu Jesus von Nazareth, der geschichtlich belegt vor etwa 2000 Jahren geboren wurde. Dieser Jesus war ganz offensichtlich geboren, um diese Erde, die zu seiner Zeit und in seinem Lebensraum politisch wie gesellschaftlich religiös aus den Fugen geraten war, zu harmonisieren, wieder ins Gleichgewicht zu bringen. Ganz offensichtlich war sein Ziel nicht die politische Korrektur, sondern die Neudefinition der Beziehung der damaligen jüdischen Gesellschaft zu ihrem Gott. Sein Ziel war, die zwischenmenschlichen Bezüge seiner Zeit so zu ordnen, dass Gott, der »Ich bin da« in seiner Schöpfung, so wie Jesus sie sah, wieder seinen sichtbaren Platz hat. Er wurde geboren und er fühlte sich im Alter von etwa 30 Jahren dazu berufen, die Menschen der damals bekannten Welt in ihren Bezügen untereinander und in ihrer Beziehung zu Gott neu auszurichten, das heißt nichts anderes, als die Schöpfung zu harmonisieren.

Das ist seine Botschaft in einer Zeit von Machtlosigkeit und Zerfall des Jüdischen Volkes. Es ist eine allgemeine Botschaft an die Menschen seiner Zeit und der nachfolgenden Zeitalter, also an die mit Intelligenz ausgestattete Schöpfung insgesamt. Er hat diese Botschaft gelebt und ist dafür getötet worden. Seine Botschaft lebt, wie wir als Christen wissen, bis in unsere Tage weiter.

Das Böse ist aus der Sicht Gottes immer auch gut, gut für die Schöpfung.

Wir müssen es nur begreifen und uns in unseren Erkenntnissen und Taten daran orientieren. Unsere Berufung, unser Auftrag in diesem Leben ist das intelligente und gerechte Teilen, der Verzicht auf Herrschaft und Macht, der Aufbau von harmonischen Bezügen innerhalb der Schöpfung und zwischen den Geschöpfen und ihrem Schöpfer.

11. April 2012

Der Weg von O Cebreiro nach Triacastela ist bei Eisregen, Nebel und stürmischem Wind für uns eine echte Herausforderung. Wir gehen ihn stoisch und auf Ruhe und Konzentration bedacht. Der Sturm heult an den freien Hängen in den Strommasten. Die mit Eiszapfen behängten Stromleitungen vibrieren im Wind wie die Saiten einer gigantischen Bassgeige. Ihr Ton dröhnt und heult in unseren Ohren.

Der Eisregen peitscht uns mit 1000 Nadeln ins Gesicht. Ich ziehe die Arme in die Pelerine hinein und verschränke sie vor der Brust. So bleiben die Hände trocken und unter den Achseln eingeklemmt werden sie sogar langsam wieder warm. So muss sich auch die verpuppte Raupe im Winter fühlen, wenn sie von ihrem Panzer Schutz vor der widrigen Außenwelt erhält

Hoffentlich hält dieser wirre Optimismus bis zum Abend! In jede am Weg liegende Albergue oder Bar kehren wir ein, um uns zu wärmen und neue Kondition zu tanken. Unsere Wegestrecken zwischen den Wanderpausen sind entsprechend kurz. Glücklicherweise sind wir an diesem Tag wieder einmal nicht allein unterwegs. Immer wieder stoßen wir in den verschiedensten Bars oder Restaurants auf bekannte Gesichter, die uns lachend empfangen, sobald wir irgendeine Tür öffnen. Besonders anstrengend bei diesem Wetter ist der kurze, aber kräftige Anstieg zum Alto do Poio. Auf dem Feldweg, der zur Passhöhe führt, fließt uns das Wasser des reichlich fallenden Niederschlags in einem kräftigen Strom entgegen. Als wir dann schließlich gegen 15 Uhr etwa 10 km vor Triacastela sind, kommt dann doch noch die Sonne hinter dicken Wolkenpaketen hervor. Der »Orangeman« wagt sogar vor einer Straßenunterführung, die von Wasser und Schlamm vollgelaufen ist, seine nasse Oberbekleidung auszuziehen. Nun sitzt er auf einer Steinbank und verzehrt wie üblich eine seiner Apfelsinen. »Ola, Amigos« ruft er uns grüßend zu. Seinen Hinweis auf die überflutete Unterführung ignorieren wir und überqueren winkend die Landstraße.

Wir erreichen Triacastela gegen 18 Uhr, ungewöhnlich spät. Die romanische Kirche des Ortes hat zu dieser Zeit schon geschlossen. Unter diesen besonderen Umständen wird das Tagesprogramm um den Tagesordnungspunkt »Kunstgeschichte« gekürzt. Wir suchen unser Quartier auf und bereiten uns für das Abendessen vor.

12. April 2013

Unsere Töchter haben uns schon vor O Cebreiro von der landschaftlichen Schönheit Galiciens per Handy wahre Lobeshymnen gesungen. Wir wandern über Feld- und Waldwege, durch kleine idyllische Dörfer, durch Hohlwege und über kleine Landstraßen, die sich durch die Hügellandschaft schlängeln. Wir überqueren kleine Bäche und Flüsse, das Land ist hier sehr wasserreich. Zwischendurch blicken wir auf blühende Bäume und ... etwas wehmütig zurückdenkend gelegentlich auf Gebirgsrücken, die von wilder Erika über und über rosa gefärbt sind.

Von Triacastela nach Samos wählen wir nach dem gestrigen Regentag die Landstraße, die sich immer den kleinen Río Sarria begleitend durch das Tal schlängelt. Der unmittelbar am Flussufer verlaufende Pfad ist uns zu nass und schlammig. So genießen wir den Blick in das wildromantische Flusstal aus sicherer Höhe der Straße. Nach etwa 4 km wagen wir es, die Straße zu verlassen und wir wählen einen schönen Waldweg entlang dem Rio Oríbio, der uns nach Samos führen wird. Es geht in kleinen Wegestrecken immer bergauf und bergab, trocken geschichtete Bruchsteinmauern säumen unseren Weg. An den Wiesenrändern hinter den Einfriedungsmauern stehen gewaltige Kastanienbäume, die unsern Weg einhüllen und verschatten. Da der Weg mitten durch idyllische Dörfer verläuft, in denen die Häuser teilweise sehr sorgfältig in der sanften Hänge der Landschaft eingefügt sind, haben wir hier durchaus die gute Gelegenheit, die seit langem die Architektur der Gegend prägenden und beherrschenden Dächer aus dicken geschichteten Schieferplatten genauer zu besichtigen. Wir stellen aus der Nähe fest, dass diese im Bereich der Traufen Größen von fast einem Quadratmeter und Dicken von mehreren Zentimetern erreichen. Ansteigend zum First werden sie immer kleiner und auch dünner, bis sie schließlich als Firstgebinde aus Platten von ca. 30 x 30 cm enden. Den Abschluss bildet eine Verzahnung mit den Firstplatten der jenseitigen Dachseite, die besonders sorgfältig behauen und dichtschließend die beiden Flächen des Hausdaches miteinander verbindet. Ich mache mehrere Fotos für Gilles, unseren Sohn, der als Dachdecker an dieser Handwerksarbeit sicher Gefallen finden wird. Unter einer mächtigen Kastanie mit einem Stammumfang von etwa 8 m machen wir dann einen Fototermin, bei dem Ineke als verschwindend kleiner Vergleichsmaßstab vor der mächtigen kerbenreichen Baumwurzel posiert.

Nach etwa 10 km haben wir dann plötzlich einen überwältigen Blick aus der Höhe auf das mächtige Kloster Samos, das auf eine Gründung bereits im 5. oder 6. Jahrhundert zurückgeht und das heute eine Niederlassung des Benediktinerordens beherbergt. Wir blicken auf eine weitläufige Gebäudeanlage, die sich um mehrere Höfe und Gärten legt. Über der gewaltigen Gebäudeanlage ruht majestätisch die mächtige Kuppel der Klosterkirche. Entlang der hohen Bruchsteinmauer, die die Ländereien und Gärten des Klosters umgibt, kommen wir schnell von der Höhe des ersten Ausblicks in das Tal und den an die Klosteranlage angrenzenden Ort.

Eine schwarze Regenfront naht bedrohlich am bisher makellos blauen Himmel. Wir flüchten in ein Café gegenüber dem Klostereingang und nutzen die Unterbrechung unserer heutigen Etappe zunächst für ein ausgedehntes Mittagspicknick im Saal mit *bocadillos* und *café con leche*. Der heftig niedergehende Regen erlaubt zunächst keinerlei Besichtigung des Ortes und so verbringen wir eine geraume Zeit mit Zeichnen

und Schwätzen mit der Wirtin der Bar, die unser bruchstückhaftes spanisches Gestammel sogar zu verstehen scheint.

Nachdem der Regen aufgehört hat, wagen wir einen Sprung über die Straße zum Klostereingang. Natürlich hat das Gebäude, in dem fleißige Benediktiner leben, einen ausgedehnten Klostershop, in dem Devotionalien neben Reiseandenken und pseudokünstlerischem Kitsch angeboten werden. Da Samos für die Qualität der hier regelmäßig zu hörenden geistlichen Musik berühmt ist, machen wir uns zunächst über die Angebote her, die hier im musikalischen Bereich zu finden sind.

»Gregorianisch oder Klassisch?« Die Frage beantwortet sich sehr schnell: »Natürlich beides.« Zu unserem Bedauern signalisiert uns der diensttuende Pater, dass es Zeit für die

Mittagspause sei. Kirche und Kloster hätten für drei Stunden, also bis 16 Uhr geschlossen. Wir vermuten, dass in dieser Zeit nicht nur gegessen und gebetet wird, sondern dass man eine ausgedehnte Siesta hält. Da wir nach Sarria noch etwa 13 km zu laufen haben, beschließen wir, unseren Weg ohne weitere Besichtigung fortzusetzen.

Hinter Samos führt uns der Weg über eine teilweise bergige aber sehr schöne Strecke nach Perros, das wir ziemlich erschöpft etwa gegen 16:30 Uhr erreichen. Unterwegs rettet uns ein Getränkeautomat in freier Landschaft, der nachdem wir mit einigem Misstrauen und Zögern 1,50 Euro eingeworfen haben, mit der Freigabe einer Flasche KAS Narranja aus unserer Not hilft. »Er funktioniert wirklich« jubelt Ineke, als die gelbe Flasche in die Entnahmerinne des Gerätes poltert.

Sarria erreichen wir dann im frühen Abend. Leider am falschen Ende der Stadt! Zu unserem Hotel müssen wir noch 1,5 km zusätzlich durch das Zentrum der Neustadt laufen. Dafür ist das Hotel komfortabel und angenehm ausgestattet; ein sorgfältig umgestalteter Altbau, in dem die Zimmer nicht bis auf den letzten Quadratzentimeter ausgerechnet und begrenzt sind.

Das Abendessen nehmen wir in der historischen Oberstadt in einem kleinen Restaurant ein, das ein Menu Peregrino anbietet. Drei spanische Radfahrer leisten uns am Nachbartisch vor dem angenehm flackernden Kaminfeuer dabei Gesellschaft. Wir radebrechen nach Kräften. Spanisch mit Französischbrocken! Unsere Gesprächspartner haben offensichtlich Gefallen an dieser Art von Kommunikation und trotz unserer Müdigkeit haben wir viel Spaß an dieser Gesellschaft.

13. April 2012

Viele Wege in Galicien verlaufen zwischen Bruchsteinmauern und Hecken, die die Felder und Wiesen einfrieden. Dadurch wirkt die Landschaft gegliedert und irgendwie in jedem Detail gestaltet. Viele Begegnungen mit anderen Pilgern und vielfach wechselnde Landschaftseindrücke machen den Weg hier abwechslungsreich. Er wechselt zwischen kleinen Steigungen und Gefällestrecken. Wir überqueren Bäche und kleine Flussläufe, an denen malerische Dörfer liegen. Eine Gruppe von sieben französischen Frauen begleitet von einem einsamen Herrn ist zunächst willkommener Kontakt. Das lebhafte Gespräch mit ihnen lässt die Zeit verfliegen und macht jeden Kilometer des Weges zu einem Vergnügen, bei dem die Schwierigkeit des vielfach unbefestigten Weges fast unbemerkt bleibt.

Sie kommen aus Le Puy-en-Velay, sind also im Osten Frankreichs aufgebrochen und laufen, nachdem sie in jeweils einwöchigen Wanderurlauben eine Vielzahl von Etappen und etwa 1200 km zurückgelegt haben, nunmehr ihre Abschlussetappe nach Santiago.

»*What a Climb*«, beschwert sich ein Kanadier, der mit seiner Frau den Camino läuft, an einer Steigung. Als er oben ankommt, beschließt er, erst einen guten Kaffee zur Stärkung zu trinken, statt den Weg zügig weiterzulaufen.

Eine Koreanerin, die wir von Zeit zu Zeit sehen, taucht an Steigungen häufiger vor uns auf. Sie spricht weder Spanisch noch Französisch oder Englisch, als wir uns erkundigen, ob sie OK sei. Wir belassen es bei einem »Buen Camino« und ziehen an ihr schließlich vorbei.

Bei guter Stimmung erreichen wir Portomarín gegen 16 Uhr. Leider hat sich die Sonne, die unseren Weg heute treu begleitet hat, im Laufe des Nachmittags wieder hinter einer dicken Wolkendecke verzogen. Als wir Portomarín erreichen, beginnt es wieder leicht zu regnen.

Portomarín ist eine konstruierte kleine Stadt, die man als Ersatz für eine Siedlung, die einem Stausee weichen musste, in größerer Höhe über der Wasserfläche des Sees baute. Nur wenige Bauten wie die romanische Kirche des Ortes trug man Stein für Stein ab und errichtete sie neu im Zentrum der neuen Stadtgründung. Reizvoll an der Konzeption der Stadt sind die vielfachen Arkadengänge, die durch die Erdgeschosse der Häuser entlang den Straßen führen. Bei Sonnenschein bieten sie Schutz vor der auftretenden Hitze, an Regentagen erleichtern sie ebenso den Gang durch die kleine Stadt. Für uns sind sie sehr willkommen bei der Suche unseres Hotels und später beim Gang ins Restaurant, in dem wir dann – wie könnte es anders sein – auch wieder die Gesellschaft der Mitpilger wiederfinden

Die Nacht in Portomarín bleibt windig und regnerisch. Unser Fenster geht auf den zentralen Platz zwischen Kirche und Rathaus hinaus, da hat der Wind freie Bahn, um mit Wucht an den Fenstern und Markisen zu rütteln. Da hilft nur, die Fenster geschlossen zu halten und das überheizte Hotelzimmer über die Nacht zu ertragen. An Schlaf ist da zunächst nicht zu denken und so ziehen endlose Folgen von Bildern des in den vergangenen Tagen Erlebten durch den Kopf. O Cebreiro und die dortigen Erlebnisse und Gedanken beschäftigen mich.

Am Abend hatte ich Ineke noch die in O Cebreiro niedergeschriebenen Gedanken vorgelesen. Den letzten Satz, in dem die Rede vom gerechten Teilen, vom Verzicht auf Herrschaft und Macht ist, fand sie besonders gut.

Als mein Abiturthema in der Deutschklausur hatte ich 1961 das Thema gewählt: »Ist Macht böse?« Ich hatte damals mit Hilfe von Romano Guardini und anderen Philosophen die Auffassung vertreten, Macht sei von Natur aus weder gut noch böse, es komme darauf an, zu welchem Zweck sie eingesetzt werde. Offenbar hat sich in meinem Kopf durch Lebenserfahrung, aber auch durch Wandlung, die unsere Gesellschaft in der Zwischenzeit erfahren hat, eine Veränderung vollzogen.

1961 lebten wir 16 Jahre nach Ende des 2. Weltkriegs. Unsere Bedürfnisse waren klar auf die Sicherung der wirtschaftlichen Existenz und auf die Organisation unseres Weges in eine gute und vorteilhafte Zukunft gerichtet. Damals war die Konzentration auf Erhaltung konservativer Werte und auf Absicherung eines durchaus autoritär vorgezeichneten demokratischen Weges der Gesellschaft ein willkommener Begleiter. 1968 und die Unruhe der nachwachsenden Generation der nach 1950 geborenen

Menschen, die Autorität als gesellschaftliches Organisationsprinzip a priori ablehnten, war noch weit entfernt.

Im Gegenteil: In dieser relativ starr organisierten Gesellschaft war Autorität ein hoher Wert und damit auch der Umgang mit der Macht von vornherein etwas durchaus Positives. Die 1968-er haben dann aufgezeigt, dass hier Skepsis geboten ist. Sie entdeckten, dass Ausübung von Macht für den, der als Ziel und Objekt einer machtbewussten Aktion gilt, immer eine repressive Situation herbeiführt, die den der Machtausübung Unterworfenen in Nachteil, in die Situation des sich Fügen-müssens, in Abhängigkeit versetzt.

Als erstes Beispiel sei hier die ehemals autoritäre Kindererziehung genannt, die selten Einsicht in die Richtigkeit der geforderten Verhaltensmuster erzeugte, sondern einfach familien- bzw. gesellschaftsverträgliches Verhalten durch Angst vor Strafe bewirkte. Ausgehend von der nachwachsenden Generation ging damals eine Welle der Auflehnung durch die Gesellschaft. Sie erfasste die Familien genauso, wie jedwede Einrichtung in der Öffentlichkeit. Sie überrollte Schulen, Universitäten und den politischen Raum. Der Aufstand der 1968-er hat einen deutlichen Wandel bewirkt. Gewaltfreie Erziehung ist ein wesentliches Prinzip im Zusammenleben der Generationen in unserer Gesellschaft geworden. Körperliche Züchtigungen gelten in Familie und vor allem in Schulen als schwerwiegendes Vergehen, die mit Nachdruck geahndet werden.

Das Stichwort »Strafe« lässt sofort den Gedanken an einen sinnvollen Strafvollzug bei Gesetzesbrechern aufkommen. Auch heute noch hat so manches Urteil, das vor deutschen oder ausländischen Gerichten »Im Namen des Volkes« gesprochen wird, nicht die Sozialisierung des Straftäters, sondern Vergeltung für verübtes Unrecht, Repression und gewaltsame Anpassung an gesellschaftliche Normen, die durch Freiheitsentzug herbeigeführt wird, zum Ziel. Selten wird so die nachhaltige Sozialisierung der Straftäter erreicht. Man stellt leider häufig fest, dass genau das Gegenteil von Sozialisierung eintritt. Endlich wieder in Freiheit nutzen die ehemaligen Straftäter sehr bald eine günstige Gelegenheit, weitere schwerere Straftaten zu begehen. Es entsteht eine Spirale von Unrecht und von Konzentration krimineller Energie.

In der Politik, wo Macht schließlich am unverhohlensten erstrebt und im alltäglichen Geschäften und Vorgängen Anwendung findet, ist es nicht anders: Macht findet Anwendung, um politische Ziele auch gegen die Überzeugung anderer zu realisieren. Man strebt auf allen denkbaren Wegen den Ausbau einer Machtposition an, um politisch Andersdenkende zu neutralisieren, d. h. zu entmachten. Man sammelt Mehrheiten, denn Mehrheiten bedeuten Macht, absolute Mehrheiten in der Steigerung nahezu absolute Macht, die dazu befähigt, politisch Andersdenkende nach Belieben zu entmachten.

Der Verlauf der gesamten Politik der Zeit nach 1945, in der wirtschaftliche und militärische Macht vielfach eingesetzt wurde, um wirtschaftliche Vorteile für die mächtigen Nationen dieser Erde zu erzielen, lässt ebenfalls erkennen, dass Macht immer für die der Machtausübung Ausgesetzten negative, böse und leidvolle Folgen mit sich bringt. Nachdem der Wahnsinn einer globalen kriegerischen Auseinandersetzung und ihre alles zerstörende Gewalt die Menschheit nach 1945 glücklicherweise von einer beliebigen Wiederholung derartiger Konflikte abschreckt, haben unzählige begrenzte, lokale, bewaffnete Auseinandersetzungen weltweit eine Fülle von weiterem Leid gebracht. Die sogenannten Weltmächte rangen um ihre Einflusssphären im so genannten Kalten Krieg, der das Spiel mit dem Feuer in brandgefährlichen Drohgebärden fortsetzte, von denen jede einzelne durchaus zum offenen Konflikt geraten konnte.

Es setzte ein absurdes Wettrüsten zwischen der kommunistischen Welt und dem sogenannt »freien« Westen ein, das in einem sinnlosen atomaren Waffenarsenal auf beiden Seiten endete, das heute in Pflege und Bewachung gewaltige Summen des Bruttoinlandsprodukts der beteiligten Staaten verschlingt. Dennoch führt man dieses gefährliche Spiel weiter fort, denn wer zuerst nachgibt, verliert an Macht.

Im zweiten Vietnamkrieg kämpften die USA gegen das kommunistische Nordvietnam und den Vietcong, um zu verhindern, dass das strategisch wichtige Südostasien nach der Domino-Doktrin immer weiter, Staat für Staat dem Sozialismus nach der Ideologie des klassischen Kommunismus anheimfiel. Ein Kampf um politische Macht, um Einflusssphären einer ursprünglich zur Befriedung der Welt aufgetretenen Großmacht. Der militärische Einsatz war, wie wir wissen, erfolglos, der Vietcong gewann die Macht über Südvietnam. Ein Land wurde in seinen Städten, seinen Kulturdenkmälern, seiner natürlichen Umwelt weitgehend vernichtet. Hunderttausende Menschen starben, noch heute sind unzählige Menschen gesundheitlich geschädigt, ja sogar in der nachwachsenden Generation genetisch verändert bzw. gehandicapt.

Immer geht es dabei um Machterhalt, Machtgewinn oder Machtausbau.

So auch im unseligen zweiten Golfkrieg des George W. Bush. Dieser fand, wie wir wesentlich später erfuhren, nicht zum Schutz der Weltbevölkerung vor einem gefährlichen Aggressor und zur Befreiung der irakischen Bevölkerung von einem Tyrannen und zur Befriedung der Welt statt, sondern ausschließlich zum Machtausbau der USA in strategisch wichtigen Teilen der Erde. Heute sind die amerikanischen Befreiersoldaten weitgehend abgezogen, aber das Land ist zerrissener als vor dem Sturz Saddam Husseins. Fast täglich kommen Menschen durch die Attentate politisch oder religiös Unterprivilegierter zu Tode. Moscheen und öffentliche Gebäude werden in die Luft gesprengt, Volksvermögen sinnlos vernichtet. Eines ist jedoch erreicht: Der Irak fördert mit »Hilfe« amerikanischer Petrolgesellschaften wieder Öl. Damit ist er in die westliche Machtsphäre scheinbar sicher integriert.

Um schließlich die Brutalität des Strebens nach Machterhalt oder Machtzuwachs nicht nur den westlichen »kapitalistischen« Staaten nachzusagen, soll hier schließlich auch der brutale Tschetschenienkrieg genannt werden. Dieser Konflikt wurde bereits in nachsowjetischer Zeit von Russland als offensichtlicher Unterwerfungskrieg geführt, als die strategisch wichtige Nachbarrepublik nach Selbstständigkeit strebte.

Schließlich haben wir bei diesem endlos erscheinenden Thema »Macht« auch noch über die sich alltäglich in unserer Welt zeigende Macht des Geldes nachzudenken. Sie zeigt uns täglich, wie sie durch individuelle Egoismen gesteuert Einzelpersonen wie gesellschaftliche Gruppen, ja ganze Volkswirtschaften in Unglück und Verzweiflung stürzen kann. In unserer durch die allgemeine wirtschaftliche Globalisierung klein und eng gewordenen Welt ist besonders in unseren Tagen erkennbar, welche Macht von geregelten finanziellen Verhältnissen ausgeht und wie scheinbar nach Belieben und nach politischer Opportunität die Macht des Geldes eingesetzt wird, um wirtschaftlich in Bedrängnis geratene Personen wieder aufzurichten oder bei Nichtanerkennung der gesetzten Spiel- oder Verhaltensregeln fallen zu lassen.

Ganze Volkswirtschaften leiden unter der Macht des Geldes und der repressiven Situation, die entsteht, wenn vor der Alternative des wirtschaftlichen Zusammenbruchs und der kollektiven Verarmung finanzielle Hilfe zu strengen, fast nicht verkraftbaren Konditionen angeboten wird. Es sei hier an die wirtschaftlich in Not geratenen Staaten der EU nach der Finanzkrise von 2007 erinnert, die internationale Stützungsprogramme nur gegen den Preis einer gigantischen Arbeitslosigkeit und der daraus resultierenden kollektiven Not erhalten.

Ja, Macht ist böse!

Macht ist böse, weil sie immer wieder dazu verleitet, zu Lasten eines Betroffenen den Mächtigen in Vorteil zu bringen. Macht ist damit immer dort, wo sie Anwendung findet, die Voraussetzung für immer neues Unrecht, für immer neue Konflikte. Macht löst keine Konflikte, sondern macht sie zeitweise nur unsichtbar. Macht schafft nur scheinbar eine neue Ordnung, indem sie den Ohnmächtigen unterwirft. Macht schafft nicht Frieden, sondern immer neue Abhängigkeit.

Aber hat Macht nicht immer auch eine ordnende Funktion, die uns hilft, persönliche Lebensziele oder in der Politik große gemeinsame Ziele im Auge zu behalten und letztlich zu realisieren?

Fällt unsere Erde nicht gänzlich in Nichts, ins Chaos zurück, wenn wir auf die Anwendung von Macht verzichten?

Ist bei der Vielfalt widerstrebender Kräfte nicht das Ergebnis von Machtverzicht die Anarchie, die Zerstörung aller Ideale, Ziele und Zukunftswünsche?

Was können wir als philosophische Idee gegen den Verlust des Ordnungsgefüges in unserer Welt einbringen, wenn wir auf die Anwendung von Macht verzichten wollen?

Welche Vision einer machtfreien, aber dennoch harmonisch zusammenlebenden Gesellschaft können wir entwickeln? In welche künftig konfliktfreie Gesellschaft müssen wir unseren Weg suchen?

Ohne Zweifel: Wir müssen einen Weg finden, der uns zunächst von der ausschließlichen Verfolgung isolierter Bedürfnisse von Individuen oder Gruppen wegführt. Die Gesellschaft insgesamt muss stärker in Mittelpunkt unserer Bemühungen rücken. Das derzeit unser Denken und Handeln ausschließlich beherrschende individuelle Bewusstsein muss sich ausweiten, um übergeordnete Notwendigkeiten und Bedürfnisse zu erkennen.

Gesellschaftliches Bewusstsein muss an die Stelle des individuellen Bewusstseins treten!

Vor 50 Jahren habe ich als junger Student das Buch »Aufstieg zur Einheit« von Teilhard de Chardin gelesen. Ich habe mich damals verwirrt gefragt, wie sich dieser Aufstieg in einer von Egoismen und von Vorteilshysterie beherrschten Welt vollziehen soll. Mit 70 stehe ich vor der gleichen Frage und weiß keine Antwort. Mir fällt kein soziales, politisches oder sonstwie geartetes Konzept ein, das hier anwendbar wäre.

Vielleicht müssen wir auf den langen Prozess der Evolution bauen, die in ferner Zukunft den Menschen in eine Gesellschaft führen kann, die diesem hohen Anspruch gerecht wird.

Aus welchem Baustein ist jedoch die Utopie einer Menschheit ohne Egoismen, in der ausschließlich gemeinschaftliche Bedürfnisse verfolgt werden, zu errichten?

Vielleicht finden wir im einfachen Beispiel der Kindererziehung ohne Machtanwendung, die heute glücklicherweise in unserer Gesellschaft allgemein anerkannt wird, eine erste Spur dieses Baustoffs, den wir auch beim Bau unserer neuen Gesellschaft benötigen.

Im kleinen, beschränkten Raum der Beziehung der Generationen untereinander – dies ist unbestritten – hat im Lauf einiger Jahrzehnte der Weg vom Gedanken der Erziehung mittels Erzeugung von Angst vor Strafe weggeführt in eine neue, sanfte Vorstellung von Erziehung.

Der Gedanke gewaltfreier Förderung junger Menschen steht heute im Vordergrund. Überzeugen durch konsequentes Vorleben, Führen und Überzeugen mit Geduld, Motivation statt Verpflichtung, Liebe statt Zorn und Ungeduld.

Ich bin absolut sicher, dass die meisten Menschen meiner Generation keinen Augenblick daran zweifeln, dass die gewalt- und machtbetonte

Erziehung, mit der sie aufwuchsen, aus der gleichen Liebe ihrer Eltern entstand wie die heute allgemein anerkannte sogenannt gewaltfreie Erziehung ihrer Kinder und Enkel. Dennoch sind die groben, machtbewussten Erziehungsmethoden früherer Generationen deutlich im Ergebnis denen nachfolgender Zeiten unterlegen. Sie schufen nämlich mit dem Ziel, gesellschaftstaugliche Menschen heranzuziehen, zunächst Angst vor Strafe. Sie schufen Abhängigkeiten. Sie erzeugten das Erlebnis von Unterlegenheit.

Von der gewaltfreien Erziehung darf man dagegen als Endergebnis erwarten, dass junge Menschen ohne den Komplex der Unterlegenheit und stattdessen mit dem sicheren Bewusstsein individueller Freiheit aufwachsen.

Die »Zaubermittel«, die zu diesem grundlegend neuen Erziehungsergebnis führen, sind: Achtung vor der individuellen Integrität des Anderen, Geduld bei der Wahrnehmung seiner Bedürfnisse, Verständnis für seine Schwächen, Zurückstellung eigener Bedürfnisse.

Wie lassen sich diese hier nur skizzenhaft dargestellten alternativen Wege des Umgangs mit Menschen – im vorliegenden Fall mit jungen – a priori in Abhängigkeit von den Eltern lebenden Kindern auf die Gesellschaft im allgemeinen und auf die Menschheit übertragen?

Ist hier vielleicht ein Weg ableitbar, der die Menschen in eine konfliktfreie, friedliche Zukunft führen kann?

Welche allgemeine Vorgehens- oder Verhaltensformel können wir aus dem Wandel, der im sich offensichtlich im Bereich des Zusammenlebens der Generationen zwischenzeitlich als Regel eingestellt hat, für den weiten und unüberschaubar komplexen Bereich der allgemeinen menschlichen und politischen Beziehungen entwickeln? Wir brauchen eine Formel, die kurz und umfassend alles Schädliche ausschließt und bedingungslos das Gute fördert.

In seiner Allgemeinen Relativitätstheorie hat Albert Einstein 1905 die Formel entwickelt $E = M \times C^2$. Versuchen wir ähnlich diesem in der Physik allgemeingültigen knappen, aber universell geltenden Grundsatz eine Formel der sozialen Relativität zu finden, die die erfolgreichen Grundsätze der modernen Kindererziehung zusammenfasst und zum allgemeingültigen Regel macht:

Wir verzichten versuchsweise auf die Anwendung von Macht (»M«) und ersetzen diese mit einem neuen Begriff mit gleichem Wirkungspotenzial, mit dem Einsatz von Liebe (»L«).

Natürlich ist mit dem hier vorgestellten Begriff »Liebe« nicht die emotionale Liebe der Eltern zu ihren Kindern, der Geschwister untereinander oder die als Liebe bezeichnete Zuneigung von zwei Menschen zueinander zu verstehen. Der hier zu klärende Begriff »Liebe« muss stärker über den Verstand, weniger über die Emotion definiert werden. Er muss gleichwohl die erfolgreichen »neuen« Mittel der Kindererziehung beinhalten und als Oberbegriff fassen. Er muss sogar mehr: »Liebe deine Feinde« hat uns Jesus, den wir Christen als die Inkarnation Gottes aus zahlreichen Offenbarungen der Bibel kennengelernt haben, hinterlassen. Im Ernst, mir fällt es schwer, die Liebe, die ich selbstverständlich und ohne zu zögern als affektive Zuwendung Menschen, die mir emotional nahestehen, entgegenbringe auch anderen, die meine Zuwendung nicht erwidern, dennoch anzubieten. Ich glaube jedoch, auch mit der Feindesliebe ist nicht das Gebot der emotionalen Zuwendung gemeint, sondern der von der Ratio dominierte Grundsatz von Respekt vor der physischen und psychischen Unantastbarkeit meiner Widersacher, die Geduld bei der Wahrnehmung ihrer Interessen, das Verständnis für ihre Schwächen und schließlich die Respektierung ihrer individuellen Bedürfnisse, die möglicherweise im Widerspruch zu meinen eigenen Wünschen stehen. Das strategische Ziel dieser von der Ratio gesteuerten Liebe ist eine Zukunft der Menschen und der gesamten Schöpfung, die von Harmonie bestimmt ist und in der Konflikte nicht mehr möglich sind.

Eine Utopie? Absolut undenkbare Spinnerei? Jenseits jeder Realität?

Alle drei Einwürfe gegen diese Idee der unbedingten Liebe sind berechtigt. Sie spiegeln die Welt, in der wir seit Menschengedenken leben, absolut zutreffend wieder.

Aber es ist sogar mit der Lebens- und Geschichtserfahrung, die wir in dieser gegenwärtigen Welt machen, auch nachvollziehbar, dass unsere Welt sich immer dann, wenn Visionen und Utopien die Menschen zu Veränderungen antrieben, am nachhaltigsten wandelte? Wir brauchen einfach Ziele, die die Richtung unseres Weges deutlich vorgeben, damit wir uns kollektiv bewegen. Wir müssen zu Opfern motiviert werden, bevor wir uns auf den Weg zu hochgesteckten Zielen begeben. Jesus hat mit seiner Vision einer besseren Welt, die sich abseits der machtbestimmten Tagespolitik entwickelt, ein überzeugendes Vorbild gegeben. Er hat uns angeleitet, bis zur Selbstaufgabe für eine friedvolle und harmonische Welt in Gott einzusetzen.

Gott ist gleichzusetzen mit der Schöpfung.

Die Schöpfung sind wir.

Auch im Christentum sind hier noch viele Missverständnisse auszuräumen, die den Weg in die Utopie einer konfliktfreien Welt auch heute noch versperren. Ich will jedoch von einer Vertiefung dieses Problems an dieser Stelle absehen, weil dies nur mit einer Ausführlichkeit, die den Rahmen dieses als Reise- (und Gedanken-)bericht konzipierten Tagebuchs deutlich sprengen würde, geschehen kann.

Vielmehr will ich hier ein Beispiel für erfolgreiche Gewaltlosigkeit in einer ansonsten gewalt- und machtbetonten Umwelt, das ich auf mehreren Asienreisen beobachten konnte, zur Konkretisierung meiner Idee einer konfliktfreien Zukunft schildern.

In den letzten Jahren besuchte ich mehrfach mit Ineke Myanmar, das frühere Burma. Aus unserer Presse kannte ich bis dahin dieses Land als eine Militärdiktatur, von nicht vorstellbarer Brutalität. Menschen wurden beliebig bespitzelt und in Haft genommen, politische Opposition konsequent mit militärischer Gewalt unterdrückt. Die Oppositionsführerin Aung San Su Khi, die aus ihrem Studium in England eine klare Vorstellung von einem freiheitlichen Leben in einer demokratisch organisierten Gesellschaft mitgebracht hatte, wurde aufgrund teils nicht nachvollziehbarer, fadenscheiniger Anklagepunkte jahrelang in Haft bzw. unter Hausarrest gehalten. Trotz dieser wirklich bedrückenden politischen Verhältnisse fanden wir in diesem wunderschönen Land und vor allem in seiner Bevölkerung eine Welt der Friedfertigkeit und des permanenten Ausgleichs im Alltagsleben vor. Wir konnten beobachten, dass bei Demonstrationen vor allem Mönche in langen Zügen durch die Straßen zogen und teilweise schweigend die politischen Forderungen der Bevölkerung auf Schrifttafeln und Spruchbändern vortrugen, während die Bevölkerung ihnen dabei applaudierte. Keine skandierten aufwiegelnden Sprüche, kein Lärm, schon gar keine Gewalt.

Dennoch, wie wir aus der Presse erfuhren, wurden diese Demonstrationen vom Militär mit Waffengewalt gestoppt, es gab sogar Tote. Die Bevölkerung blieb jedoch weitgehend friedlich.

Nun muss man wissen, dass der weitaus überwiegende Teil der Menschen in diesem Land dem Theravada Buddhismus anhängt, einer Weltsicht, die den Einzelnen verpflichtet, mit stets rechtem Denken, rechtem Reden und rechtem Handeln seinen Mitmenschen ebenso, wie im umfassenden Sinn, der Welt mit all ihren Geschöpfen bei der Bewältigung der täglichen Existenz beizustehen. Mit der Übernahme von Alltagslasten und von Leid des anderen verbessert der gläubige Buddhist seine Chancen in einem künftigen Leben, er verbessert sein Karma. Er gestaltet sein Leben, indem er eher bereit ist, Unrecht zu ertragen, als Unrecht zu tun. Der gläubige Buddhist vertraut fest auf Lohn im zukünftigen Leben und übt dafür im Jetzt und Heute Nachsicht, Geduld und Toleranz.

Man fühlt irgendwie eine Nähe zur Idee der Nächstenliebe, die das Christentum vertritt. Allerdings finde ich, dass besonders in der Idee des unmittelbaren Engagements zur Entlastung des Anderen von täglicher Not der Buddhismus in der Theravadatradition weitergeht. Er beherrscht das Verhalten der Menschen nachhaltiger, weil er den Respekt vor dem Anderen subtiler definiert und zur Toleranz und Hilfsbereitschaft geradezu alternativlos und ultimativ verpflichtet. Dies geschieht, um es auf eine kurze Formel zu bringen, nicht durch das Versprechen, dass Fehler im Verhalten verzeihbar sind, sondern dass nur der Lohn in einem besseren Karma erhält, der recht handelt.

Langmut und Sanftheit im täglichen Umgang miteinander sind die Folge dieser Lebenseinstellung. Beeindruckend war auf unserer Reise für uns auch, dass diese Sanftheit die Menschen in diesem Land mit einer besonders ausgeglichenen Physiognomie und mit auffallender Schönheit ausstattet. Die wenigen Filme und Fotos, die uns Europäern von Aung San Su Khi aus der Zeit Ihres Hausarrests und aus ihren ersten öffentlichen Auftritten danach zugänglich waren, mögen dem, der dieses Land nicht kennt, ein wenig Beweis sein. Auch ihr sanftes Auftreten bei öffentlichen Anlässen nach ihrer Entlassung aus dem Arrest und die zurückhaltende Art ihrer politischen Statements belegen, dass man in Myanmar auch heute in einer globalisierten Welt noch eine Insel des Friedens und der Toleranz in unmittelbarer Nähe zu militärischer Härte der politisch Mächtigen vorfindet.

Ein anderes konkret auf einer Reise durch Kambodscha erlebtes Beispiel: Nach Besichtigung der Tempel im archäologischen Park von Anchor hatten wir einige Tage Aufenthalt in Pnom Penh, der Hauptstadt des Landes. Wir besichtigten dort natürlich den Königspalast und das im Park des Palastes angesiedelte Nationalmuseum. Am Ende des Besuchs hatten wir auch einen kleinen, aber erschütternden Einblick in die jüngere, leidvolle Vergangenheit des Landes. Wir besuchten das berüchtigte Gefängnis S21, das als Haftanstalt für politische Gefangene in der Hauptstadt von den Roten Khmer betrieben wurde. Hier wurden Menschen, die von den »Ordnungskräften« des Regimes gefangengenommen wurden, unter unmenschlichen Folterqualen verhört, um am Ende auf den sogenannten »Killing-Fields« getötet und in Massengräbern verscharrt zu werden. Von der Darstellung der Qualen, die in der Haft willkürlich den Inhaftierten zugefügt wurden, waren wir entsetzt und erschüttert.

Wir fragten unseren kambodschanischen Reiseleiter, warum man die Täter des Pol Pot Terrors nicht zügiger einer gerechten Strafe zuführe. Schließlich sei der Krieg in Kambodscha inzwischen fast 20 Jahre vorbei und noch immer warteten die Verbrecher der Kriegszeit auf ihren Prozess.

Wir erhielten in etwa die folgende Antwort: »In der Zeit des Krieges und des Regimes der Roten Khmer wurden von 8 Millionen Einwohnern des Landes 2 Millionen Menschen ermordet. Allein von 50 000 Mönchen der buddhistischen Klöster überlebten nur 3000. Im Grunde sind wir alle schuldig geworden, ob durch aktive Beteiligung oder durch Schweigen und Wegsehen.«

»Was kann ein Volk für die Zukunft da noch tun? Die Täter von einst sind durch das Weiterleben mit ihrer Schuld und dem Verlust einer guten Zukunft in ihrer dem Leben folgenden Existenz schon hart bestraft. Überlassen wir einer höheren Instanz ihr weiteres Schicksal. Vielleicht ist es besser, wenn wir in diesem Leben Verzeihen statt Vergeltung üben.«

Wird mit dieser Aussage und der darin enthaltenen Milde und Sanftmut eine Spur der Liebe sichtbar, die wir entdecken und entwickeln müssen, um uns auf eine harmonische Zukunft zu orientieren?

Ist vielleicht der Theravada-Buddhismus bereits ein Modell für eine bessere Welt?

Ist der Sozialisierungsgrad einiger vom traditionellen Buddhismus geprägter Gesellschaften in Südostasien schon höher, als der des 2000 Jahre alten Christentums? Kann dort vielleicht eine höhere Stufe des »Aufstiegs zur Einheit«, also in unsere gesellschaftliche Utopie beobachtet werden? Dann sollten uns die vorstehenden Erlebnisse Mut für unseren eigenen Weg in die Zukunft geben.

Setzen wir als Formel rechnerisch einfach als das Äquivalent für »Macht« die Liebe zum Nächsten und zum Feind ein, als Oberbegriff für Respekt, Langmut, Toleranz und Verzicht, dann haben wir die Formel der Sozialen Relativität gefunden:

Macht – Liebe = Harmonie oder M – L = H

14. April 2012

Schon in der Frühe haben wir draußen das Geräusch heftigen Regens gehört. Als wir dann jedoch vor die Tür treten, erleben wir einen blauen Himmel, an dem schneeweiße Wolkenberge treiben. Die Sonne wärmt unsere Gesichter, während die Straßen der Stadt noch die nasse Kühle der Nacht atmen. Wir laufen von Sonnenstrahl zu Sonnenstrahl, wechseln je nach Richtung der Straße häufig die Straßenseite, um von der Wärme des Sonnenlichts so viel wie möglich zu profitieren.

Wir haben 25 km von Portomarín nach Palas de Rei zu bewältigen und zunächst beflügelt uns der Sonnenschein auf unserem Weg, obwohl abzusehen ist, dass das ruhige Wetter nicht lange anhalten wird. Unsere Pelerinen verstauen wir vorsichtshalber nicht in unseren Rucksäcken, sondern halten sie in der Hand, um durch ihre schnelle Einsetzbarkeit das schlechte Wetter nach dem Regenschirmprinzip so lange wie möglich abzuhalten. Der »Hexenwald« im Aufstieg aus dem Tal von Portomarín entpuppt sich als echte »Nerzallee«, eine breite Schnelllaufstrecke, die ohne Risiken, außer dem der Kurzatmigkeit aufgrund der Steigung, zu begehen ist. Lediglich ein paar sehr langsam gegen die Steigung ankämpfende ältere Pilgerdamen lassen vage den Gedanken in uns aufsteigen, hier könne man mit einem Besen als Bewegungshilfe auch trotz altersbedingter Kurzatmigkeit ein paar schnelle Kilometer machen.

Nach einer Stunde – wir haben soeben die Höhe am Ende der Steigung erreicht – ist es dann so weit: Wir müssen unter die Pelerinen, denn ein heftiger Schauer zieht über das Land. Noch trotzen wir dem Regen und marschieren zügig weiter. Als jedoch gegen 11 Uhr ein heftiger Guss auf freier Fläche uns bis auf die Haut in kürzester Zeit durchnässt, laufen wir eilends unter das große Vordach einer Bar am Wege. Wir sind wenig überrascht unter dem Schutzdach etwa 30 bekannte Gesichter der letzten Tage anzutreffen. Es herrscht eine durchaus fröhliche Stimmung. Überall hängen Pelerinen und nasse Kleidungsstücke. Nach einiger Suche mit dampfbeschlagenen Brillengläsern haben wir trotz unserer temporären Blindheit zwei Stühle in dem Chaos gefunden, die offensichtlich noch verfügbar sind. Nach einer Weile kehrt der klare Blick durch unsere Brillen zurück und wir entdecken in einer Ecke Allan und Matthew, unsere Amerikaner. Sie sind wie wir auf dem Weg nach Palas de Rei. Die Menschenlawine bewegt sich also kontinuierlich mit der ihr eigenen Regelmäßigkeit weiter auf dem Weg nach Santiago. Nach einer ausgedehnten vorgezogenen Mittagspause strukturieren wir unseren weiteren Weg entsprechend den sich am Himmel abzeichnenden Wolkenbergen. Manchmal müssen wir mit der Last unserer Rucksäcke über den teilweise vermatschten Weg rennen, um vor dem nächsten Schauer das rettende Dach einer Bar zu erreichen. Mal bestellen wir uns eine Kohlsuppe, mal einen *café solo*. Die Abschnitte zwischen den schauerbedingten Pausen sind kurz und die Kilometer ziehen sich in die Länge. In einem kleinen

Dorf, durch das unser Weg führt, müssen wir uns im Torbogen eines Kälberstalls unterstellen. Sechs pechschwarze Kälber starren uns stumm aus großen, runden Augen an, während sie stoisch ihr Grünfutter wiederkäuen. Im Dunkel ihrer schwarzen Augäpfel sehen wir das Spiegelbild des Torbogens und schemenhaft, stark verzerrt auch unsere Silhouetten im einfallenden Tageslicht.

Es ist ein Bild stillen, ausgeglichenen Lebens, ohne Störung, ganz dem Augenblick hingegeben. Die Blicke, die uns Eindringlinge fixieren, sind stumm, aber vermitteln den spontanen Eindruck von arglosem Vertrauen. Uns umfängt eine Atmosphäre von Ruhe und Geborgenheit.

Diese wird jäh unterbrochen, als ein alter Mann aus der dunklen Tiefe das Stalles auftaucht: »*Es para comer*« erzäht er uns und reibt sich mit der flachen Hand über den Bauch, während die andere auf die Kälber deutet. Ich bin schockiert, sowohl durch sein plötzliches Auftreten als auch über seinen rüden Hinweis auf den für ihn einzigen Sinn dieser vor uns stehenden sechs Kälberleben. Der Verzehr von Fleisch wird für mich nach diesem Erlebnis wohl nur noch sehr bewusst und mit einem gewissen Zögern möglich sein. Die Massentierhaltung, wie sie auf den Höfen unserer europäischen »Fleischerzeuger« betrieben wird, erfüllt mich mit Abscheu.

In Palas de Rei werden wir abends für die Strapazen des Tages reichlich belohnt. Bei unserer Ankunft stellt der freundliche Wirt sogar die Heizung an. In der Bar im Erdgeschoß werden köstliche Aperitivhäppchen gereicht. Wir plaudern schlecht und recht mit anderen Gästen über unsere Erlebnisse, die – wie könnte es anders sein – aus unseren Gesprächspartnern die Schilderung von noch aufregenderen, noch lustigeren und noch unterhaltsameren Geschichten hervorlocken.

Am Nachbartisch im Restaurant machen wir dann noch die Bekanntschaft von David und Christine, einem englischen Paar, das den Jakobsweg kennenlernen möchte. David stellt sich als

»*agnostic*« vor, also als einen nach Wahrheit Suchenden. Er hat vor zwei Jahren seine Frau durch eine Krebserkrankung verloren und zweifelt noch immer am Sinn dieses für ihn sinnlosen Schicksalsschlages. Wenn es Gott gibt, hätte er ihm das nicht antun dürfen, meint er. Und so sucht er nun auf dem Jakobsweg eine tiefere Kenntnis der Ursachen, die unser aller Leben für uns manchmal unvorhersehbar beeinflussen. Kurz er sucht Gott, an dessen Existenz er zunehmend zweifelt.

Dies alles erzählt David uns in Englisch und es fällt uns schwer, ihm bei diesem ernsten Gesprächsthema in seiner Sprache ein Wort des Beistands, der Aufmunterung zu sagen, das über die üblichen Durchhaltefloskeln und über flache Phrasen hinausgeht. Wir finden einfach keine Antwort, die dem Ernst seines Problems angemessen wäre. Und so erzählen wir ihm einfach von unseren Beweggründen, die uns auf den Jakobsweg geführt haben.

Wir erzählen ihm, dass unser Motiv, die Strapazen des Jakobsweges auf uns zu nehmen, eher aus dem Gegenteil seiner derzeitigen Weltsicht entstand. Dass wir eine plausible Erklärung für das suchen, woran wir seit unserer Kindheit zu glauben gelernt haben. Dass wir versuchen, die Bilder der biblischen Überlieferung, die ja vor einem Weltbild entstanden, das mehrere tausend Jahre alt ist, mit Erklärungen, die den heutigen Stand von Forschung und Wissenschaft berücksichtigen, für uns glaubhaft zu machen.

David findet unser Anliegen recht interessant und wir verabreden uns, uns in Santiago wieder zu treffen, um über die jeweils erzielten Einsichten zu berichten.

15. April 2012

Sonntagmorgen! Die Stadt ruht noch, als wir in der Frühe nach Castañeda aufbrechen. Das Wetter meint es gut mit uns, denn seit unserem Aufbruch ist am blauen Morgenhimmel kein Regenwölkchen zu sehen. Wir laufen durch Wälder, überqueren Bäche und kleine Flüsse und genießen einfach den jungen Tag.

Nach etwa 8 km stolpern wir in eine Bar an der Landstraße, in der bereits eine Gruppe junger Spanierinnen bei *café con leche* und frischem Eierkuchen laut diskutierend sitzen. Wir erkennen die stummen Begleiter unseres gestrigen Regentages wieder. Wenn auch aufgrund mangelnder Spanischkenntnisse eine Teilnahme an ihren lebhaften Gesprächen nicht möglich ist, fühlen wir uns in der kleinen, überfüllten Bar willkommen und verfolgen bei Kuchen und Café stumm die lebhaften, lauten Reden der anderen Gäste.

Nach einer Weile macht sich allgemeine Aufbruchsstimmung breit. Die Spanierinnen stehen schon mit ihren Rucksäcken startbereit in dem kleinen Gastraum und wollen sich von der Wirtin verabschieden, als drei junge Männer, die uns ebenfalls am Vortag im Regen aufgefallen sind, hereinkommen.

»*Ola, chicos!*« ruft eine der Spanierinnen. Die Rucksäcke fliegen auf einen Gepäckhaufen in der Raumecke und die Gruppe nimmt lärmend und lachend wieder am Tisch Platz.

Der Rest des Vormittags vergeht schnell mit flüchtigen Begegnungen auf dem weiteren Weg. Ein spanisches Paar, das wir am Vortag in einer Bar flüchtig kennengelernt haben, bietet uns unterwegs, als wir sie kurz begrüßen, Pistazien als Leckerei an. Die Mittagsrast machen wir in Santa María, einem westlichen Vorort von Melide, nachdem uns eine drohende, neue Regenwolke von der Straße in den Schutz einer Bar treibt.

Man bietet uns Pulpo, eine Spezialität Galiciens, mit Salat an und so lernen wir langsam die galicische Küche kennen: Der kleingeschnittene Krake wird in Olivenöl mit süßer, roter Paprika gegart, mit Öl übergossen und mit grobem Salz bestreut serviert. Das Geschmackserlebnis beginnt beim Olivenöl mit Salzkörnern, die man sorgfältig zerbeißen muss, und vertieft sich beim Zerkauen der relativ festen Fleischstücke zu einem intensiven, nussartigen Fleischgeschmack. Eine wahre Delikatesse.

Aufgrund des ausgeglichenen und niederschlagsreichen Klimas und der recht langen Küsten prägen Landwirtschaft und Fischfang das Bild Galiciens. Entsprechend groß sind die Distanzen zwischen den Städten und Siedlungsschwerpunkten, in denen kunstgeschichtliche Highlights zu einem Besuch einladen. Das Land ist eher durch kleine Dörfer geprägt, die sich in die Landschaft einfügen. Nichts wirklich Aufsehen Erregendes, Bruchsteinhäuser mit Dächern aus schweren Schieferplatten, Architekturen aus den Materialien der Landschaft errichtet. Zwischen den Dörfern kleinteilige Felder und Wiesen, die aufgrund der regelmäßig feuchtwarmen Witterung in frischem Grün glänzen. Kastanienbäume von hohem Alter und mit unvorstellbaren Ausmaßen beherrschen die Landschaft. Ihre Stammumfänge betragen nicht selten mehrere Meter. Akzente in dieser kleinteilig gegliederten Landschaft sind bisweilen die Türme der kleinen Dorfkirchen, die in der Regel aus einem dreifeldrigen offenen Glockenstuhl bestehen, der die Dächer um wenige Meter überragt.

Nachmittags gegen 16 Uhr erreichen wir Castañeda, unseren heutigen Zielort, der sich als Streusiedlung entlang der Landstraße N120 entpuppt. Unser Quartier ist ein sehr schönes privates Gästehaus mit etwa vier Schlafräumen sowie mit großflächigen Aufenthalts- und Lesebereichen. Die Señora, die das Haus bewirtschaftet, ist seit acht Jahren alleinstehend. Sie kocht selbst für ihre Gäste. Das Abendessen, das sie uns serviert, ist reichlich und sorgfältig gekocht. Die Nacht in dem schönen und ruhigen Zimmer verbringen wir nach diesem opulenten Mal folgerichtig weitgehend schlaflos.

16. April 2012

Endlich wieder ein Tag, an dem man bei strahlendem Sonnenschein wieder ohne nachzudenken loslaufen kann! Der Himmel ist um 8 Uhr makellos blau, es hat leicht gefroren. Wir freuen uns auf die behagliche Sonnenwärme in der Mittagszeit und starten um 8 Uhr nach Pedrouzo. Nach etlichen Kilometern hören wir im Wald hinter Arzúa hinter uns eine Stimme, die uns auf Englisch zuruft, bislang habe auf dem ganzen Jakobsweg, den man gelaufen sei, noch kein Kuckuck gerufen. Es ist Allan, der in seinem violetten Anorak eine Gefällestrecke hinuntereilt, um zu uns aufzuschließen. In den letzten Tagen haben wir oft von den beiden Amerikanern gesprochen. Nun wandern wir wieder zunächst zusammen und tauschen unsere Erfahrungen der letzten Tage aus. Mittags erlaubt uns die Sonne, draußen vor einer kleinen Bar *bocadillos* und *empanadas* zu verzehren.

Die Zeit vergeht wie im Flug. Mit der Hilfe von zwei Pilgerinnen aus Borken gelingt es uns, nun doch von unserer Vierergruppe einige Fotos zu machen. Nach einigen Kilometern stellen unsere amerikanischen Begleiter jedoch fest, dass die kleine Mahlzeit zu Mittag für ihre großen Mägen nicht ausreichend war. Wir kehren deshalb gegen 14:30 Uhr erneut in eine Bar ein, in der bereits sehr lebhaft getrunken und gesungen wird. Unser »Orangeman« ist die Ursache für die lockere Atmosphäre. Offenbar leicht alkoholisiert unterhält er das gesamte Lokal mit Flamencomusik und kurz angedeutetem Tanz. »Ola, amigos«, ruft er zu uns herüber. Wir freuen uns über das Widersehen, denn seit Triacastela hatten wir seine Spur verloren. Wohl hatten wir bei nahezu jeder Orangenschale, die am Weg lag, an ihn gedacht oder sogar kurz von ihm gesprochen, aber nun haben wir die Gewissheit, dass er tatsächlich mit uns Schritt gehalten hat und noch immer mit uns auf dem Weg nach Santiago ist.

Der heutige Weg ist recht sorgfältig angelegt und erspart uns das lästige Laufen parallel zur Landstraße hinter einer Leitplanke. Er führt in weiten Bögen durch hügeliges Gelände, durch Wälder, Felder und kleine Dörfer, immer in relativer Nähe zur Straße, die wir allerdings nicht berühren oder überqueren müssen. Wir erleben große Eukalyptuswälder, überqueren kleine Flüsse auf mittelalterlichen steinernen Bogenbrücken oder einfach auf groben Werksteinen, die als Trittblöcke zum Überqueren im Flussbett liegen. Neben der Etappe Sarria-Portomarín durchwandern wir eine der landschaftlich reizvollen Strecken des Camino in Galicien. Nachmittags trennen wir uns von den Amerikanern für die letzten Kilometer. Beide schwächeln offenbar erneut wegen Nahrungsmangels. Sie suchen eine Bar / Restaurant für ein weiteres *meal*.

Wir kommen gegen 16:45 Uhr in Pedrouzo an, einem öden Straßennest 20 km vor Santiago. Die Zahl der Herbergen verrät uns, dass sich hier viele Pilger zum letzten Sturm auf Santiago zusammenfinden. Wir werden sie bestimmt alle morgen wiedersehen.

17. April 2012

Für unsere letzte Etappe auf dem Camino brechen wir zur inzwischen gewohnten Zeit um 9 Uhr auf. Der Himmel, der sich mit einer geschlossenen, aber noch dünnen Wolkenschicht heute wieder bedeckt hat, teilt unsere Freude über die verbleibende kurze Strecke nicht, denn er verweigert uns beharrlich einen wohlwollenden, wärmenden Sonnenstrahl. Von Zeit zu Zeit treiben ein paar schwerere Wolkenschiffe über uns und entladen ihre Fracht mit einem feinen und kurzen Regen aus tausenden von Sprühfäden. Das stört uns nicht. Wir lassen die Pelerinen im Rucksack und trotzen dem Wetter ungeschützt in unseren Anoraks.

Wir sind erstaunt, wie schnell die 500-Meter-Steine am Rand des Weges an uns vorbeifliegen. Die Landschaft ist auf den ersten Kilometern abwechslungsreich und schön. Eukalyptuswälder rechts und links des weichen Sandweges sowie eine Hochebene, die von Farnen und Stechginster bewachsen ist, lassen uns vergessen, dass wir schon bald in die städtische steinerne Zivilisation von Santiago eindringen werden. Gegen 12 Uhr erreichen wir das Dorf Lavacolla, das in der Nähe des Flughafens von Santiago liegt. Unterhalb des Kirchhügels des Dorfes haben wir schnell ein Café gefunden, das für eine Mittagsrast geeignet ist. Drei Koreaner und eine Dänin, die wir in den letzten Tagen vom Sehen her flüchtig kennenlernten, sind bereits eingetroffen und begrüßen uns mit angemessener Wiedererkennungshöflichkeit.

Der anfangs nur gelegentlich als Sprühregen niedergehende Niederschlag wird während unseres Aufenthaltes zu einem unerbittlichen Dauerregen. Nach unserer ausgedehnten Pause beschließen wir, die restlichen Kilometer um den Flughafen herum und zum Monte do Gozo hinauf in Pelerinen zu laufen, die uns bisher vor größeren Wasserschäden trotz mancher Undichtigkeit bewahrt haben.

Wir treffen auf den Anfang unserer ersten Versuche auf dem Camino, die wir mit unseren Zwillingstöchtern Marie und Joëlle zwei Jahre zuvor gemacht haben. Der Regen wird immer intensiver. Mit zunehmender Höhe zum Monte do Gozo kommt schließlich noch ein böiger Wind dazu, der den Regen unter unsere Pelerinen und in unsere Gesichter treibt. Als wir an den TV-Sendern auf dem Berg vorbeilaufen, kleben unsere Hosen in Regen und Wind kalt an unseren Beinen; wir fühlen, dass der hartnäckige dichte Regen durch die Nähte unserer Pelerinen dringt und zum Angriff auf die Anoraks und das, was wir darunter tragen, bläst. Als wir die Höhe mit der Kapelle erreichen, sind wir durch und durch nass. Das Wasser, das von oben in unsere Schuhe eindringt, spritzt nun bei jedem Schritt wieder in Fontänen daraus hervor.

So haben wir uns unseren triumphalen Einzug nach Santiago nicht vorgestellt! Zwar haben wir unterwegs viel über Bescheidenheit, Toleranz und Verzicht gedacht und geschrieben, aber immer war die kleine Hoffnung dabei, dass dieses kleine Reiseabenteuer mit einem trockenen, versöhnlichen und harmonischen Tag enden würde.

Leider wird dieser erhoffte Triumph stark gedämpft. Wir können uns zwar freuen, drei Wochen Camino bei unterschiedlichem, teils schlechtem Wetter physisch gut überstanden zu haben, aber das emotionale Schlusserlebnis, das abschließende Bonbon der psychischen Belohnung, bleibt uns in diesem Regen versagt.

Neben uns ragt das monströse Denkmal des Besuchs von Johannes Paul II. aus der diesigen, verregneten Landschaft weit in den Himmel. Die Tür zur Kapelle auf dem Berg, die uns inzwischen völlig durchnässten Pilgern eine kleine Zuflucht geboten hätte, ist verschlossen. Eine Hinweistafel belehrt uns, dass der Raum nur für Messen am Sonntag und dann nur jeweils für eine Stunde geöffnet ist. Mit Sicherheit werden wir zu dieser besonderen Stunde am Sonntag hierher nicht zurückkehren!

Was sollen, was müssen wir uns nach 420 km Fußmarsch eigentlich noch beweisen? Sollen wir nicht einfach ein Taxi rufen und unseren Pilgerweg hier am schwersten Punkt der Reise kurz und knapp zu Ende bringen?

Ineke behält kühlen Kopf: Sie will sich ungeachtet unseres bejammernswerten Zustandes den Triumph der letzten Kilometer nicht nehmen lassen. Und so laufen wir weiter durch den peitschenden Regen. Den ungastlichen Ort mit seiner verrammelten Kapelle lassen wir einfach hinter uns.

»Cathedral 4,5 km« lesen wir auf einem Schild. Das Wasser in unseren Schuhen hat unsere Füße aufquellen und schrumpelig werden lassen. Hoffentlich führt das nicht am Ende des Weges zu Blasen und Verletzungen. Langsam lässt während unseres Wegs in die Stadt hinein der Regen wieder nach.

Gegen 16 Uhr kommen wir auf der Nordseite der Kathedrale an. Inzwischen hat die Sonne einige schüchterne Blicke aus großen Wolkenbergen heraus gewagt. Unsere schnelltrocknende Funktionskleidung lässt in ihrem Schein sogar ein Gefühl von Behaglichkeit aufkommen. Durch die Körperwärme ist das Wasser in den Schuhen ebenfalls auf annähernd 37° aufgewärmt und so fast nicht mehr spürbar. So kommt nun doch noch eine gewisse Ankommensfreude in uns auf. Endlich, das Ziel unseres dreiwöchigen Marsches über 420 km ist erreicht! Wir brauchen keine Fanfaren und Einlaufzeremonien, um diesen Augenblick zu erleben! Wir haben es einfach geschafft!

Unsere Unterkunft in Santiago ist ein kleines Hostal in der Altstadt auf der Südseite der Kathedrale. Wir haben jetzt nur noch über die Praza do Obradoiro um die Kathedrale herum zu laufen. Auf dem Weg zu unserem Hostal können wir am Pilgerbüro vorbeigehen und unser letztes *sello* in unser Credencial erbitten. Danach können wir dann die verschmutzten Klamotten wechseln und uns auf den Weg zum heiligen Jacobus machen.

Vor uns in der Menschenmasse im Umfeld der Kathedrale wird plötzlich ein violetter Anorak sichtbar, den eine Person mit Fotoapparat trägt. Ein großer Schlapphut verdeckt das Gesicht. So ist eine Identifizierung aus der Ferne zunächst nicht möglich. Ineke beschleunigt plötzlich ihre Schritte. Offenbar sucht sie etwas. Irgendein wichtiger Gedanke scheint sie bei aller Müdigkeit plötzlich vorwärts zu treiben. In der Tat: Sie hat Allan, unseren amerikanischen Pilgerfreund, entdeckt und rennt nun los.

Allan ist auch soeben angekommen und nutzt den Augenblick, um in der wiedergekehrten Nachmittagssonne einige Fotos von Santiago zu machen. Seinen Schwager Matthew, der sehr ruhebedürftig nach diesem Tag gewesen sein muss, hat er im Hotel zurückgelassen. Noch in seiner Wanderbekleidung hat er sich auf den Weg gemacht, um einen ersten Eindruck von der Stadt zu bekommen. Wir gehen zu dritt zum Pilgerbüro, um dort die letzten bürokratischen Pflichten unseres diesjährigen Pilgerweges zu erledigen. So endet auch unser letzter Pilgertag mit einer der vielen Begegnungen, die so typisch für den Camino sind und die der große Reichtum dieses Weges sind.

Nachdem wir in unserem Hotelzimmer zunächst die schmutzigen Kleider gegen ein der Stadt angemessenes Outfit gewechselt haben, machen wir uns auf den Weg in die Kathedrale, um dem Apostel Jakobus unsere Reverenz zu erweisen. Wir reihen uns in die auch zu dieser Stunde lange Schlange von wartenden Menschen ein, um der Büste des heiligen Pilgerapostels in Verehrung von hinten die Hände auf die Schultern zu legen.

In der Kathedrale treffen wir Jaime, den »Orangeman«, der hier scheinbar orientierungslos auf der Suche nach bekannten Gesichtern herumläuft. So haben wir am Abschluss unseres Weges noch Gelegenheit, ihn etwas kennen zu lernen und seine Geschichte vom Jakobsweg zu hören: Er kommt aus Andalusien und hat dort seinen Job verloren. Da seine Situation, in seiner Heimat Arbeit zu finden, hoffnungslos war, hat er sich auf den Jakobsweg von Sevilla nach Santiago gemacht. Er ist seit dem 26. Januar, also schon fast vier Monate, unterwegs. Während dieser Zeit hat er sein bescheidenes Leben mit wenig Geld, das er noch hatte, und mit Gelegenheitsarbeit so schlecht und recht finanziert. Selten hat er in Herbergen übernachtet, meist in offenen Scheunen und freistehenden Schutzhütten in der Landschaft. Wir sind erstaunt, dass er nach dieser langen Zeit des Wanderns noch immer relativ gepflegt und in recht ordentlicher Kleidung vor uns steht. Betteln lehnt er ab. Er schlägt sich eben so durch. Wir haben den Verdacht, dass er bei unserer letzten Begegnung vor Pedrouzo seine Flamencoauftritte in der Bar, wo wir ihn zuletzt sahen, nicht so ganz ohne Gegenleistung des Wirtes in Form einer Mahlzeit oder ähnlichem Wohltaten angeboten hat. Wie auch immer dieses Leben auf dem Camino für ihn weitergehen mag: Auf keinen Fall will er zurück in seine Heimat Andalusien. Er weiß noch nicht, wohin ihn der weitere Weg führt. Irgendwo hin, wo er mit der Hilfe anderer Gleichgesinnter sein bescheidenes Leben weiterführen kann. Viel Glück und Buen Camino, Jaime!

David und Christine, mit denen wir lose für den Tag unserer Ankunft in Santiago verabredet sind, sind weit und breit nicht zu sehen. Wir hoffen, am nächsten Tag in der Pilgermesse auf mehr Glück, sie wiederzufinden.

Unerwartet kommt es dann abends, als wir durch die Altstadt auf der Suche nach einem geeigneten Restaurant streifen, erneut zu einer Begegnung mit Allan und Matthew. Bei einer schönen Fisch-Grillplatte und gepflegtem weißem Rioja verbringen wir zu viert einen weiteren geselligen Abend, der trotz der Anstrengungen des zurückliegenden Tages erst gegen Mitternacht endet.

18. April 2012

Bereits um 10.20 Uhr treffen wir in der Kathedrale ein, um für die Pilgermesse unsere Plätze einzunehmen. Wie wir wissen, wird die große Kirche sehr voll werden, wenn der Zeitpunkt der Messe naht. Wir haben uns deshalb sehr früh auf den Weg gemacht. Die Zwischenzeit können wir ja noch im Gespräch mit anderen Pilgern oder wahlweise zeichnend oder auch nichtstuend und meditierend verbringen. Zum Nachdenken haben wir mit den Erlebnissen der letzen drei Wochen wohl eine Menge Anlässe gesammelt.

Als wir in der Kathedrale eintreffen, stellen wir zu unserer Verwunderung fest, dass bereits das gesamte Hauptschiff besetzt ist. Dort, wo noch vereinzelt Plätze frei sind, sitzen

Menschen in festlicher Kleidung und erklären mit Bestimmtheit, dass diese Plätze schon *ocupados* seien. Da ist nichts zu machen! Wir finden schließlich noch zwei Plätze im Querschiff, dort, wo später hoffentlich das Botafumeiro, das riesige Weihrauchfass, seine kühne Bahn über unseren Köpfen ziehen wird. Es wird berichtet, es sei schon zweimal abgerissen und durch die Kirche geflogen ... Wir müssen unseren Schutzengel der vergangenen drei Wochen wohl noch einmal intensiv um eine Sonderschicht in der Kirche bitten.

Am Altar steht eine Nonne und versucht mit zarter Stimme, die Gesänge der bevorstehenden Messe einzustudieren. In der Masse der Menschen, die sich in der großen Kirche laut und ungeniert unterhalten, wird sie kaum wahrgenommen. Wir sind statt in die Pilgermesse in eine große gesellschaftliche Veranstaltung geraten. Menschen in eleganter Garderobe haben die Kathedrale aufgesucht, um die kirchliche Abschiedszeremonie für die jungen Medizinabsolventen der Universität Santiago zu erleben. Um uns herum sitzt eine Großfamilie, die seit vier Generationen in Folge bereits Mediziner hervorgebracht hat. Heute ist der Ururenkel des Seniors dieser Familie an der Reihe.

Die Messe ist recht kurz. Die Teilnehmer interessieren sich wohl eher für die weltlichen Ereignisse außerhalb der Kirche. Die Teilnahme an der Kommunion ist entsprechend gering. Das übliche Bild des Kampfes von kirchlicher mit der weltlichen Macht: Auch im katholischen Spanien ist er hier deutlich spürbar. Immerhin: Das Botafumeiro wird mit mächtigem Schwung und in hohem Bogen in den Luftraum über dem Seitenschiff gezogen. Eine lange Weihrauchschleppe weht hinter ihm her und ... niemand verbietet das Fotografieren. Na dann ...!

Nach der Medizinermesse drängen wir in das Mittelschiff, denn jetzt kommt unser Pilgerprogramm. Allan ist in Reihe 3 schon da, Matthew kommt etwas später dazu. Vor der Medi-

zinermesse habe ich Jaime noch durch die Kathedrale laufen sehen, wohl auf der Suche nach weiteren ihm bekannten Gesprächspartnern. Jetzt ist er verschwunden.

Auf unserem gesamten Camino wurden wir in Altarbildern und Skulpturen innerhalb und außerhalb der Kirchen mit dem heiligen Jakobus konfrontiert. Nun sitzen wir vor ihm in der Kathedrale von Santiago, wo er uns sowohl in der Westfassade als auch im barocken Hochaltar als »defensor fidei«, als Verteidiger des Glaubens, anblickt. Ganz oben über der barocken Pracht erscheint er nochmals hoch zu Pferd, das Schwert schwingend als Matamoros, als Maurentöter. Tausende, ja Millionen Schicksale wurden durch diese aggressive Tradition des Verbreitens und Vertretens eines Glaubens, der in seinem Ursprung die Liebe zum Inhalt hat, beeinflusst, sei es durch Zurückweichen, Flucht oder gar Tod.

Immer wieder stoßen wir so auch in der Geschichte unserer Religion auf Unterdrückung und Abhängigkeit statt Liebe und Versöhnung. Auch im kirchlichen Raum zeigt Macht stets ihren bösen, negativen, zerstörerischen Charakter. Sie macht den Menschen niemals frei für die Liebe Christi. Die Menschheit hat noch viel zu lernen!

19. April 2012

Wir sitzen im neuen Terminal von Santiago-Lavacolla und warten auf unseren Flug nach Frankfurt-Hahn. Wir sind in aller Frühe mit dem Flughafenbus hierher gekommen. Da wir in der Altstadt von Santiago ganz zentral in unserem kleinen Hostal übernachtet hatten, war der Weg zum Haltepunkt des Busses nur eine 10-Minutensache. Während der Bus eine kleine Steigung auf der Landstraße hinauffährt, entdecke ich am Straßenrand Jaime, den arbeitslosen Pilger aus Andalusien wieder. Er hat sich in der Stadt eine gelbe Warnweste beschafft und ist offenbar auf dem Rückweg in die Weite der galicischen Landschaft, nachdem sein viermonatiger Camino zeitgleich mit dem unsrigen am Vortag in Santiago sein Ende gefunden hat. Ihn allein am Straßenrand seinen Weg suchen zu sehen, während wir in schöner Bequemlichkeit auf wohlgeplantem Weg in unseren bürgerlichen Arbeitsalltag sind, weckt in mir ein starkes Gefühl von Hilflosigkeit und Mitleid.

»Ich hoffe, du findest deinen Weg Jaime, lebe wohl, Buen Camino!«

Was hat den Camino für uns letztlich ausgemacht? War er die dreiwöchige physische Mühe wert?

Kann man nicht Vergleichbares auch auf anderen Wanderstrecken erleben? Bereits bei unserer Ankunft in Santiago kündigte sich für uns an, dass wir aus einer Situation des dreiwöchigen Entrücktseins aus vielen zivilisatorischen Zwängen zurückkehrten in eine Welt, die viele Alltagsroutinen automatisch abspult, auch dort, wo sie die Belange anderer Menschen unmittelbar berührt oder einschränkt. Wir finden uns plötzlich in einem Netz von menschlichen Bezügen wieder, das sich durch vielfachen Anspruch, durch ständig sich ändernde Machtstrukturen auch im Alltag permanent verändert. Egoismen suchen Befriedigung und erwarten Verständnis und Nachgiebigkeit, erzwingen Anpassung.

Das war für drei Wochen für uns anders! Wir haben in einer besonderen Situation der Zwanglosigkeit, der Planung für den nächsten Augenblick gelebt, ohne die Notwendigkeit einer Alltags- oder gar Lebensstrategie. Wir haben den Kopf freibekommen, um über viele Dinge nachzudenken, die unser alltägliches Leben prägen und beherrschen. Die Abgeschiedenheit auf dem Weg hat Sinne und Empfänglichkeit für Impulse und Erlebnisse geweckt, die im Alltag – auch bereits bei der Rückkehr nach Santiago – schnell wieder durch vielfältige äußere Einflüsse verschüttet werden. Nicht zuletzt die permanente Bewegung durch eine uns fremde, ländliche Kultur, das Praktizieren einer fremden Sprache, von der wir nur die Kenntnisse mitbrachten, die unsere Alltagsbedürfnisse zu befriedigen halfen, haben zu dieser besonderen Sensibilität beigetragen.

Wir waren isoliert unterwegs in einer unbekannten Welt. Wir hatten dabei unsere Kommunikationsantennen immer weit ausgefahren, um uns in diesem recht fremden und ungewohnten Leben außerhalb unseres gewohnten Alltags ständig neu zu orientieren.

Ganz besonders wichtig bei diesen Orientierungsversuchen auf dem Camino waren die vielen unterschiedlichen Menschen, die mit uns unterwegs waren. Sie streben jeder für sich in ihrer relativen Abgeschiedenheit dennoch alle nach dem gleichen Ziel. Sie suchen ihre Position in ihrer Welt neu zu definieren, suchen Ruhe, Klarheit der Gedanken und gelegentlich Austausch mit anderen Menschen, die sich in ihrer Situation befinden.

Mir kommt wieder die Aussage der Franzosen in San Juan de Ortega in den Sinn: »*La richesse du chemin* ... Der wahre Reichtum des Weges sind die Menschen.« In der Tat! Hier lernt man Menschen richtig kennen!

Und was ist mit der religiösen Motivation? Was ist mit der Begegnung mit Gott, dem Urheber all dessen, was wir erleben, dem Ursprung all derer, denen wir in so vielfältiger Weise begegnen? Sind wir ihm, sensibilisiert durch die Erlebnisse auf dem Camino, in uns gekehrt, wenn es gegen Wind und Wetter ging, irgendwann begegnet? Haben wir ihn in besonderer Weise wahrgenommen? Es mag schon sein, dass man ihm in mancher Situation der Verlassenheit und Hilflosigkeit in dieser recht exotischen Welt des Jakobsweges manchmal sehr nahe kam, weil man seinen Schutz und Beistand herbeisehnte. Aber ich glaube, uns aufgeklärten Menschen gelingt diese besondere Begegnung mit dem »Ich bin da« nicht mehr auf die ursprüngliche, spontane, emotionale Art. Nach vielen Gedanken über die Bilder der Bibel, das Welt- und Gottesbild ihrer Urheber und dem Versuch eines Abgleichs mit unserem aufgeklärten, verwissenschaftlichen Weltbild hilft uns nur unser Verstand bei der Suche nach Begegnungen mit dem »Ich bin da«.

Wo können wir ihm begegnen, wenn er sich als allmächtiger Schöpfer in dem Ereignis, das wir den Urknall nennen, persönlich in seine Schöpfung begeben hat? Natürlich dort, wo er sich für uns vielgestaltig und allmächtig und allgegenwärtig täglich präsentiert! Eben dort, in seiner Schöpfung! In den unzähligen Formen und Varianten der Natur, die uns die erlebbare Welt bietet! In den zyklisch wiederkehrenden Jahreszeiten, im periodischen Zug der Vögel. In den Wäldern, in denen nach teilweise vernichtenden Bränden neues Leben unter der Asche verkohlter Bäume emporkeimt. In einer reichen Flora und Fauna, die wir auf unserem Weg erlebt haben. Im jeder Form des Lebens, dem wir auf unserem Weg begegnet sind. In jedem Menschen, dem wir in die Augen geschaut haben und in dessen erkennendem Blick wir leider auch vielfach die Gegenwart des »Ich bin da« nicht sofort erkannt haben.

Mit Sicherheit war er auf diese unauffällige Weise immer mit uns, immer für uns da.

Von manchem modernen Theologen hört man von Zeit zu Zeit, in dem Menschen sei Gott in so intensiver Form präsent, dass der nächstliegende Gottesdienst der Dienst am Menschen in beliebiger Form ist. Die Liebe zum Nächsten ist in ihrer Theologie die wahre Liebe zu Gott.

Auch Jacques Gaillot, der frühere Bischof von Évreux in Frankreich, vertritt diese Theologie, ohne jedoch eine plausible Begründung für seine von bedingungsloser Nächstenliebe geprägte Denkweise zu liefern. Dabei wäre es so einfach, den in der Schöpfung allgegenwärtigen »Ich bin da« als Zentrum dieser Theologie gegen den allzu menschlichen Vatergott der biblischen Überlieferung auszutauschen. Glaube würde durch diesen Wechsel zu einem plausiblen Ganzen, zu einem über-

zeugenden Lebenskonzept, in dessen Zentrum die Liebe zur Schöpfung, die Liebe zu jedwedem Menschen, zum Freund und zum Gegner stünde.

Gott ist in uns und mit uns allen. Verzicht auf Macht und vor allem auf Gewalt, der Schutz der Schöpfung, freiwilliges gerechtes Teilen der Güter dieser Welt sind damit wichtiger Gottesdienst, der von uns zu erbringen ist.

Jacques Gaillot wurde leider von der katholischen Amtskirche aus seinem Amt entfernt. Seine Sicht der Welt war mit dem Machtanspruch seiner Kirche nicht vereinbar.

Längst wieder zuhause in Köln beschleicht mich, während ich diese letzten Zeilen meiner Erlebnisse niederschreibe, die intensive Erinnerung an die wiederkehrenden Begegnungen mit »Orangeman« Jaime aus Andalusien, der arbeitslos auf dem Camino lebte. Habe ich in Santiago eine Möglichkeit, durch stärkeres Eingehen auf seine Bedürfnisse verpasst, Gottesdienst im konkreten Notfall zu leisten? Habe ich so die bewusste Begegnung mit Gott verfehlt? Oder ist für uns an das Hier und Heute gebundene Menschen die Flüchtigkeit dieser Art von Begegnungen mit Gott »normal«?

Ich werde den Camino weitergehen. Es gibt ihn in vielfältiger Weise in Spanien, in Frankreich, in Deutschland. Ich hoffe, meine Sinne werden dabei geschärft für weitere Erlebnisse dieser Art.

Nachwort

»Die Hingabe an Gott ist zugleich die Hingabe an die Schöpfung.«

Diese Aussage wird Edith Stein zugeschrieben, die als katholische Nonne gelebt hat und von den Nazis ermordet wurde. Nachdem ich auf meinem Jakobsweg die Beziehung Gottes zu seiner Schöpfung und die Rolle des Menschen darin zu einem plausiblen Bild zu ordnen versucht habe, muss ich leider feststellen, dass dieser Spruch eher umgekehrt formuliert werden müsste: »Die Hingabe an die Schöpfung ist die Hingabe an Gott«

Wenn Gott sich in die Schöpfung persönlich in unendlich vielfältiger Form eingegeben hat, wird er auch in jeglichem Teil seiner Schöpfung repräsentiert, sichtbar, erlebbar. So ist jeder Dienst in der und an der Schöpfung ein direkter Dienst an Gott, ein Gottesdienst.

Da bedarf es keiner Gänge in Kirchen und Gebetssäle, um Gottesdienste zu feiern. Gottesdienst findet überall und zu jeder Zeit statt, wenn die Beziehung des Menschen zu irgendeinem Teil der Schöpfung von Respekt und Liebe geprägt wird.

Gott ist als omnipräsenter Inhalt und Herr der vieldimensionalen Schöpfung selbstverständlich ebenfalls vieldimensional. Die dreidimensionale Welt, in der wir leben, ist nur ein kleiner Ausschnitt aus dem, was insgesamt als Gottes Schöpfung existiert. Wir wissen zwar viel, jedoch besteht dieses Wissen ausschließlich aus Daten und Fakten, die unsere Wissenschaft dem dreidimensionalen Erlebnisraum abgewonnen hat. Und selbst dort ist noch vieles unerforscht. Wenn wir dreidimensional begabte Menschen also mit unserer begrenzten Vorstellungs- und Erlebniskraft einen Weg zu Gott suchen, müssen wir uns in unserer Suche auf den Bereich der Schöpfung konzentrieren, der für uns wahrnehmbar ist. Nur dort ist für uns eine zielführende Orientierung möglich. Aufgrund der Geschehnisse, die unsere Wissenschaft den »Urknall« nennt, ist Gott in unserer dreidimensional beschränkten Welt in gleicher Weise präsent, wie in den Dimensionen, die wir nicht erkennen oder bestenfalls errechnen können.

So begegnen wir ihm also auf Schritt und Tritt in unserem täglichen Leben. In jeglicher Form von Materie, in Pflanzen und der gesamten gewachsenen Umwelt, in jeglicher Art von Lebewesen, in Tier und Mensch. Dies gilt auch für Menschen, die nach landläufiger Meinung nicht gesellschaftsfördernd oder gar gesellschaftsschädlich sind, für Straftäter wie für Despoten.

Die Liebe zur Schöpfung ist die Liebe zu Gott!

Dabei ist unter »Liebe« selbstverständlich nicht nur die emotionsreiche Zuwendung von Individuen zu verstehen, die aufgrund besonderer gegenseitiger Wertschätzung für sich Gemeinsamkeit und eine glückliche Zukunft erstreben. Die Liebe, um die es hier geht, ist komplexer, sie ist eine Haltung, die eher verstandesgesteuert von Respekt dominiert wird. Man mag das Verbrechen verurteilen, den Täter, gleichgültig, welche Tat er begangen hat, hat man zu respektieren, weil auch in ihm Gott als Schöpfer präsent ist.

Der Feind ist nur in seinen Taten zu verabscheuen, als Repräsentant Gottes ist er zu respektieren und zu »lieben«.

Hier wird die wahre Dimension des Gebotes der Liebe, auch der Feindesliebe sichtbar: Die Überwindung von persönlichen Wünschen und Egoismen führt über das von Liebe geprägte Handeln zum Wohle der Schöpfung direkt zu Gott.

In Abwandlung des Ausspruches von Edith Stein können wir also sagen:

»Die Hingabe an Gott erfolgt ausschließlich über seine Schöpfung« oder »Der Weg zu Gott führt ausschließlich über den uns offenstehenden Teil seiner Schöpfung«.

Köln, im September 2013

Inhalt

Erstes Buch

Zweites Buch

Drittes Buch

Abbildungen